"十四五"职业教育国家规划教材

"十二五"职业教育国家规划教材
经全国职业教育教材审定委员会审定

国际市场营销 （第3版）

Guoji Shichang Yingxiao

主 编 ／ 刘红燕

重庆大学出版社

内 容 提 要

本书共分 10 个单元,主要包括国际市场营销概述,国际市场营销调研,国际市场营销的宏微观环境分析,国际市场营销与消费者购买行为分析,国际目标市场的选择与进入,国际营销产品策略、定价策略、促销策略,国际市场营销计划、组织与控制等内容。

本书运用大量图文框、案例和课外信息配合理论教学,条理清晰,易于阅读,并强调实践操作,注重学生动手能力的培养,可作为高职高专国际商务专业或其他财经商贸类专业的学生教材,同时也可作为国际商务从业人员、国际商务师职业资格考试的培训用书。

图书在版编目(CIP)数据

国际市场营销/刘红燕主编.--3 版.--重庆:
重庆大学出版社,2019.11(2023.12 重印)
高职高专国际商务专业系列教材
ISBN 978- 7- 5624- 8206- 2

Ⅰ.①国… Ⅱ.①刘… Ⅲ.①国际营销—高等职业教育—教材 Ⅳ.①F740.2

中国版本图书馆 CIP 数据核字(2019)第 259597 号

高职高专国际商务专业系列教材
国际市场营销
(第 3 版)
主 编 刘红燕
责任编辑:马 宁 史 骥 版式设计:马 宁
责任校对:邹 忌 责任印制:张 策

*

重庆大学出版社出版发行
出版人:陈晓阳
社址:重庆市沙坪坝区大学城西路 21 号
邮编:401331
电话:(023) 88617190 88617185(中小学)
传真:(023) 88617186 88617166
网址:http://www.cqup.com.cn
邮箱:fxk@ cqup.com.cn(营销中心)
全国新华书店经销
重庆新荟雅科技有限公司印刷

*

开本:787mm×1092mm 1/16 印张:15 字数:377 千
2007 年 8 月第 1 版 2019 年 11 月第 3 版 2023 年 12 月第 15 次印刷
ISBN 978-7-5624-8206-2 定价:49.50 元

总　序

　　进入 21 世纪以来,随着经济全球化的深入发展,世界经济贸易发生了巨大变化,特别是我国加入 WTO 后的权利与义务,对我国的国际经济贸易环境产生了深远影响,对我国的人才素质和知识结构提出了更高的要求。对我国高等职业教育提出了要求:如何跟上我国国际经济贸易的迅速发展? 如何为我国培养出合格的、综合型和实用性的国际商务职业人才?

　　高职高专教育是我国高等教育的重要组成部分,担负着为国家培养输出生产、建设、管理和服务第一线技术应用型人才的重任。进入 21 世纪后,高职高专教育的改革和发展呈现出前所未有的发展势头,在校学生数量和毕业数量已占我国高等教育的半壁江山,成为我国高等教育的一支重要的生力军;"以就业为导向""够用、适用""订单式培养"的办学理念成为高等职业教育改革与发展的主旋律。

　　为适应我国开放型经济和高等职业教育的发展要求,必须加强高职高专院校的教学改革和教材建设。为了进一步提高我国高职高专的教材质量,重庆大学出版社在全国范围内进行了深入的调研,2005 年 8 月在昆明组织了 10 多所在国际商务专业方面有丰富办学经验的高职高专院校的专家和一线骨干教师,就该专业的系列教材在书目品种、结构内容、编写体例等多个方面进行了科学严格的论证。

　　在重庆大学出版社精心策划下,经过与会者的共同努力,我认为本套系列教材具有如下的亮点:

　　第一,全新的课程体系。本套系列教材是根据岗位群的需要来规划、设置而编写的。

　　第二,立体化的教材建设。课程突出案例式教学以及实习实训的教材体系,并配套推出电子教案,为选用本系列教材的老师提供电子教学支持。

第三，突出实用性。参与本套教材编写的教师均具有多年的国际贸易实践经验和长期从事教学和研究工作的经历。在教材编写中力求把二者结合起来，做到实用，使学生能较好地掌握实际操作本领，使得"实务"课程真正体现"务实"。

第四，内容体现前沿。本套系列教材反映了国际商务的最新研究成果和规范。教材内容既能满足高职高专国际商务专业学生培养目标的需要，又能满足培养具有外贸实务操作、业务外语交流、熟悉电子商务技术等具有较强业务能力的复合型人才的需要。

本人1964年从北京对外贸易学院(对外经济贸易大学前身)研究生毕业，留校至今，一直从事国际贸易的教学与研究。对我国的国际贸易教育与研究一直积极支持。2005年8月重庆大学出版社邀我参加"国际商务高职高专系列教材"编写会议，就这套教材编写应考虑的国际商务发展背景、教材定位、书目品种、结构内容、编写体例发表了意见，还就已经编写出的教材大纲发表了修正建议，与参会的老师进行了交流。

总之，我相信，在重庆大学出版社精心策划下，在全体编写老师和编审委员会的共同努力下，一套内容新、体系新、方法新、工具新的符合我国国际商务发展需要的"国际商务高职高专系列教材"已基本成型，其中有的教材已被教育部列为普通高等教育"十一五"国家级规划教材。相信本套系列教材能够满足国际商务教学和高等国际商务职业人才培养的需要。

对外经济贸易大学教授、博士生导师

崔荣久

2006年7月13日

第3版前言

随着我国对外开放的不断深化,对外贸易极大地促进了我国经济的增长和结构的转换;21世纪初期,我国又面临加入WTO后的巨大机遇和挑战,对外贸易的地位日益突出,这更需要培养大批外贸专业人才以适应外贸形势的发展。本教材就是为配合这种需要编写的。

本书自2007年出版以来,得到了全国众多高职院校师生和行业企业的广泛好评和使用,已先后重印6次。2007年本书被评为普通高等教育"十一五"国家级规划教材,2013年又获批教育部职业教育"十二五"国家规划教材立项建设。现根据教育部对国规教材编写的最新要求,对原书作了第3版的修订和完善。

本书作者从事国际营销教学多年,兼有丰富实践经验。作者们在总结长期工作和教学经验的基础上,配合高等职业教育的要求编写了该教材。整个教材的内容结构根据实际营销活动来安排,并且把教学的经验和思路贯穿其中,尽量使老师方便教学、学生方便记忆与理解。每章中间都穿插有问题、案例分析,在结尾都有实训项目。

该书建立了以学生为中心的教学模式,极具特色:

①运用大量图文框,使全文条理清晰,易于阅读。传统大学教材几乎全是文字描述,对于高等职业教育来说,这种教材较枯燥且生涩难懂。本教材运用大量图文框,思路清晰明了,重点突出,易于学生阅读和教师教学。

②运用大量案例和课外信息配合理论教学。传统教材只有理论讲述,对学生缺乏吸引力。本教材的重要理论讲述几乎都结合相关案例。有的理论由案例引出,有的理论由案例诠释,深入浅出,精彩纷呈。不仅可以提高教学的生动性,更能体现高等职业教育所倡导的学生思维能力的培养。

③强调实践操作,注重学生动手能力的培养。本教材注重实践教学环节,教材中都有相关案例说明实践操作,并配合问题、讨论、案例分析等让学生提高思考能力及综合素质,结尾都有实训项目,符合高等职业教育的特色,有效调动了学生学习的积极性和自主性,提高了学生的动手能力。

④注重信息技术对行业的影响。整个修订中,都引入了最新的案例,特别是信息化时代国际营销的变化,努力与时俱进。

总之,该书融国际营销理论和实践为一体,实用性和操作性极强,深入浅出,通俗易懂,同时内容和"在线开放课程"一致,适合普通院校以及高等职业院校国际贸易、电子商务、国际市场营销和国际金融等专业使用,也便于学生自学。相信该书出版后,会成为广大读者的良师益友。

本书第2版共有10个单元,由深圳职业技术学院刘红燕教授主编。在整个编写的过程中,参阅了所列参考文献中的各位作者的资料,也得到了多位同事的帮助及企业多位专家贡献的重要意见,正是这些帮助,让本书作者在学习、研究和引述他们观点的基础上,结合多年的教学改革和实践经验,创新地整合了该书。

在此对所有人的支持表示真诚地感谢。最后要感谢广大读者能阅读此书,我们希望能给读者带来裨益。也欢迎登录"爱课程"网站结合"国际市场营销"的在线开发课程学习本课程。由于编者水平有限,缺点和不足之处难免,也敬请读者批评、指正。

刘红燕
2019 年 1 月于深圳西丽湖

目 录 CONTENTS

第1编
认识国际市场营销

单元1
认识国际市场营销

【学习目标】

本单元主要介绍了市场营销的基本概念，市场营销学的发展历史，以及国际营销的概念及营销理论的发展，并简要说明了当代企业跨国经营的动机，最后介绍了国际营销学研究的内容。学完本单元后，你应该具备以下能力：

①理解市场营销的真正内涵，并能比较分析市场营销、国际市场营销和国际贸易等的区别；

②能结合时代背景分析营销学发展的阶段性特征及整个营销的趋势；

③了解企业开展国际营销的动因；

④能结合实际案例分析国际营销的发展、变化及其作用。

【教学建议】

①以生动有趣的现实情景引入教学；

②重点帮助学生建立市场营销的真正内涵,理解其广泛的应用,进而对课程产生浓厚兴趣；

③引导学生关注电商时代国际营销的发展与变化。

【学习建议】

①去搜集几家国际化企业的资料,了解其在国际市场的收益情况,理解国际营销的价值和意义；

②了解当前电子商务的发展情况,思考一下对国际营销的影响和意义。

[导入案例]

"营销"创造苹果奇迹

为什么苹果很迷人？为什么苹果爱好者们都疯狂追随？一个顶级产品的魅力体现在什么地方？是产品本身或者说这个品牌本身所具有的品位、优雅、尊贵、时尚等元素,而不仅仅是其使用价值,即产品的品牌性格。

在这个品牌制胜的时代,要在众多优秀的品牌中脱颖而出,仅靠功能特性已经远远不够,要赋予品牌更多人性化的因素,才能产生更大的吸引力。苹果的市值超过微软1 000多亿美元,相当于超越了一个惠普。近10年来,PC业发生了天翻地覆的变化,并不是靠技术起家的苹果基本都找对了发展方向,从PC到消费电子产品,到互联网,再到移动互联网。乔布斯靠的不是技术导向,即通过某项技术的领先从而称霸移动互联网。他的成功更倾向于通过顾客导向,是基于对人性的了解,把握人的欲望和对需求的细节,从而一路把人性营销做到了极致。

● 未曾营销先造势

往往越是未知的东西即将到来,人们便越是想迫切地知道真相。而企业利用好人们这种围观和看热闹的心态,就能让你即使用低成本也能做好宣传。

正如管理大师德鲁克所说:"市场营销的目标是使推销成为多余",这是真正的营销境界,而苹果真正地做到了。在苹果迷们盼望苹果手机面世的长达一年多时间里,网上讨论不断,甚至有人自称搞到了苹果手机的设计方案。但直到发布当日,人们最终看到iPhone的真实面目,几乎所有人都猜中了它叫iPhone,但几乎所有人都没有猜中它的造型,更为它的各种性能惊叹。正如爱情真正令人高兴的是追求的过程,而非婚后生活。消费者患得患失的心理和探求未知结果的神秘感,是产品推广和品牌宣传中最有价值的营销工具。

在充斥着商业宣传的世界里,制造声势的目的就是要确保营销的产品成为人们谈论的话题。苹果公司会将其产品宣传成标志时代意义的物品,将其先进的技术创新吹嘘得天花乱坠,让顾客如痴如醉渴望得到,但最终你会发现你买回家的就是一部手机或者是一部带"智能"的手机。

● 饥饿式营销

苹果的产品之所以如此受欢迎,很大程度上来源于其对市场供应的控制,也就是使市场处于某种相对的"饥饿"状态,这有利于保持其产品价格的稳定性和对产品升级的控制权。iPhone 的销售显然是这种策略的代表。

自上市以来,不管市场对这款产品的呼声多高,苹果公司始终坚持限量供应。不少人或许是因为买不到,而想买一部试试。有人甚至花很大的代价得到了自己并不了解的东西,他就会满足于得到的喜悦,有时候甚至不清楚自己想要的究竟是什么,而苹果的饥饿营销则正好利用了人们这种赶潮流、追时尚的心理。

苹果和乔布斯,高傲且强势,很多消费者为等产品发布彻夜排队,买产品要"预订",它高高吊起人们的胃口,却不急于满足。不满足引来更多关注,这就是为什么限量版比大路货更让人追逐。苹果的这种营销态度又在强化其产品风格:强势、高傲和特立独行。因为不容易拥有,便会更显得珍贵,更加不同。这种强势的营销风格和它的产品一样,让人又爱又恨,欲罢不能。

● 体验营销——让用户享受不一样的神秘感受

乔布斯总是会考虑这样的问题,即产品的用户体验是怎样? 苹果公司每推出一款新产品的推介会,都会选择充满神秘色彩的剧场进行,通过幕剧的形式对产品进行宣传,激起人们强烈的好奇心。

如何让用户体验,第一步是演示。神经学家发现大脑很容易感到厌倦。乔布斯不会让你有时间失去兴趣。他通常只花 10 分钟展示一个新产品或新功能,而且乐趣丛生。乔布斯在 Macworld 大会上推出 iPhone 的时候,他展示了谷歌地图是如何在 iPhone 上使用的。乔布斯通过 iPhone 查到了当地的星巴克商店清单,然后说"让我们打一个试试"。于是他拨通了电话,乔布斯当着全场观众对电话另一端说,"我要订 4 000 杯拿铁咖啡。不,只是开个玩笑"。只是一个玩笑,却让电视屏幕前的所有人都有了想买一部体验一下的冲动。

同时乔布斯拥有非常强大的煽动力,他有着传奇故事,跌宕人生,以及让人爱恨交织的狠招。这正是乔布斯与众不同的人格魅力优势。想想乔布斯 1983 年如何说服百事可乐总裁约翰·斯卡利加盟苹果:你想卖一辈子糖水,还是改变世界?

打造苹果文化,培养疯狂的苹果"粉丝"。苹果电脑已经在消费者心目中有了一个鲜明的印记,那就是:优越的性能、特殊的外形和完美的设计,苹果电脑意味着特立独行,意味着"cool"的工业设计,意味着时尚。乔布斯力图让每件产品都符合消费者对苹果文化的理解。而苹果的每一款都能让消费者欣喜若狂地说:这就是我的苹果! 可口可乐在饮料行业中占据了消费者心理的首位,并因此代表美国价值。乔布斯也做到了让苹果在创新产品和创造文化上占据首位而有一个不同于其他品牌的营销起点。

其实顾客并不希望被奉承迎合,有时候极力地讨好反而使他们无所适从,倒不如吊足胃口来激发他们的兴趣。现代营销主张:"只要客户需要,要多少有多少。"而人性营销则是故意控制供应量,不让顾客很容易就得到满足:"你想要吗? 没货,下次再来试试吧。"苹果很多产品在其推出前和推出后都会有大量的短缺现象。这种造成市场饥饿感的手法,它运用得可是炉火纯青。认同我价值的人,就是我的消费者,请跟着我走。苹果的营销已经用品牌的精神和价值来号召和统领消费者了,超越了纯粹的产品层面,这正是品牌营销追求的最高境界。

● 口碑营销——让手机从通信工具变成时代玩具

营销过程必须让人感觉快乐和引起别人的兴趣,这样才有人自愿参与。在网络微博

（Microblog）正火的当下,iPhone 手机又充当了娱乐大众的时尚工具。微博上超高人气的企业家、明星都在用 iPhone 发着各种的信息,信息下方还会标注此信息来自 iPhone 用户。这让更多玩微博的人希望拥有这一标志。

还有哪个手机品牌像明星一样被追逐?可能只有苹果。"苹果迷"们追逐苹果的各种产品,常常忘我地向周围的人炫自己的爱机,亲自演示,交流使用心得,炫耀爱机的个性配件,甚至走到哪里都捧着个苹果笔记本。即使是索尼、戴尔、诺基亚这些响当当的一流品牌,其用户的热情也无法与"苹果迷"的疯狂相比。

●人性营销

苹果为什么如此迷人?在苹果公司面前,一切所谓的明星产品都会黯然失色。苹果发布任何一款新产品,都能使全球的苹果"粉丝"为其产品而疯狂,媒体更是争先恐后地广泛报道,而且还能影响股市,影响产业,这就是苹果公司的人性营销。

乔布斯的哲学是"做正确的事",这个正确,不是技术,不是设计,不是美学,而是"人性"。事实上,在当时,乔布斯眼中的"正确的事",都与传统相反。比如 iPhone 有红外感应功能,打电话时自动关闭屏幕。当你将 iPhone 贴着脸部打电话时,iPhone 会自动关闭屏幕省电。这并不是多高明的技术,为什么不少标榜以人为本的公司没有发现。诺基亚也有鲜明的品牌个性,那就是性价比高,结实耐用,但是,这种性格只能归为物性。苹果与其说是卖产品,不如说是卖人性,以产品招聘消费者,将"志同道合"者聚焦在一起。

乔布斯1994年在麦金塔电脑(Macintosh,简称 Mac)诞生10年时有一段真情告白,可以作为他对"人性"理解的终极法则:"唯有深入问题的核心,才能明白其复杂性,也才能找出其根本的解决方案。大部分的人做到这一步,通常就会停下来。可是真正了不起的人却会继续探索,最终能找出隐身于问题背后的症结之所在,进而提供一套漂亮而优雅的解决之道。这就是我们在设计麦金塔时的野心。"

有一个国家有两个好木匠,有一天国王出了一道题想让他们决出胜负来。要求两位木匠各雕一只老鼠,看谁雕得逼真。第一位木匠的老鼠做得栩栩如生,令国王赞不绝口。而第二位木匠做的只有老鼠的神态,没有老鼠的形貌。当国王正要宣布第一个木匠胜出的时候,第二位木匠说不服,提出要找一只猫来鉴定谁的更像。当找来一只猫的时候,这只猫毫不犹豫地扑向了第二只老鼠。于是"全国第一"的称号给了第二个木匠。国王问他,用什么办法让猫认为他的更像老鼠?他答道,我是用鱼骨刻的老鼠。

其实人生何尝不是如此,那些成功的人并不一定是技术做得最好的人。而往往是最了解"猫"的需求的人。企业的最终目的,是满足客户的需求。只有贴近于猫的心态,用猫(客户)的视角去观察什么样的老鼠(产品)是它最喜欢的,用猫的行为方式去营销这只"老鼠",才能让客户第一时间喜欢上这只"老鼠"。这正是人性营销的精髓,而乔布斯正是把人性营销发挥到了极致。

资料来源:http://finance.stockstar.com/JC2012083000000049.shtml

"苹果"正是把营销应用到极致,才创造了奇迹,那营销究竟是什么,怎样才能创造奇迹,这个也正是本书要学习的内容。

1.1　市场营销概述

1.1.1　市场的概念

市场(Market)是商品经济的范畴,正如列宁所指出的,"商品经济出现时,国内市场就出现了;而国内市场的发展又是这种商品经济的发展造成的。"

按照狭义的概念,市场是卖主和买主进行交换的场所,通常市场是四通八达、交通便利、人口密集之地,在当代社会,市场的范围已经遍及全球。

按照广义的概念,市场是一定时间、地点条件下商品交换关系的总和。这是马克思主义政治经济学的观点,从一定的经济关系说明市场的性质,市场上所有的买卖活动都涉及买卖双方的利益,市场是商品生产者、中间商和消费者交换关系的总和。

市场在当代营销学里的概念主要从交换的角度来看,所谓市场是指某种产品的实际购买者与潜在购买者的集合。这些购买者都有某种欲望或需要,并且能够通过交换得到满足。因而,市场规模取决于具有这种欲望或需要,以及有支付能力,并且愿意进行交换的人的数量。世界经济都是由各种交互作用的市场所构成,这些市场又通过交换过程有机地联系起来。

[问题]

> 根据营销学里市场的定义,讨论形成购买行为以及市场的基本条件,并举例说明。

1.1.2　市场营销的概念

市场营销简称营销(Marketing),那究竟什么是市场营销呢? 可以说,人们对"marketing"的认识是在演变中不断发展的——有些人认为市场营销是销售和促销;也有人认为市场营销就是把货物推销出去。事实上,我们每天都接受到电视、报刊广告的轮番轰炸,这种理解并不奇怪。在 20 世纪 50 年代以前,对市场营销的一般理解也就是商业销售、推销活动,因此,在 20 世纪初的美国大学创立的早期市场学也就叫"销售学""推销学",直到 20 世纪 50 年代初美国发起的"市场学革命"才提出了与传统的销售、推销截然不同的市场营销的概念。

实际上,营销就是要管理市场,促成满足人们欲望和需要的交换。营销就是通过创造和交换产品与价值,从而使个人或群体满足欲望和需要的过程。企业的市场营销活动应当包括企业的全部业务活动,即包括市场调研、消费者行为研究、目标市场的选择、产品的开发、定价、分销、促销和售后服务等。现代营销系统涉及多方面参与者(见图 1.1),所有系统中的成员都受环境因素的影响,同时又相互影响,一个公司成功与否不仅取决于自己的工作,还取决于每一个参与者对最终用户的满足程度。

那么营销与一般的销售区别又在哪里? 它们的始点与终点有何不同(见表 1.1)?

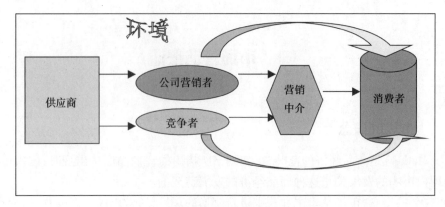

图 1.1　现代营销系统的主要参与者

表 1.1　销售与营销的区别

	始　点	方　法	终　点
销售	产　品	推销与宣传	从销售中获利
营销	顾客需求	整体销售活动	从满足顾客需求中获利

从表 1.1 可以看出销售重视的是卖方的需要。根据生产的产品的成本定价再辅之以必要的促销手断,最大限度地扩大销量,从销售中获利;而营销则是从市场需要出发,根据消费者需要开发设计产品并根据市场需要核定价格,以消费者愿意接受的方式促销,通过满足消费者获取最大利润。

只有为一种商品或一种服务付款的顾客才能使经济资源转化为财富,使产品转化为商品,企业本身打算生产什么东西并不具有十分重要的意义,特别是对企业的长远发展来说。顾客想要买的是什么,他认为有价值的是什么,才具有决定性意义,它决定着企业生产什么,以及企业是否会兴旺发达。

世界营销学之父——菲利浦·科特勒(Philip Kotler)说:"销售不是市场营销最重要的部分,销售是市场营销冰山的尖端。销售是企业市场营销的职能之一,但不是其最重要的职能。"而管理学宗师彼德·德鲁克(Peter Drucker)也在其文中说:"人们总是认为某种推销还是必要的,但营销的目的却是使推销成为不必要。"

[课后作业]

1.上网搜索有关菲利浦·科特勒和彼德·德鲁克的有关生平,了解其主要贡献。

2.有人说营销就是"发现需求、满足需求"的过程,一流的企业是创造需求,你怎么理解?

1.1.3　市场营销学的产生与发展

市场营销学是一门建立在经济科学、行为科学、现代管理论基础之上的综合性的应用科学,研究以满足消费者需求为中心的企业营销活动、过程及其规律性,具有全程性、综合性、实践性的特点。

市场营销学的研究对象是以满足消费者需求为中心的企业营销活动过程及其规律性,即在特定的市场环境中,企业在市场调研的基础上,为满足消费者和用户现实和潜在的需要所实施的以产品(Product)、分销渠道(Place)、定价(Price)、促销(Promotion)为主要内容的营销活动过程及其客观规律性。

市场营销学的核心概念是交换,但交换作为社会再生产的一环,不能离开其他环节孤立地研究,因此市场营销学的研究是以市场为出发点,但必须上延到生产过程。无论生产还是消费,都与市场商品交换有直接关系。因为社会再生产过程和各个环节,是互相联系、互相制约的一个有机整体。交换本身不是生产,但与生产紧紧相连;交换本身不是消费,但与消费息息相关。市场营销学围绕消费者需求这个中心,分析市场环境,研究所应实施的营销策略,在理论体系上包括营销原理、市场调研、需求分析与营销组合等。

市场营销学的演进,大致可分为形成时期、应用时期和“革命”时期3个阶段。

1) 形成时期

形成时期是从19世纪末到20世纪30年代。世界主要的资本主义国家先后完成了工业革命,生产迅速增长,城市经济发达。从1900年开始的30年中,城市人口急剧增加,需求旺盛。这时的市场特征是“供不应求”的局面,因而作为生产商、销售商只要有货,不愁卖不出去。生产商感兴趣的是如何更高效地生产。在这时美国工程师泰罗出版了《科学管理原则》,书中提出了生产管理的科学理论和方法,一问世便受到企业界的欢迎。采用高效的管理方式有效地提高了劳动生产率,使生产的增长速度逐渐和市场需求速度拉平,并逐渐超过它。

与此同时,一些经济学家根据企业销售实践活动的需要,着手从理论上研究商品销售问题,出现了以“marketing”命名的教科书,但是它的内容实质上是“分配学”和“广告学”。这个时期,美国几所大学先后开设了市场营销学课程,形成了若干研究市场营销学的中心。

这个阶段的市场营销学的研究有下列特点:
①在经济学的理论基础上研究,侧重研究销售渠道的开辟和销售技巧的应用。
②研究活动局限于大学,没有应用于企业实践。

2) 应用时期

应用时期是从20世纪30年代到第二次世界大战结束。

1992—1933年资本主义经济大危机,生产严重过剩,商品销售困难,资本主义企业不得不日益关心产品的销路。市场迫使人们去应付竞争,也鞭策人们去探索营销活动的规律。市场营销学家为了帮助企业家争夺市场,解决产品销售问题,开始重视市场调研,预测和刺激消费者需求。这时,市场营销学进入了流通领域的应用阶段,参与了企业争夺市场的业务活动。

作为市场营销学的发源地,美国在1915年正式成立全美广告协会(NATM),1926年改组为全美市场营销学和广告学教师协会,1931年成立了专门讲授和研究市场营销学的美国市场营销学会(AMS)。1937年这两组织合并成立为美国市场营销协会(AMA),并在全国设立几十个分会。这些组织的成立使市场营销学从学校到企业,从课堂到社会。理论与实践的结合,加速了市场营销学的发展。

这个阶段的市场营销学的研究有下列特点:

①市场营销学的研究对象没有超越商品流通的范围,仍然局限于商品推销和广告技巧。

②研究活动开始应用于企业实践。

3)"革命"时期

革命时期是从 20 世纪 50 年代到现在。

第二次世界大战后,美国和参战的一些有工业基础的资本主义国家,将军事工业转向民用工业,随着第三次科技革命的深入,劳动生产力大幅度提高,社会产品的数量剧增,花色品种日新月异,市场的基本形势是产品进一步供过于求,竞争范围更广且更为激烈,原有的市场营销学越来越不能适应新形势的需要。新的形势向市场营销学提出了新的课题,促使市场营销学发生了深刻的变化。市场营销学专家指出现代企业必须善于分析判断消费者的需求和愿望,并据此提供适宜的产品和劳务,保证生产者和消费者之间"潜在的交换"得以顺利实现。所谓"潜在的交换"就是生产者的产品或劳务要符合潜在消费者的需求和欲望。在市场营销学原理的新著作中,对市场赋予了一个新的概念——市场是生产者与消费者进行潜在交换的场所,凡是为了保证实现这一潜在交换所进行的一切活动,都属于营销活动,也都是市场营销学研究的对象。这一新的原则日益为人们所接受,并被公认是市场营销学中的一次革命。

于是在 20 世纪 50 年代,市场营销学的研究对象,由商品流通领域扩大到商品生产领域,它的基本理论发生了质的变化。过去市场是生产过程的终点,而现在市场应该成为生产过程的起点。可以说,一门崭新的现代市场营销学诞生了。

20 世纪六七十年代以来,现代市场营销学日益与消费经济学、管理科学、心理学、社会学等理论密切结合起来,成为一门综合性的经营管理学科。进入 80 年代,现代市场营销学又面临着许多新的挑战,现代的营销学家和企业家正在不断地进行探索和补充。

那么,现代市场营销学是怎样一门学科呢?西方经济学家有各种各样的定义,综合地说,市场营销学是一门建立在经济科学、行为科学、现代管理理论基础之上的综合性的应用科学,它研究以满足消费者需求为中心的企业营销活动过程及其规律性,具有全程性、综合性、实践性的特点。归纳起来,市场营销学包括 3 个层面:

(1)营销学是一种经营思想

营销学的"工商业哲学"便是承认并接受以消费者和最终用户为中心,进行企业的全部活动。

(2)营销学是一种经营意图

营销学促使企业有意识地将自己的资源适应消费者的各种需要,尽可能最有效地达到企业的预期目的。

(3)营销学是一种管理过程

营销学组织和指导企业的整体活动——识别、刺激和预测消费者和用户的需求,从而获得最大限度的经济效益。

　　市场营销学的发展在西方经历了上述的不同阶段,在我国,市场营销理论的发展也经历了类似的阶段,在新中国成立之前,我国虽曾对市场营销学有过一些研究(当时称"销售学"),但也仅限于几所设有商科或管理专业的高等院校;在 1949—1978 年,除港澳台地区外,在整个中国内地市场营销学的研究一度中断;党的十一届三中全会以后,对外开放、对内搞活的总方针,从而为我国重新引进和研究市场营销学创造了有利的环境。从整个发展过程来看,大致经历了以下几个阶段:1978—1982 年是引进时期,部分大专院校和研究机构翻译国外营销资料和出国学习访问系统介绍和引进了国外市场营销理论,为我国市场营销学的进一步发展打下了基础;1983—1985 年是传播期,各地的市场营销学研究团体纷纷成立,通过一系列活动推广、传播了市场营销学知识,扩大了学术团体的影响,在此期间,市场营销学在学校教学中也开始受到重视,有关市场营销学的著作、教材、论文在数量上和质量上都有很大的提高;1986—1988 年进入了应用时期,随着我国经济体制改革的步伐加快,市场环境的改善为企业应用现代市场营销原理指导经营管理实践提供了有利条件,沿海地区开放城市开始积极应用市场营销理论,但是当时多数企业应用市场营销原理时,偏重于分销渠道、促销、市场细分和市场营销调研部分;1988—1994 年是扩展期,各地的市场营销学学术团体开始吸收企业界人士参加,研究重点也由教学研究逐步走向对市场营销实践的研究,研究领域包括市场经济体制的市场营销管理、中国市场营销的现状与未来与挑战机遇与对策等重大问题;1995 年后进入了国际化时期,中国人民大学、加拿大麦吉尔大学和康克迪亚大学联合举办的第五届市场营销与社会发展国际会议 1995 年在北京召开,从此,中国市场营销学者开始全方位、大团队地登上国际舞台。

 [案例分析]

皮尔斯堡公司推销方式发展历程

　　美国皮尔斯堡面粉公司,于 1869 年成立,从成立到 20 世纪 20 年代以前,这家公司提出:"本公司旨在制造面粉"的口号,因为在那个时代,人们的消费水平较低,面粉公司认为不需做大量宣传,只需保持面粉的质量,大批量生产,降低成本和售价,销量就自然大增,利润也相应增加,而不讲究市场需求特点和推销方法。1930 年左右,美国皮尔斯堡公司发现,在推销公司产品的中间商中,有的已开始从其他的厂家进货。销量随之不断减少,公司为扭转这种局面,第一次在公司内部成立商情调研部门,并选派了大量的推销人员,力图扭转局面,扩大销售。同时他们更改了"本公司旨在推销面粉"的口号。更加重视推销技巧,不惜采用各种手段,进行大量的广告宣传,甚至使用硬性兜售的手法,推销面粉。然而各种强有力推销方式并未满足顾客经常变化的新需求,特别是随着人民生活水平的提高,这一问题也就日益明显,迫使面粉公司必须从满足消费者的心理及实际需要出发,对消费者进行分析研究。1950 年前后,面粉公司经过市场调查,了解到战后美国人民的生活方式已发生了变化,家庭妇女采购食品时,日益要求多种多样的半成品或成品(如各式饼干、点心、面包等)来代替购买面粉回家做饭。针对市场需求的变化,这家公司开始生产和推销各种成品或半成品的食品,使销量迅速上升。1958 年,这家公司又进一步成立了皮尔斯堡销售公司,着眼于长期占领市场,着重研究今后 3~10 年消费者的消费趋势,不断设计和制造新产品,培训新的销售人员。

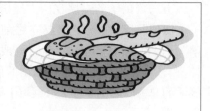

该案例中皮尔斯堡公司的发展历程是美国许多跨国公司所经历过的,该公司的营销思想的变化也正是营销观念形成、发展的过程,试分析该案例说明营销观念发展的过程中经历了几个阶段? 每个阶段有什么特点? 为什么会有这样的变化和特点?

1.2 国际市场营销概述

1.2.1 国际市场营销的概念

第二次世界大战后,世界市场的竞争日趋剧烈,企业经营国际化的过程中除了发挥垄断资本在国际交换中的优势的同时,跨国公司都着力研究如何进入市场和占领市场的策略。于是,把在国内行之有效的现代市场营销学的基本理论,引申到国际经贸活动中,经过营销学家的整理和总结后,便形成了国际市场营销学。

1) 国际营销的概念

市场营销是指个人和组织通过创造并同别人交换产品和价值以获得其所需要的所需求的一种社会过程,而国际市场营销(International Marketing)是个人或组织超出国境的市场营销活动,是引导企业的商品或劳务供给一个以上的国家消费者或用户的企业活动行为,是国内市场营销的延伸或扩展。

国际市场营销学是一门研究以国外顾客需求为中心,从事国际市场营销活动的国际企业管理方面的科学。具体地说,研究企业如何从国际市场顾客需求出发,依据一些自身不可控制的环境因素(主要包括国内及国外不可控制的因素,诸如竞争机构、政治力量及文化力量等)运用自己可控制的因素,诸如产品、价格、促销、分销等,制订出国际市场营销策略,包括制订出国际营销目标及国际营销计划,以及对国际营销计划的执行、控制和审计等。从适应和刺激国际市场顾客的需要和欲望出发,有计划地组织本企业的整体国际营销活动,并通过交换,实现企业的赢利目的。

2) 国际营销的特点

国际营销与国内营销的任务、手段、观念都是一致的,但由于国际营销跨越了国界,因而实施营销计划的环境不同,海外市场的特殊性来源于一系列的陌生问题和应付国外市场上所出现的程度不同的不确定因素所需要的各种各样的策略。因此国际营销具有以下特点:

(1) 国际营销所面临的环境更加复杂

世界各国在地理位置、自然条件、资源状况、经济发展水平、文化、社会制度、政策法规等方面千差万别,这些因素常常是不可控的,由于这些环境因素的变化,常常会影响切实可行的营销计划的实施效果,也增加了国际营销的风险,使国际营销有更大的难度与挑战性。

（2）国际营销面临的竞争更为激烈

在国际营销中，企业面对来自全球的竞争者，必须与各种跨国公司一争高低，因此企业面对的竞争更为激烈。而同时由于地理距离和文化等因素，企业又难以及时了解和掌握竞争对手情况，企业必须不断根据国际市场的情况调整自己的产品和战略。

（3）国际营销更需要协调与控制

企业除了把每个国外市场的营销活动管理好外，还要根据企业目标进行统一规划，合理利用各国优势，合理分配资源，根据市场变化及时进行调整，协调和控制好整个企业在国际市场的营销活动，以实现企业整体利益最大化。

总之，国际营销具有复杂性、多变性、不确定性等特点，对国际营销人员有更高的要求，它要求国际营销人员了解世界经济变化发展，了解国际市场发展趋势，通晓历史文化，具有全球意识。

1.2.2 国际营销的基本形式

国际市场营销的基本形式和国际企业发展的基本形态紧密相连，国际企业的发展分为3种形态，即国际贸易、海外投资及多国公司，因此，与之相对应，国际市场营销也有3种形式（见表1.2）。

表 1.2　国际市场营销的基本形态

基本类型	表现形式		企业决策中心	市场	生产基地	范　例
对外营销型	国际贸易	出口	本国	外国	本国	一般的国际贸易公司
		进口		本国	外国	
国外营销型	海外投资		本国	外国（二国）	外国（二国）	福特公司在墨西哥建立汽车厂，从美国运出原料、配件在墨西哥生产汽车，汽车就在墨西哥销售
多国营销	多国公司		本国	外国（三国）	外国（三国）	英荷壳牌石油公司总部设在国内，将在丙国生产的商品输往乙国

[问题]

　　1.比较当地2~3家知名的国际性企业，分析这些企业的国际营销是属于哪一种类型？并说明理由。

　　2.查阅相关资料，分析比较国际营销和市场营销、国际贸易的异同。

1.2.3 企业经营国际化的动因

世界经济在过去20年中已发生了剧烈变化，随着喷气客机、传真机、全球电脑和电话联网、电视卫星广播以及其他先进技术的出现,地理和文化的差异已逐渐缩小,从而使企业能大大拓宽其地理市场覆盖面和制造范围。

通用汽车公司、IBM、INTEL、耐克和麦当劳的业务已遍及世界各地,这正是国际营销和全球经济的内涵所在。世界的大小企业,在全球性国际经营中的参与程度以及其受影响的程度在历史上都是前所未有的。随着追求效益、生产率、寻求开放而无管制的市场的运动席卷世界,现代经济史上全球经济繁荣正在出现,强劲的经济、技术、工业、政治和人口力量共同作用,为全球经济新秩序奠定了基础,形成一个全球经济和市场体系结构。不管中国公司是否愿意直接参与国际经营,都不能回避日益增多的企业从事进出口业务或在国外生产所造成的影响,也无法回避加入 WTO 后在中国市场经营的日益增多的外国企业以及日益增多的全球竞争者。

今天,几乎所有的企业,都或多或少地受全球竞争的影响,大多数活动都是在全球范围内展开的,技术、投资、生产、营销、分配和通信网络都具有全球性,每一个企业都必须准备在一个相互依存度越来越高的经济环境中竞争。随着贸易和生产国际化的发展,各国之间的经济联系不断加强,相互依存度日益加深。任何一个国家、任何一个经济部门都是世界经济链条中相互连接、相互作用、相互影响的一环,世界贸易的增长速度持续超过世界内生产总值的增长速度,生产国际化程度大大提高,区域经济集团化的趋势不断加强,这些都表明世界经济一体化是世界经济发展的总趋势。随着全球化的经济浪潮,企业经营国际化也成了一种趋势。

在现代信息技术极度发达的今天,企业参与国际市场营销具有以下重要的意义:

①开拓新的市场,扩大销量,实现规模经济。

②可延长产品的生命周期,将处于成熟期的产品推向技术发展相对缓慢的国家。

③可回避国内市场的激烈竞争,到国外市场寻找更大的发展空间和更高的利润。

④分散风险,维持经营的稳定。目前的经济发展,"市场多元化"将可以回避鸡蛋放在一个篮子里的风险,例如在亚洲金融危机中,韩国许多在本国销售的企业纷纷破产,相反那些多国投资经营的企业损失相对较小,国外的收益弥补了国内的损失。

⑤可利用互联网的发展便利及国家的相关鼓励政策,为企业带来更多的利润。

⑥可提高产品质量和经营管理水平。国际市场上竞争对手较多,走入国际市场可以使自己的产品不断提高产品质量及产品竞争力。

[讨论]

数字贸易时代已经到来,你认为对国际营销有什么影响?

1.2.4　国际营销的任务

国际市场营销学是对国际营销活动的总结,同时又对后者有指导和推动的作用。学习国际营销的目的就是能通过学习理论,来分析研究市场,为企业开拓国际市场寻找决策。国际营销一般要求解决以下几个问题(见图 1.2),并依次做出相应的决策,最终建立起企业的国际营销战略,指导企业在国际市场获取最大利润。

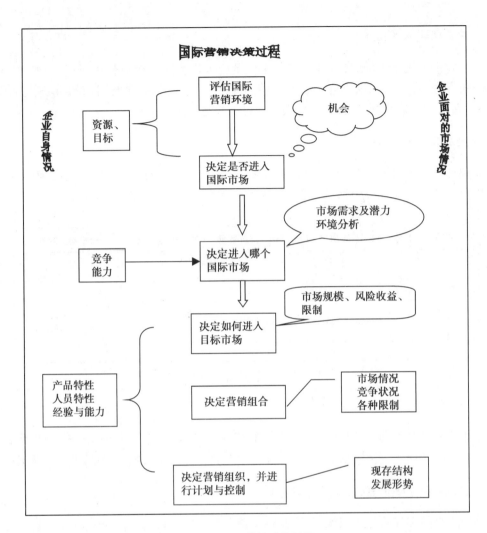

图1.2 国际营销决策过程

1) 评估国际营销环境

在决定是否进入国际市场之前,企业必须透彻地理解国际市场。成功的管理者制订的营销计划能最佳地适应经营环境的不确定性,在公司拥有必要资源的条件下,对产品、产品的价格、促销方式和分销渠道等因素进行综合运用,以满足预期的需求并获取利润。这些环境包括政治环境、经济环境、文化环境、科技环境等,所有环境的变化都有可能给我们的国际营销带来新的挑战或发展机会。

2) 决定是否进入国际市场

为了发展,企业都渴望寻找到更广阔的发展空间,但是并不是每个企业都有必要进入国际市场,也不是每个企业都有条件进入国际市场。企业应根据环境分析和自己的资源条件以及生产能力和产品特点做出正确的选择,因此,企业必须进行调研与分析,制订自己的国际营销目标和政策,确定企业使命。

3) 决定所进入的市场

在决定进入国际市场后,接着要进一步决策应该进入哪一个目标市场。选择时要利用一些分析方法(在后面的章节会介绍)对目标市场进行财务分析,估计目前的市场潜力,预测成本、利润以及未来的投资回报率等,来选择投资报酬率较高的市场。

4) 决定如何进入国际市场

企业选择好了目标市场,如何进入有许多可选择的方式(见图1.3),企业必须综合考虑企业的实际情况以及环境因素,做出适合自己的选择。

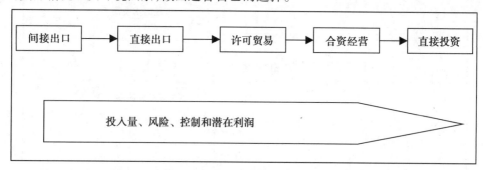

图 1.3 进入国际市场的方式

5) 决定营销组合

企业进入目标市场后,要针对当地市场的情况,适应性地应用营销组合——产品策略、价格策略、促销策略、分销策略等,选择标准化或差异化的营销战略,以期取得最大利润。

6) 决定营销组织形式,并进行计划与控制

营销战略的实现需要组织保证,因此要设置合理的组织机构,并合理进行协调、计划、控制,以使营销决策最好地实现。

[课后阅读思考]

市场营销理论经过很多年若干专家的思考、研究、实践,有若干新的理论出现,请阅读下列资料,了解营销的发展动态。

1.整合营销传播(Integrated Marketing Communications,IMC)

这是指将一个企业的各种传播方式加以综合集成,其中包括一般的广告、与客户的直接沟通、促销、公关等,对分散的传播信息进行无缝接合,从而使得企业及其产品和服务的总体传播效果达到明确、连续、一致和提升。

2.数据库营销(Database Marketing,DB)

这是以特定的方式在网络上或是实体收集消费者的消费行为资讯、厂商的销售资讯,并将这些资讯以固定格式累积在数据库当中,在适当的行销时机,以此数据库进行统计分析的行销行为。

3.网络营销(Internet Marketing)

网络营销是企业整体营销战略的一个组成部分,是为实现企业总体经营目标所进行的,

以互联网为基本手段营造网上经营环境的各种活动。网络营销的职能包括网站推广、网络品牌、信息发布、在线调研、顾客关系、顾客服务、销售渠道、销售促进8个方面。

4.直复营销(Direct Marketing)

这是在没有中间行销商的情况下,直接通过媒体连接企业和消费者。其最大特色为"直接与消费者沟通或不经过分销商而进行的销售活动",乃是利用一种或多种媒体,理论上可到达任何目标对象所在区域——包括地区上的以及定位上的区隔,且是一种可以衡量回应或交易结果的行销模式。

5.关系营销(Relationship Marketing)

关系营销,是把营销活动看成是一个企业与消费者、供应商、分销商、竞争者、政府机构及其他公众发生互动作用的过程,其核心是建立和发展与这些公众的良好关系。简单说,就是关注销售网络中的关系。

6.绿色营销

这是指企业为了迎合消费者绿色消费的消费习惯,将绿色环保主义作为企业生产产品的价值观导向,以绿色文化为其生产理念,力求满足消费者对绿色产品的需求所做的营销活动。

7.社会营销

社会营销是一种运用商业营销手段达到社会公益目的或者运用社会公益价值推广商业服务的解决方案。社会事件或公益主题一向是最吸引媒体和民众关注的目标,同时由于它具有广泛的社会性,很多企业把商业运营模式放到公共领域,以此来开展营销活动,从而获得了良好的效果,这种营销活动称为社会营销。

8.病毒营销

这是一种信息传递策略,通过公众将信息廉价复制,告诉给其他受众,从而迅速扩大自己的影响。和传统营销相比,受众自愿接受的特点使得成本更少,收益更加明显。

9.微博营销

微博营销以微博作为营销平台,每一个听众(粉丝)都是潜在营销对象,企业利用自己的微型博客每天更新内容就可以跟大家交流互动,向网友传播企业信息、产品信息,树立良好的企业形象和产品形象来达到营销的目的。

10.微信营销

微信营销是网络经济时代企业营销模式的一种创新,是伴随着微信的火热而兴起的一种网络营销方式。微信不存在距离的限制,用户注册微信后,可与周围同样注册的"朋友"形成一种联系,用户订阅自己所需的信息,商家通过提供用户需要的信息,推广自己的产品,从而实现点对点的营销。

11.搜索引擎营销(Search Engine Marketing,SEM)

搜索引擎营销就是基于搜索引擎平台的网络营销,利用人们对搜索引擎的依赖和使用习惯,在人们检索信息的时候尽可能将营销信息传递给目标客户。

[**本单元重点**]

市场营销的概念

国际市场营销的概念

国际营销的任务

[实训项目]

　　1.搜集当地大企业的信息,看是否有企业已经在进行国际营销,如果有,利用时间访问1~2家企业,了解该企业目前国际营销的状况。

　　2.请分析"一带一路"战略实施给你们所在地区带来哪些营销机会。

第2编
发现市场机会

单元2
如何进行国际市场营销调研

【学习目标】

本单元主要介绍了国际市场营销调研的概念、作用,介绍了国际市场信息搜集的途径及方法,以及国际营销信息系统,包括国际市场分析框架、调研过程等。

学习后,你应该具备以下能力:

①熟悉第一手资料和第二手资料的搜集方法;

②知道开展国际市场调研的流程和方法;

③会应用市场问卷调查法。

【教学建议】

重点帮助学生掌握市场调研的基本方法。建议让学生就课程需要设计一份市场调研问卷,回来进行比较和修改,在可能的情况下让学生针对问卷利用业余时间完成问卷调查。

[导入案例]

亚马逊的大数据分析

从谷歌、亚马逊、Facebook、LinkedIn 到阿里、百度、腾讯,都因其拥有大量的用户注册和运营信息,成为天然的大数据公司。截至目前,如果全球哪家公司从大数据发掘出了最大价值,答案可能非亚马逊莫属。因为亚马逊也要处理海量数据,这些交易数据的直接价值更大。

作为一家"信息公司",亚马逊不仅从每个用户的购买行为中获得信息,还将每个用户在其网站上的所有行为都记录下来:页面停留时间、用户是否查看评论、每个搜索的关键词、浏览的商品等。这种对数据价值的高度敏感和重视,以及强大的挖掘能力,使得亚马逊早已远远超出了它的传统运营方式。长期以来,亚马逊一直通过大数据分析,尝试定位客户和获取客户反馈。

"在此过程中,你会发现数据越大,结果越好。为什么有的企业在商业上不断犯错? 那是因为他们没有足够的数据对运营和决策提供支持。"Vogels 说,"一旦进入大数据的世界,企业的手中将握有无限可能。"从支撑新兴技术企业的基础设施到消费内容的移动设备,亚马逊的触角已触及更为广阔的领域。

亚马逊推荐:亚马逊的各个业务环节都离不开"数据驱动"的身影。在亚马逊上买过东西的朋友可能对它的推荐功能都很熟悉,"买过 X 商品的人,也同时买过 Y 商品"的推荐功能看上去很简单,却非常有效,同时这些精准推荐结果的得出过程也非常复杂。

亚马逊预测:用户需求预测是通过历史数据来预测用户未来的需求。书、手机、家电这些东西——亚马逊内部叫硬需求的产品,你可以认为是"标品"——预测是比较准的,甚至可以预测到相关产品属性的需求。但是对服装这样软需求产品,亚马逊干了十多年都没有办法预测得很好,因为这类东西受到的干扰因素太多了,比如:用户对颜色、款式的喜好,穿上去合不合身,爱人朋友喜欢不喜欢……这类东西太易变,买的人多反而会卖不好,所以需要更为复杂的预测模型。

亚马逊测试:你会认为亚马逊网站上的某段页面文字只是碰巧出现的吗? 其实,亚马逊会在网站上持续不断地测试新的设计方案,从而找出转化率最高的方案。整个网站的布局、字体大小、颜色、按钮以及其他所有的设计,其实都是在多次审慎测试后的最优结果。

亚马逊记录:亚马逊的移动应用让用户有一个流畅的体验的同时,也通过收集用户手机上的数据深入地了解每个用户的喜欢信息;更值得一提的是 Kindle Fire 内嵌的 Silk 浏览器可以将用户的行为数据一一记录下来。

以数据为导向的方法并不仅限于以上领域,亚马逊的企业文化就是冰冷的数据导向型文化。对于亚马逊来说,大数据意味着大销售量。数据显示出什么是有效的,什么是无效的,新的商业投资项目必须要有数据的支撑。对数据的长期专注让亚马逊能够以更低的售价提供更好的服务。

资料来源:https://blog.csdn.net/zw0pi8g5c1x/article/details/81277567

企业想要成功占领市场,离不开调研。而随着信息化的发展,越来越多的企业通过大数据分析来实现对消费者细分,大数据越来越成为有效的调研手段并进入国际营销之中。一个国际化的企业只有顺应市场,才能降低国际化的风险,并取得成绩。

2.1　国际市场调研的概念与步骤

2.1.1　国际市场营销调研的概念

国际化已成为企业生存的必需,企业必须立足全球市场开展商务活动。营销大师菲利普·科特勒曾说过:"要管理好一个企业,必须管理它的未来;而管理未来就是管理信息。"当前,竞争环境的不确定性加强以及企业内部对协同性要求的提高使得信息犹如空气中的氧气,企业的生产经营及营销活动离开信息就寸步难行。企业要在市场中求生存、谋发展,就必须掌握营销信息,并进而建立快速反应的营销信息系统。要使自己的产品打入国际市场并且畅销不衰,或以较低的价格购进所需商品,企业必须了解国际市场,例如应该采用 OEM 方式生产,还是自己在海外设点(海外销售公司),还是和海外代理、批发商、零售商销售来进行国际市场的开拓;我们的客户主要来自哪些国家和地区;哪些国家

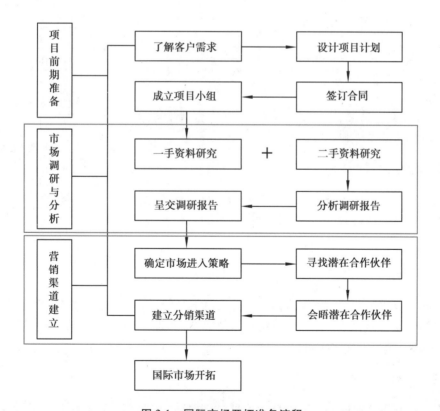

图 2.1　国际市场开拓准备流程

资料来源:http://www.starmass.com/images/flowchart/research_entry_cn.gif

和地区可能是我们同行还没有涉足但是又有市场空间的国家或地区；我们的同行现在销售的产品价格、质量标准、服务水准等有哪些特点，如果参与竞争我们又有哪些同行不具有的竞争优势；而我们现在有未来也可能超越同行现在的优势有哪些等诸如此类和我们开拓国际市场有关的问题。而这些问题的答案来自哪里呢？由于各国在文化、经济、政治、法律、社会环境等方面存在很大差异，在国际市场开拓市场、进行营销要比在国内市场复杂得多。因此，企业必须对国际市场进行调研，不断了解国际市场，在整理、分析大量信息的基础上，进行市场的宏观细分与微观细分，而后才能做出目标市场决策（见图 2.1）。

国际市场营销调研是指运用科学的方法，有系统、有目的地收集、记录、整理和分析有关国际市场的重要情报信息，也就是同国际市场营销有关的各种消息、数据资料、报告等的总称，为企业制订国际市场营销决策提供可靠依据的一种活动。

2.1.2 国际市场调研的步骤

国际调研比国内调研更复杂，一般分为 3 个大的部分，就是确定目标，也就是确认所需要的信息；然后进入实施阶段，搜集数据；最后是根据数据做出报告分析，以进行决策执行。

具体可以分解为以下几个步骤，如图 2.2 所示。

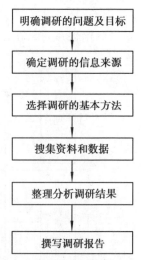

图 2.2 国际市场调研步骤

1）确定问题及明确调研目标

调研的目的在于帮助企业准确地做出经营战略和营销决策，对整个营销调研和决策有重要意义。在对国际市场调研前，要针对企业所面临的市场现状和亟待解决的问题，如目标市场情况、竞争对手情况、产品销售情况、产品广告效果等，确定国际市场调研的目标和范围。

2）明确调研的信息来源

企业进行国际市场调研前必须根据已确定目标和范围搜集与之密切相关的资料，确定大概需要的有关信息，没必要面面俱到。

3）选择调研的基本方法

在后面环节我们会学习到搜集信息的方法有很多种，如实验法、观察法、调查法等，企业要根据要调研的目标、市场特点、企业特点以及成本，来选择不同的调研方法，同时要事先计划好调研对象、样本以及设计问卷。

4）搜集资料和数据

首先应该利用企业内外现有资料和信息，集中搜集与既定目标有关的信息，这包括对企业内部经营资料、各级政府统计数据、行业调查报告和学术研究成果的搜集和整理，在尽可能充分地占有现成资料和信息的基础上,再根据既定目标的要求,采用实地调查方法,以获取有针对性的市场情报。调查结果如果不足以揭示既定目标要求和满足信息广度和深度时,必要的时候还要进一步组织有经验的市场调研人员对调查对象进行进一步调研,以获得更具有针对性的信息。

5) 整理分析调研结果

对获得的信息和资料进行进一步统计分析,提出相应的建议和对策。市场调研人员须以客观的态度和科学的方法进行细致的统计计算,要注意针对性、准确性、及时性,以获得高度概括性的市场动向指标,并对这些指标进行横向和纵向的比较、分析和预测,以揭示市场发展的现状和趋势。

6) 撰写调研报告

根据比较、分析和预测结果写出书面调研报告,一般分专题报告和全面报告,阐明针对既定目标所获结果,以及建立在这种结果基础上的经营思路、可供选择的行动方案和今后进一步探索的重点,调研报告不但要有准确性,还要有一定的预见性。

[课后作业]

上网搜索一家跨国公司进行市场调研的案例,对其进行分析,了解调研的目标与价值。

2.2　国际市场营销调研的主要内容

国际市场调研主要目的是搜集、分析国际市场信息,为预测国际市场未来的变化提供科学依据;为确定国外市场营销目标、工作计划和经营决策提供科学依据;为解决国外市场营销活动的供需矛盾提供科学依据;不断反馈国际营销的实践结果,并根据环境的变化及时做出调整。

国际调研主要包括3个方面:跨文化研究,即跨国家或跨文化群体研究项目;国外研究,即在本国之外的国家进行调查研究;多国研究,在公司经营的全部所在国或主要国家进行调查研究。主要包括:国际市场宏观环境调研、国际市场微观环境调研(包括商品情况调研、国际市场营销情况调研、国外客户情况调研等),以及企业自身资源情况的调研。具体调研要获取信息内容见表2.1。

通过调研,获取上述信息,然后对国际市场进行全盘评估,确定哪些国家具有增长潜力,了解清楚将要去的国家的市场准入、未来的赢利能力、市场规模等因素,以确认现有市场、潜在市场、未来市场,为企业国际营销决策提供依据。

表2.1　国际市场信息的内容

大类	细目	内容
宏观环境信息	地理环境	自然资源、气候条件及其变化、自然灾害、地理位置、地形地貌等
	人口环境	人口数量、人口结构、人口增长、人口流动、人口分布等
	经济环境	经济形势、国民生产总值、国民收入及其分配、产业结构、地区和部门经济结构、积累和消费比例、财政收支、税种和税率、货币发行、信贷、利率、汇率、总供给与总需求、价格总水平、投资状况
	社会文化环境	文化教育、宗教信仰、社会阶层、价值观念、风俗习惯、社会舆论、社会流行、社会道德、审美情趣等
	政治法律环境	政府类型、政党的情况、国家的政策、法律、关税壁垒、贸易惯例等
	科技环境	基础研究、应用研究、技术开发、科技水平、科技投资、科研成果转换及其应用、科技发展等
	其他	
微观环境信息	市场潜力	表现产品潜在需求的信息,包括现有市场中公司产品的销售现状与前景
	消费者	消费者类型及其特征、消费者的地理分布、消费者的需要、消费者的购买动机、消费者的购买过程、消费者的购买习惯、消费者的购买类型
	分销渠道	渠道类型、物流信息、渠道代理商、经销商的产品可获得性
	沟通媒介	媒介可获得性、有效性及成本
	市场来源	可获得性、质量及成本
	竞争对手	竞争对手的产品开发、质量、品种、花色的改进、价格的变动、服务形式、销售组织形态、销售渠道的改进、促销手段的改进、人才的引进、技术进步、不正当竞争手段的应用等
	客户情况	客户政治情况、资信情况、客户经营业务范围、客户经营能力等
企业自身资源	人力资源	企业人员的数量、领导层、管理层、技术人员、职工队伍、文化结构、年龄结构、技术结构、性别结构、业务结构、素质、人员分工配置、人员变动、培训、工资分配、奖惩、招聘、候选员工的可获得性等
	资金	自有资金、借入资金、筹资渠道、筹资成本、资产负债率、固定资金、流动资金等
	物质资源	机器设备、厂房设施、能源供应、原材料供应等
	技术资源	科研队伍、技术机构与组织、研究开发能力、科技投入、技术水平、技术协作等
	兼并收购	有关潜在兼并、收购或合资的信息

[案例分析]

雪佛隆公司的法宝

雪佛隆公司是美国一家食品企业。该公司在 20 世纪 80 年代初曾投入大量资金,聘请美国亚利桑那大学人类学系的威廉·雷兹教授对垃圾进行研究。教授和他的助手在每次的垃圾收集日的垃圾堆中,挑选出数袋,然后把垃圾的内容依照其原产品的名称、质量、数量、包装形式等予以分类。如此反复地进行了近一年的分析和考察,获得了有关当地食品消费情况的信息。

第一,劳动者阶层所喝的进口啤酒比收入高的阶层多。这一调查结果大大出乎一般人的想象,如果不进行调查,生产和销售后果不堪设想。得知这一信息后,调查专家又进一步分析研究,知道了所喝啤酒中各品牌的比率。第二,中等阶层人士比其他阶层所消费的食物更多,因为双职工都要上班而太匆忙了,以致没有时间处理剩余的食物。第三,了解到人们消耗各种食物的情况,得知减肥清凉饮料与压榨的橘子汁属高层收入人士的良好消费品。

公司了解到这些情况后,又根据这一信息进行决策,组织人力物力投入生产和销售,最终获得成功。

分析这一案例,讨论该调研中获取了哪些信息? 这些信息会给企业带来哪些收益? 从中有什么启发?

资料来源:http://www.boraid.com/bbs/printpage.asp

2.3　国际市场营销调研的方法

2.3.1　国际市场信息来源的渠道

国际市场调研与预测的信息来源归纳起来有两大类:一是直接信息,又称第一手资料,主要是通过调查人员实地考察得到的原始信息;二是间接信息,又称第二手资料,指经由他人或组织搜集、加工处理过的案头信息资料。

1) 第一手资料

通过调研人员实际调查所得到的直接信息,及时准确,可靠程度高,往往可以弥补间接信息的不足。但国际市场直接信息的获得也往往因文化距离等原因成本高、风险大。一般来说,主要有下列直接信息的来源:

①直接参与各类国际展览会、展销会、交易会。

②赴国外实地考察,观察市场动态。

③驻外销售人员直接走访客户或经销商。

④组织国外市场实地调查,了解客户或消费者的要求。

⑤在与外商的直接谈判中获得有关信息。

⑥购买国外竞争对手的产品,进行对比、分析和试验等。

2) 第二手资料

二手资料是由他人搜集并整理的现成资料。

内部的二手资料是指来自企业内部的资料,来源有会计账目、销售记录和其他各类报告,如有关的销售记录、采购要求、财务报告、产品设计与技术资料、市场环境资料等。

外部的二手资料指的是从公司外部获得的资料,来源有:各种出版物、数据库及政府机构提供的统计资料。国际市场调研时,大量的数据获得还是通过间接信息,也就是第二手资料。可以通过企业图书馆、大学图书馆、国际商会、国际市场情报中心、企业联盟、大使馆、银行、贸易协会、出口委员会、海外分销商、海外分支机构、外国经纪行、外国贸易组织等获取相关信息。

目前,随着互联网的日益普及,国际二手信息的获得有了极大的发展。通过因特网访问资源,管理人员可从在线数据库获得大量信息,主要包括大量在线报刊和杂志、各国该行业的调查报告、供应商分销商名录、各国政府及有关部门的联络方式、各地法律法规等,而且这些信息可以发送到世界任何地方。这种方式不但简便省钱,而且比传统搜集资料的方式时效性更强,极大促进了国际市场调研的效率与效果。

3) 使用第二手数据的问题

二手资料的最大优点是容易获取,比搜集原始资料所需要的时间和费用要少得多,而且使用二手资料还有助于明确或重新明确探索性研究中的研究主题;可以切实提供一些解决问题的方法;可以提供搜集原始资料的备选方法;能够提醒市场调研者注意潜在的问题和困难;能够提供必要的背景信息以使调研报告更具说服力。

但是在进行国际市场调研时,由于需要调研的市场数量多,且情况复杂,必然会出现不少问题,特别是在使用二手资料时,也会有很多局限性,第一个问题就是二手资料的可靠性,由于各国对于一些数据的分类方式不统一以及个别政治因素,有些数据便会失真,不具备可比性;第二,目前很多数据不足,甚至提供的数据本身有误,特别是发展中国家;第三,有些数据的更新慢,时效性不够。因此,如何对搜集的信息进行筛选、分析,并付诸实施绝非易事。

因此,尽管二手数据在搜集时比较方便快捷,但使用时必须慎重。评估二手资料准确性的标准主要有:是谁搜集的信息;调研的目的是什么;搜集的是什么信息;信息是什么时候搜集的;信息是如何搜集的;所得信息是否与其他信息相一致……

 [讨论]

1.课后上网查询相关资料,列出目前中国企业进行国际营销调研时一些重要的二手信息来源。

2.举例说明第一手资料和第二手资料的优缺点。

3.如何提高第二手资料的准确性。

2.3.2　国际调研常用的方法

1) 获取第一手资料常用的方法

目前主要有调查法、观察法、实验法三类调研方法。

(1) 调查法

调查法主要有电话调查、邮寄调查或留置问卷调查、人员调查、网上调查。调查法是对被调查者加以询问问题而搜集资料的一种方法。采用调查法进行研究时,研究者要预先拟好调查问题(或问卷),然后通过适当的手段,让受调查者表达他们对事物、观点的态度或意见。这种方法也就是常说的问卷调查法,常常用于市场营销中,用以搜集和分析人们对企业产品以及营销活动的意见和看法。

根据调查者与受调查者之间的接触方式的不同,调查法可分为以下几种方式:

电话调查。使用电话搜集资料,经济而且迅速,可搜集到事件发生的情报,不足之处是电话调查只限于简单问题,照片图表无法利用电话调查。

邮件调查。通过邮件进行,也可以留下问卷给被调查者,让被调查者日后邮寄回问卷,这种方式成本低,也给予被调查者时间考虑,但是回收率低,时间也较长。

人员调查。以访问的方式派调查员直接询问被调查者,例如入户访问、街头拦截访问,由于面对面交流,便于调查人员掌握问题,不足之处在于时间长、费用高,人力要求高;近年来焦点团体访谈法在市场调研中开始常被使用。焦点团体访谈法就是指针对某特定问题或特定族群组成团体进行数据搜集,其优点为省时间,且以小团体访谈,易激发彼此间的互动,可谈较广泛的议题,让调研者更可深入明确了解研究对象的实际情况,但焦点团体访谈法的缺点则是小团体所谈论内容并不能完全代表所有的情况,且由于多人讨论,内容难以控制,较难做严谨的比较,因此访谈的主持人扮演着非常重要的角色。

网上调查是近年来兴起的方式,就是把调研问题挂在网上进行调查,优点是快捷方便、范围广、信息反馈及时、成本低,但是回收率和准确度都不足,而且要有专业技术人员维护系统。

在使用调查法时,抽样的问题应该非常谨慎,因为大多数调查都是抽样调查,研究者是通过样本来推断总体的情况。如果抽样不合理,样本没有代表性,统计推论就会有问题。

(2) 观察法

观察法主要有直接观察法(行为记录法)、实际痕迹测量法。所谓观察法是不直接向当事人提出问题,只是观察所发生的事实,以判别消费者在某种情况下的行为、反应或感受。主要有以下几种方式:

直接观察法。公司派出调查员到百货公司、超级市场、加油站等场所,观察顾客的购买习惯、态度和行为,并加以记录。

实际痕迹测量法。通过机器来记录一些信息以及数据,通过实际留下的这些"痕迹"观察消费者情况与反应。

目前被广泛应用于市场调查的现代机器有以下3种:测录器,用以记录收音机及电视机的使用时间或所收听收看的电台;心理测定器,用以测验人的情感的各种反应;眼相机,测验

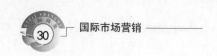
顾客眼部活动对广告的反应。

（3）实验法

实验法主要有无控制组的事后实验、无控制组的事前事后实验、有控制组的事后实验、有控制组的事前事后实验。

实验法是一种特殊的市场调研方法，它是根据一定的调研目的，创造某些条件，采取某种措施，然后观察一种变量对另一种变量产生影响的一种研究方法，应用范围非常广。其最大特点是把调查对象置于非自然状态下开展市场调研。

实验法是对于多种市场营销因素或广告计划以实验方法加以测定、了解。常见的实验法有两类，一种是广告实验；以实验两种或两种以上的广告媒体实验，从实验中选定一种广告媒体；另一种是销售区域实验，用以测验不同市场广告、销售情况、产品价格、包装等的实验工作，以便获取信息，扩大销售。

实验法可以获得正确的原始资料，但也有缺点，一是难于选择经济因素类似的市场；二是难于掌握可变动因素，因此测验的结果不易比较；三是难以在短期内取得结果；四是整个成本比较高。

上述几种调查方法是市场调查中常用的，每种方法各有所长，具体调查过程中，究竟采用哪一种方法，应根据调查的要求和调查对象的特点进行选择。具体选择调查方法时，一般应考虑调查项目的伸缩性、需要调查资料的范围、调查表及问卷的复杂程度、掌握资料的时效性、调查成本的大小等因素。在实际查询中，可选择一种方法为主，辅以其他方法，或是几种方法并用的形式，会取得更好的效果。

2）获取二手资料常用的方法

二手资料的第一个来源是企业自身的内部资料，主要包括会计账目、销售记录和其他各种文件档案，以及企业的各种刊物等。通常，这些信息被储存在企业的内部数据库中。第二个来源是外部资料，主要可以从图书馆或其他地方获得的出版资料、辛迪加数据和外部数据。

搜集的二手资料要求资料一是要有真实性，避免个人偏见和主观臆断；二是要有及时性，及时搜集、及时加工、及时利用，以提高文献资料的实用价值；三是要有同质性，对同一问题要规定统一的定义标准和统计计量单位；四是要有完整性，以便获得反映客观事物发展变化情况的资料；五是要考虑经济性，资料搜集、处理和传递的方式要符合经济利益的要求；六是要有针对性，是指要重点搜集与调查项目主题关系最密切的情报资料。

二手资料搜集的方式主要有有偿搜集和无偿搜集两种方式。有偿收集方式是通过经济手段获得文献资料，有采购（订购）、交换、复制3种具体形式，更讲究情报信息的针对性、可靠性、及时性和准确性。无偿搜集方式不需要支付费用，但往往这种方式所获资料的参考价值有限。

二手资料搜集的基本步骤是，首先确定希望知道主题的哪些内容和已经知道的内容；第二步，列出关键术语和姓名；第三步，通过一些图书馆信息源开始搜寻；第四步，对已搜到的文献资料进行编辑和评价；最后，如果对信息不满或有困难，可请教权威人士。

在网络时代，有些方法实际很简单。可以用 google 去搜索，输入你所在产业的名称，轻敲一下你的键盘，就可以找到很多你所需要的国际市场文字报告，而且分析得很详细、很具体。当然也有可能这些文字报告不能真实反映你所在的行业境况,使你得不到最真实的感受。有条件的可以去看看国内外的那些和我们所在行业密切相关的展览会,我们就会有切身的体会。通常很多现存的国际市场调研报告资料很详细,很复杂,而我们务必要找寻那些和我们真正相关的信息,不要被没有意思的数据资料干扰。

上面主要从第一手资料和第二手资料来划分调研方法,有些时候也可以从定性、定量的角度分类出以下调研方法(有些方法后面预测方法中会介绍到)。

 [案例分析]

巴克希尔咖啡广告设计

巴克希尔食品公司的销售经理迈克·吉尔正在与公司的广告代理商讨论巴克希尔咖啡的广告战略前景。此刻讨论的焦点转向杂志广告和这些广告的设计样式。

吉尔先生刚刚参加了一个关于心理感应的会议。会上指出,尽管有"不能以貌取人"这个格言,但在实际的人际交往中,还是这样做。一个人对另一个人的第一感觉和反应很大程度上取决于他的外表的吸引力。其研究结果简单地说就是"美的就是好的"。会议上用来引证这个观点的例子,给人留下很深的印象。然而给吉尔先生印象特别深刻的是,一个人对另一个外表吸引人的人的好感并不取决于与其的实际交往。如果我们把外表吸引人和不吸引人的照片都给判断者看,这种现象就会发生。

吉尔认为对这个现象的认识有利于巴克希的广告设计。他建议在广告中应出现一个很有想象力的女性的形象。而广告代理商则持相反的观点,他认为应用外表并不出众的人做广告而使得广告更为可信和有效。另外,代理商还建议用男性而不是用女性形象来做广告。经过充分讨论后,广告代理商建议进行如下的研究以回答这些问题:应该用外表吸引人的还是一般的人做广告? 应该用男性形象还是女性形象?

实验设计:

准备4种不同的广告。4个广告其他都一样,只是手拿咖啡的人不同。4种分别是:有魅力的男士,有魅力的女士,普通的男士,普通的女士。4种形象的吸引力是这样确定的,让一组样本看20张照片,男女各10张,然后评分,1分最低,7分最高。最高分和最低分被选做实验广告中采用。

然后,4种彩色的广告和设计好的杂志就产生了。接着,在纽约市的电话号码簿上通过随机抽样产生参加实验的样本。联系上的被告知邀请参加一项市场研究的实验。并给予报酬,到广告代理商总部的车费可以报销。

96名愿意参加者到广告商总部后,被随机地分派到某个广告的实验组中。首先,48名男士和48名女士被随机地分为12组,每组4人,每组中有一人分派到4个广告中的一个。每个人看到且只看到一个实验的广告。然而,另外还有3个虚构的广告,用来掩盖那个我们感兴趣的广告的独特性。每个参加实验者所看到的虚构广告是一样的。在实验开始时,我们对每个参加实验者做以下介绍:我们希望得到你们关于实验广告的观点;每次将向你们出示4个广告,看过之后,将询问你们对广告及广告中的产品的反应。请注意这个实验并不是比较哪一个广告更好,你们在评价时无须把4个广告相互比较,仅就各个广告本身评价。

在回答完问题之后,实验者把第一个广告给受实验者。受实验者看完之后,广告被拿走;实验者再给受实验者一份样本调查表(见表2.2)。填完表后,再给第二个广告,重复上述过程,在实验过程中,受实验者不能再回头看已经看过的广告。为了使受实验者适应这种工作,实验的广告通常放在第三个。

表2.2　巴克希尔咖啡的样本调查表

在下面的空格上,选择最佳的程度描述您所读到的广告。

有趣的: —— —— —— —— —— 乏味的

不吸引人的: —— —— —— —— —— 吸引人的

不可信的: —— —— —— —— —— 可信的

印象深的: —— —— —— —— —— 印象浅的

信息性强: —— —— —— —— —— 信息性弱

清楚的: —— —— —— —— 模糊的

惹眼的: —— —— —— —— 不惹眼的

您对以上广告的总体印象是什么?

不喜欢 —— —— —— —— 喜欢

就产品本身而言,您认为这个产品与其他厂家生产的类似产品相比如何?

突出 —— —— —— —— 平常

您愿意尝试一下这种产品吗?

绝对不愿意 —— —— —— —— 绝对愿意

如果您碰巧在商店看到这种产品,您愿意购买吗?

绝对愿意 —— —— —— —— 绝对不愿意

您愿意在商店中寻找出这个产品然后买它吗?

绝对不愿意 —— —— —— 绝对愿意

表2.2中选择那些内容的标准是为了观测被测者的认知度、情感与意向。一般说来,认知度可通过可信性、信息性和清晰性来检验;情感会受趣味性、感染力、吸引力和引人注目的程度来检验;意向性则通过调查表最下面的三项行为倾向的内容来检验。

这些预先制订的标准并不是很严格地确定的。若分析中涉及的趣味性的基本内容与这3个都没有关系,就不予考虑。对每个标准的反应总和,就是每个标准的总分。对这些分数的分析表明:

①有魅力的男士形象产生的认知性分数最高。

②有魅力的形象在异性受实验者中产生的情感性分数最高。

③有魅力的男士形象在女性实验个体中的意向分数最高。

同时,普通的女性形象在男性实验个体中的意向分数最高。

在这些结论的基础上,广告代理商建议在广告中采用有魅力的男士形象。

资料来源:陆娟.市场营销研究——理论与实务[M].南京:南京大学出版社,1996.

[课后训练]

上网搜集一个问卷调查的样板,对其进行分析:

1.该问卷的设计优点在哪里? 有什么值得借鉴?

2.该问卷不足的地方在哪里? 有什么好的建议?

3.在问卷设计中有哪些是需要注意的?

2.4 国际营销调研的类型

根据调研目的的不同,国际营销调研的类型有所不同。

1) 探测性调查

当企业对所需研究的问题不甚清楚时,可通过探测性调查帮助确定问题的关键或产生的原因,为进一步的调查做准备。探测性调研适用以下情况:更精确地设计或确定问题的范围;确认可能的行动过程;形成假设找出主要变量及其相互关系;为寻求解决问题的方法所做的尝试性工作;为进一步调研进行择优排序。探测性调查通常是一种非正式的、在利用二手资料基础上的小范围的调查,往往为正式调查中初步调查或明确问题阶段所采用。

2) 描述性调查

描述性调查是一种对客观情况进行如实描述的调查。描述性调查注重对实际资料的记录,因此多采用询问法和观察法。描述性调研适用以下情况:描述调查对象的特征,例如对沃尔玛的经常性顾客进行的总体描述;确定顾客对产品特征的了解程度。例如确定顾客对某种新产品的突出产品性能的了解程度;估测某一特定群体中有某种特定行为的人所占的比率;确定市场变量的关联程度,例如,若将某产品提价或降价15%,其销量将会怎样变化;做出预测。

3) 因果调查

回答为什么。通常是在搜集、整理资料的基础上,通过逻辑推理和统计分析方法,找出不同事实之间的因果关系或函数关系。因果关系调研适用以下情况:辨别哪些变量是原因变量,哪些变量是结果变量;确定原因变量和结果变量之间关系的性质。

4) 预测性调查

在搜集了历史和现在数据的基础上,对事物未来发展的趋势做出预测。人们有时把这类调研归入预测范围。

[相关知识链接]探索性调研、描述性调研、因果关系调研和预测性调研方案的比较,见表2.3。

表2.3　4种调研方案比较

	探索性调研	描述性调研	因果关系调研	预测性调研
目的	发现新的思想、观点	描述市场特征、功能	确定变量间因果关系	预测趋势
特征	灵活性;多功能性;一般处于整个调研的开始	提出假设,是预先计划好的结构式调研方案	研究原因变量和结果变量间的因果关系;控制干扰变量	对未来有个推断
方法	专家调研、实验性调研案例研究、二手资料分析、定性调研	二手资料法、实地调研法、小组座谈会法、观察法、模拟法	实验法	专家调研、二手资料分析、定向调研

2.5　国际营销信息系统

市场营销信息系统,是指一个由人员、机器和程序所构成的相互作用的复合体,企业借以搜集、挑选、分析、评估和分配适当的、及时的和准确的信息,为市场营销管理人员改进市场营销计划、执行和控制工作提供依据。

建立营销信息系统的目的就是搜集、分析、评价和运用适当的、准确的信息,帮助营销人员和决策者实现营销决策、营销规划,执行营销活动,提高其理解、适应乃至控制营销环境的能力。因此我们认为作为一个完整的具有快速反应能力的营销信息系统必须包括内部报告系统、营销情报系统、营销研究系统和营销分析系统这4个方面。整个国际营销信息系统的运作如图2.3所示,从图2.3中可以看出国际营销经理为了实施他们的分析、计划、执行和控制的责任,需要营销环境的开发信息;营销信息系统的作用是评估经理的信息需要,搜集所需要的信息,为营销经理适时分配信息;所需信息的搜集通过公司内部报告、营销情报搜集、营销调研和营销决策支持分析4方面工作进行。

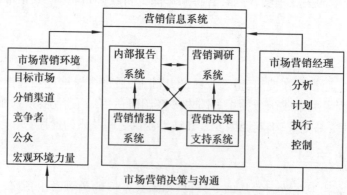

图2.3　营销信息系统概念示意图

下面将对国际营销信息系统的4个子系统分别论述如下。

1) 内部报告系统

内部报告系统(又称内部会计系统)主要提供企业的内部信息及销售信息,例如该企业的产品销售、成本、利润、存货、现金流动及应收应付账款等资料。这是最基本的国际营销信息系统。通过对该系统的分析,营销经理能够发现重要的市场机会与企业存在的问题。在设计内部报告系统时,企业还应避免发生下述错误:一是每日发送的信息太多,二是过于着重眼前。

2) 国际营销情报系统

内部报告系统为营销经理提供企业经营状况的结果数据,营销情报系统则为营销经理提供正在发生的最新数据。其主要作用则是向营销部门及时提供外部环境发展变化的有关情报。情报的来源显然是十分广泛的,如政府机构、竞争者、顾客、大众传播媒介及其他机构等,以使企业及时了解营销环境最新发展状况。

3) 国际营销调研系统

国际营销调研系统主要针对企业营销面临的具体问题,聚集有关的信息,做出系统的分析和评价,以便用来解决这些特定的具体问题。可以说,营销研究系统是营销信息系统中最重要的部分。该系统主要包括:市场潜量与销售量的预测,销售趋势研究,产品研究,市场特性的确认,市场份额的分析,营销渠道研究,消费者行为研究,广告研究,新产品接受和潜量研究等方面的内容。

4) 国际营销决策分析系统

营销分析系统也称营销管理科学系统,主要采用一些先进的技术或技巧来分析市场营销信息,以帮助更好地进行经营决策。营销分析系统由两个部分组成,一个是统计库,另一个是模型库。其中统计库的功能是采用各种统计分析技术从大量数据中提取有意义的信息。模型库包含了由管理科学家建立的解决各种营销决策问题的数学模型,如新产品销售预测模型、广告预算模型、厂址选择模型、竞争策略模型、产品定价模型以及最佳营销组合模型等。这些方法是分析和预测未来经营状况和销售趋势的有效工具。这一步骤是建立在正确的营销研究系统之上的。在这里,我们需要的不仅仅是这些枯燥的数字和图表,我们更需要这些数据和图表能为公司高层决策时提供支持和依据。

在建立系统时,要兼顾长远目标与企业现状,兼顾预期收益和费用投入。在系统设计时,将遵循如下原则:

战略性:系统规划从企业战略目标出发。分析企业内部的业务和管理对信息的需求,总体规划,分步实施。

整体性:整个系统能够完成信息的搜集、处理、分析的全部功能。

实用性:系统规划要为实施工作提供指导,为进一步实施提供依据;方案选择应追求实用性,必须切合企业的实际情况,不片面求大、求全。

可操作性:将根据企业最紧迫的问题和企业现状,确定系统建设目标。根据目标,设计信息部组织结构和工作流程,指导其开展工作。

2.6   国际市场营销预测

国际市场预测就是在市场调研的基础上,利用一定方法或技术,测算一定时期内市场供求趋势和影响市场营销因素的变化,从而为企业的营销决策提供科学的依据。国际市场主要是通过分析国际市场的综合情况,包括商品的属性和用途、商品的生产、商品的消费、商品的价格、商品所处环境的变化等多种因素,为未来的市场前景进行预测与分析。

国际市场需求预测方法主要有如下 2 种:

1)定性预测

定性预测主要是通过社会调查,采用少量的数据和直观材料,结合人们的经验加以综合分析,做出判断和预测。它是以市场调研为基础的经验判断法。定性预测的主要优点是:简便易行,一般不需要先进的计算设备,不需要高深的数学知识准备,易于普及和推广。但因其缺乏客观标准,往往受预测者经验、认识的局限,而带有一定的主观片面性。

定性预测的主要方法有指标法、专家预测法和购买意向调查预测法等。

(1)指标法

指标法又称朴素预测法,是通过一些通俗的统计指标,利用最简单的统计处理方法和有限的数据资料来进行预测的一种方法。这些统计指标包括平均数、增减量、平均增减量等。图形法是利用直观的图表来推测事物未来较短时期的变化发展趋势的方法。这两种方法都是最简单的非模型预测。

(2)专家预测法

专家预测法是以专家为索取信息的对象,运用专家的知识和经验,考虑预测对象的社会环境,直接分析研究和寻求其特征规律,并推测未来的一种预测方法。其主要包括个人判断法、集体判断法和德尔菲法。

个人判断法是用规定程序对专家个人进行调查的方法。这种方法是依靠个别专家的专业知识和特殊才能来进行判断预测的。

集体判断法是在个人判断法的基础上,通过会议进行集体的分析判断,将专家个人的见解综合起来,寻求较为一致的结论的预测方法。

德尔菲法(Delphi Technique)是为避免专家会议法之不足而采用的预测方法。是美国兰德公司在 20 世纪 50 年代初与道格拉斯公司协作,用于技术预测的一种预测方法。德尔菲(Delphi)是古希腊传说中的神谕之地,城中有座阿波罗神殿可以预卜未来,因而借用其名。这一方法的特点是,聘请一批专家以匿名形式就预测内容各自发表意见,用书面形式独立地回答预测者提出的问题,并反复多次修改各自的意见,最后由预测者综合确定市场预测的结论。此法预测通常较适合做长期预测。其主要步骤如下:

①成立一个团体委员确定问题及设计研究问卷。对一系列仔细设计的问卷,要求成员提供可能的解决方案。(采用函询方式就所要预测的内容向有关领域内的专家提出问题)

②选择专家匿名质问预测。(各个专家独立地提出各自的意见和看法)

③收回问题的回答做成结果。让每个成员收到一本问卷结果的复制件。(将结果反馈给所有专家)

④看过结果后,再次请成员提出他们的方案。第一轮的结果常常会激发出新的方案或改变某些人的原有观点。(每个专家根据综合整理的结果,在慎重考虑其他专家的意见后,或修正自己的意见,或提出新的论证和方案)

⑤重复上面两步直到取得大体上一致的意见。德尔菲法的缺点:是一种复杂、耗时的方法,而且信息处理工作量大;德尔菲法的优点是:它避免了群体决策中面对面的争论,能使参与决策者都能畅所欲言。

(3)购买意向调查预测法

购买意向预测法是一种在市场研究中最常用的市场需求预测方法。这种方法以问卷形式征询潜在的购买者未来的购买量,由此预测出市场未来的需求。

2)定量预测

定量预测是依据市场调查所得的比较完备的统计资料,运用数学特别是数理统计方法,例如回归法、移动平均法、指数法等,建立数学模型,用以预测经济现象未来数量表现的方法的总称。定量预测方法,一般需具有大量的统计资料和先进的计算手段。现在由于计算机的普及,越来越多的定量分析可以通过一些软件实现,极大提高了分析的效率。

[本单元重点]

国际市场调研的主要内容

国际市场调研的方法

问卷调查法的设计方法

[实训项目]

1.为国外要进入中国市场的企业或已经在中国市场的企业的某类产品设计一个调查问卷,并利用案头调研和面对面访问的实地调研方法,对该产品在中国市场的情况进行分析。

2.选择一家国际企业或即将走向国际的中国企业,为其设计一个国际营销调研方案。

单元3
调研分析国际市场环境

【学习目标】

　　本单元主要介绍了国际营销的宏微观环境,分析了环境对企业的影响,指出企业对周围环境的适应性在很大程度上决定了企业的成败与兴衰。一个企业,如果没有良好、全面、科学的环境分析,就不可能制订出切实可行的营销计划。学完本单元后,你应具备以下能力:

　　①熟悉国际营销中影响企业决策的环境诸因素及分析方法,理解环境分析对企业国际营销的意义和价值;

　　②能根据搜集资料针对企业情况进行宏微观环境分析,能应用SWOT分析法。

【教学建议】

重点掌握宏观环境的诸要素分析,让学生利用前面学习的第二手资料的调研方法,就当地市场分组选取某类产品完成一份宏微观环境的分析报告,完成报告后回到课堂分组汇报,在老师指导下进行交流讨论。

【学习建议】

①首先认真阅读教材,了解什么是宏微观环境,各有哪些要素,分析宏微观环境的意义何在。

②根据老师任务,为某家企业及其产品做一个宏微观环境的分析报告,应用前面学习的搜集第二手资料的方法,并通过完成具体的宏微观环境分析报告深入理解宏微观环境的各要素。

[导入案例]

美国罐头大王的发迹

1875年,美国罐头大王亚默尔在报纸上看到一条"豆腐块新闻",说是墨西哥畜群中发现了病疫。有些专家怀疑是一种传染性很强的瘟疫,亚默尔立即联想到,毗邻墨西哥的美国加利福尼亚、德克萨斯州是全国肉类供应基地,如果瘟疫传染至此,政府必定会禁止那里的牲畜及肉类进入其他地区,造成全国的供应紧张,价格上涨。于是,亚默尔马上派他的家庭医生调查,并证实了此消息,然后果断决策:倾其所有,从加、德两州采购活畜和牛肉,迅速运至东部地区,结果一下子赚了900万美元。

墨西哥畜群发生病疫,可能牵连到美国加、德两州肉类向美国东部地区供应,亚默尔很快看到这一营销环境变化给企业带来的市场机会,果断决策:倾其所有,从加、德两州采购活畜和牛肉销至东部地区,变潜在市场机会为公司市场机会,结果赚了大钱。

3.1　分析市场环境

企业是一个开放性系统,企业活动在市场(无论是国内市场还是国际市场)上,它的生存和发展都要受到一系列环境因素的制约,对于这些环境因素,企业一般不能改变它们,而只能适应它们、利用它们,以求得企业的生存和发展。企业对周围环境的适应性,在很大程度上决定了企业的成败与兴衰。企业必须建立适当的系统,采取有效的措施,经常监控和预测周围的环境发展变化,并善于识别机会和威胁,及时采取适当的对策,使其经营管理与环境相适应。一个企业,如果没有良好、全面、科学的环境分析,就不可能制订出切实可行的营销计划,也就谈不上成功乃至持久地占领市场。

3.1.1　市场营销环境概述

1)国际市场营销环境的定义

国内营销与国际营销之间最主要的区别是在于营销环境的不同。国际企业是在一个非常复杂、瞬息万变的环境中从事营销活动的。因此,国际营销环境(Marketing Environment)就成了国际营销研究的起点和基础。

(1)市场营销环境的概念

按照美国著名市场学家菲力普·科特勒的解释是:影响企业的市场和营销活动的不可控制的参与者和影响力。具体地说就是:"影响企业的市场营销管理能力,使其能否卓有成效地发展和维持与其目标顾客交易及关系的外在参与者和影响力。"因此,市场营销环境是指对企业营销活动、企业生存发展有影响的各种外部条件、因素、力量的总和。

(2)国际市场营销环境

企业市场营销环境的内容既广泛又复杂,不同的因素对营销活动各个方面的影响和制约也不尽相同,同样的环境因素对不同的企业所产生的影响和形成的制约也会大小不一。这些影响因素一般可分为微观环境与宏观环境。微观环境又称直接环境,是同本企业营销活动联系密切、对本企业影响直接的外部因素的总和,包括:竞争者、供应商、分销商(中间商)、辅助商(服务商)、购买者、社会公众及各种局部性自然、社会因素。宏观环境又称间接环境,是同所有企业营销活动联系、对所有企业影响间接的外部因素的总和,包括国内或国际的政治、法律、人口、经济、社会、文化、科技、自然、地理等各种全局性因素。宏观环境与微观环境相互影响,且营销环境的范围在不断扩大,因素在不断变化,因素间联系正逐步密切化、复杂化。

2)营销环境中的可控因素和不可控因素

企业进行国际营销时要面临的总体环境,包括可控因素和不可控因素两类(见表3.1)。

表3.1　企业面临的环境

企业面临的环境	具体包括
可控因素	产品、价格、促销、选择的分销渠道
不可控因素	国内外:地理环境、经济环境、政治环境、法律环境、科技环境等

企业面临环境的可控因素是指企业通过自己努力,为了适应不断变化的市场条件、消费者爱好或企业目标可以左右或改变的因素。目前,营销学一般统一地将营销的"4P 组合"——产品(Product)、渠道(Place)、价格(Price)、促销(Promotion)称为可控因素,这四大因素紧密联系,相互影响,形成一个整体,称为营销因素组合。(对于4P策略,在后面的章节中会逐一介绍)

企业面临的国内、国外的环境所造成的不确定因素,也称不可控因素,即指企业不能左右的因素,这就是企业经营业务所处的国内外营销环境,包括经济环境、政治法律环境、文化环境、竞争环境等。

3)企业营销环境同企业营销的关系

对企业来说,营销环境是一个几乎不可控制的因素。企业分析、研究环境的目的,在于避免环境威胁和发现环境机会。众所周知的亚洲金融危机,拖垮了无数企业,日本许多企业曾将资金投向韩国,由于没有预测到当时的重大经济环境的变化,许多企业血本无归。因此,一个企业的命运不仅取决于其实力和所采用的营销组合,而且要看营销环境中的种种趋向和发展。

企业营销如想有效地把握营销环境,就必须对营销环境进行监测与分析。营销监测指人们持续获取企业外部各种信息以发现和解释各种潜在趋向的过程,其目的是发现这种趋势是否对本企业提供机会或出现风险。可以说,一个企业的生存状况常常同其自身对环境中各类趋势的观察力和利用其中机会,回避威胁的能力有极密切的关系。企业不能消极被动地适应环境,任凭环境摆布,"听天由命",而应当积极主动地适应环境,在了解、掌握环境状况及其变化趋势的基础上,努力尽最大可能有条件地影响、利用、保护、建设、改造环境,趋利避害,化险为夷,化害为利,这正是营销管理的重要任务。

企业要善于从环境变化中发现营销机会,回避环境威胁。所谓环境威胁,指的是环境中有碍企业营销的趋势。所谓营销机会,则是指能使企业获得比竞争对手有更多利益的营销时机。环境的每一个发展变化,都可能给企业带来新的环境威胁和新的营销机会。企业营销的一个主要任务,就是制订合适的营销组合(可控因素),使之适应不断发展变化着的客观环境(不可控因素)。任何企业都应当不断寻求新的机会,开发新市场。

4)分析市场营销环境的方法

(1)综合环境分析法

任何企业都面临着若干环境威胁和环境机会,企业可以用"综合环境分析矩阵"来加以分析、评价(见图3.1)。

威胁水平

		低	高
机会水平	大	理想环境	冒险环境
	小	成熟环境	困难环境

图 3.1 综合环境分析矩阵

从图3.1中可以看出,这个矩阵的横坐标是"环境威胁水平的高低",纵坐标是"环境带来的机会水平的大小"。而所谓的环境威胁是指对企业营销活动不利或限制企业营销活动发展的因素。这种环境威胁,主要来自两方面:一方面,是环境因素直接威胁着企业的营销活动,如政府颁布某种法律,诸如《环境保护法》,它对造成环境污染的企业来说,就构成了巨大的威胁;另一方面,企业的目标、任务及资源同环境机会相矛盾。而环境机会的实质是指市场上存在着"未满足的需求"。它既可能来源于宏观环境也可能来源于微观环境。随着消费者需求不断变化和产品寿命周期的缩短,引起旧产品的不断被淘汰、要求开发新产品来满足消费者的需求,从而市场上出现了许多新的市场机会。而环境机会能否成为企业的机会,要看此环境机会是否与企业目标、资源及任务相一致,企业利用此环境机会能否比其竞争者得到更大的利益。环境机会对不同企业是不相等的,同一个环境机会对这一些企业可能成为有利的机会,而对另一些企业可能就构成威胁。

从图 3.1 中可以直观地看到企业处的"成熟环境"是指机会少而威胁也小的环境;"理想的环境"则是那种机会水平高而威胁程度小的环境;对企业来说"困难的环境"是指机会少而生存威胁多的环境;而如果一个企业所处环境既有很多发展机会,但同时又存在导致企业受损或者失败的风险大、威胁多,则这个环境就是一个"冒险环境"。总之,企业应利用综合环境分析矩阵,全面分析,确认企业面临的环境以及自己企业经营业务所处的状态,合理控制风险。

市场营销环境是一个系统,在这个系统中,各个影响因素是相互依存、相互作用和相互制约的。这是由于社会经济现象的出现,往往不是由某单一的因素所决定的,而是受到一系列相关因素影响的结果。现代营销学认为,企业经营成败的关键,就在于企业能否适应不断变化着的市场营销环境。在竞争日益激烈的今天,知识经济的到来,信息技术日益发达,谁能把握时代的脉搏,谁能把握住环境的每一次变化带来的机会,企业的营销活动能够适应环境的变化,不断地调整和修正自己的营销策略,就能赢得时间和财富。

(2)SWOT 分析法

SWOT 分析法又称态势分析法,主要在企业战略制订时用得较多,本书在这里介绍的原因是因为 SWOT 分析的内容其实就是企业自身的资源和外部环境的一个综合分析,因此在这里提出,也是说明环境分析在整个企业发展的重要性。SWOT 分析法早在 20 世纪 80 年代初由旧金山大学的管理学韦里克教授提出来的,它是一种能够较客观而准确地分析和研究一个单位现实情况的方法。SWOT 分析法主要从企业的外部环境和内部资源进行分析,是把组织内外环境所形成的机会(Opportunities)、风险(Threats)、优势(Strengths)、劣势(Weaknesses)四个方面的情况,结合起来进行分析,以寻找制订适合本组织实际情况的经营战略和策略的方法。

SWOT 分析采用矩阵的形式,如图 3.2 所示。

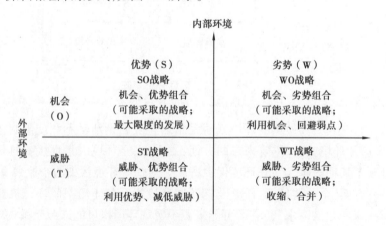

图 3.2　SWOT 矩阵分析

其中,外部环境分析和内部环境分析主要有以下因素(见图 3.3)。

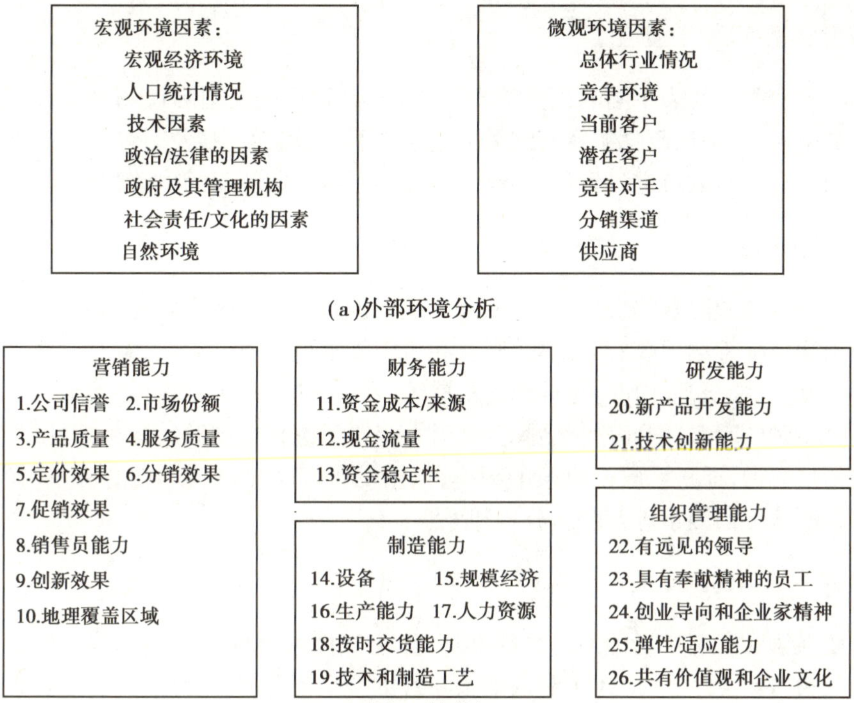

```
┌─────────────────────────┐   ┌─────────────────────────┐
│  宏观环境因素:           │   │  微观环境因素:           │
│     宏观经济环境         │   │     总体行业情况         │
│     人口统计情况         │   │     竞争环境             │
│     技术因素             │   │     当前客户             │
│     政治/法律的因素      │   │     潜在客户             │
│     政府及其管理机构     │   │     竞争对手             │
│     社会责任/文化的因素  │   │     分销渠道             │
│     自然环境             │   │     供应商               │
└─────────────────────────┘   └─────────────────────────┘
```

(a)外部环境分析

```
┌─────────────────────┐  ┌─────────────────────┐  ┌─────────────────────┐
│     营销能力        │  │     财务能力        │  │     研发能力        │
│ 1.公司信誉 2.市场份额│  │ 11.资金成本/来源    │  │ 20.新产品开发能力   │
│ 3.产品质量 4.服务质量│  │ 12.现金流量         │  │ 21.技术创新能力     │
│ 5.定价效果 6.分销效果│  │ 13.资金稳定性       │  └─────────────────────┘
│ 7.促销效果          │  └─────────────────────┘  ┌─────────────────────┐
│ 8.销售员能力        │  ┌─────────────────────┐  │     组织管理能力    │
│ 9.创新效果          │  │     制造能力        │  │ 22.有远见的领导     │
│ 10.地理覆盖区域     │  │ 14.设备    15.规模经济│  │ 23.具有奉献精神的员工│
│                     │  │ 16.生产能力 17.人力资源│  │ 24.创业导向和企业家精神│
│                     │  │ 18.按时交货能力     │  │ 25.弹性/适应能力    │
│                     │  │ 19.技术和制造工艺   │  │ 26.共有价值观和企业文化│
└─────────────────────┘  └─────────────────────┘  └─────────────────────┘
```

(b)内部环境分析

图 3.3　外部和内部环境分析

[课后训练]

上网搜集有关 SWOT 分析法应用的资料,理解上述因素,并自己阅读相关的实践案例,理解环境分析在该分析法中的意义。

3.2 宏观环境

3.2.1 政治环境

企业的业务活动都是经济活动,但经济和政治在许多时候都是很难分开的,尤其是企业在进行市场营销时更要受目标市场上政治环境的影响,每个国家的政治环境都有其独特性,企业必须对将要进行营销的国家的政治环境进行细致深入的考察研究,以了解可能遇到的阻力和风险。

政治环境包括本国(母国 Home Country)、目标市场国(东道国 Host Country)和国际(世界)的政治形势(局势),重大、突发性政治事件,政治稳定性和政治风险,政治制度和体制(国体、政体),政党和政府的作用,党政方针、政策、措施,政府办事作风、效率,国家政府之间的关系,地方政府之间的关系,参加国际组织的情况,等等。

1) 政府类型、政党制度

不同的政府类型代表不同的国家管理形式,了解其对进入国际市场是十分必要的。对于营销人员来说,了解执政党派及其纲领都是很必要的,因为这涉及对外商的态度及一些贸易政策的制定。营销人员进入目标市场时,有必要了解不同政党的执政纲领。

2) 政治稳定性

由于经济等各种因素的变化,一国的政治政策也始终处于变化之中,如果企业能通过调研、分析、预测目标市场国政府的变化,则有利于调整营销策略。但是,有时有些国家会有一些突发事件发生,如叛乱、内战、大规模的示威等。政治的动荡不稳定,必然会给国际市场营销带来十分不利的因素,因而进行国际营销时一定要考虑目标国政治的稳定性。当然,这需要有快捷的信息网,通过对政权更换的频率,该国是否有文化、宗教的冲突,该国暴力、示威事件的多寡等多方面因素进行综合分析和考察。

3) 目标市场国的国际关系

企业所在国和目标市场国的关系的好坏,往往直接影响到营销的成效。如果两国之间有友好的双边贸易关系,一般对企业从事国际营销则比较有利。反之,则会受到一些人为的贸易障碍的阻碍,企业也就意味着面临更大的风险。例如美国对中国的最惠国待遇原则及中国对美国的投资建企业的问题,常随中美关系的变化而变化。随着双边关系的不断改善,中美关系及协作的前景也越来越广阔。

除了考虑本国和目标市场国的关系,还要考虑目标市场国在国际上的关系,一般而言,如果这个国家是各种贸易协定、公约或组织的成员,相对而言该国有较稳定的国际关系及经济规范,这有助于国际营销的进行,也有统一的经济规则可循。

4) 其他要考虑的因素

在国际营销中,除了需要了解上述政治环境中的一些因素外,还常常要考虑目标市场的政治风险、民族政策、办事效率等。

对于政治风险而言,如有些国家出于某种需要,政府会突然干预经贸活动,对外国企业的资产会没收或逐步国有化;规定企业的产品配件必须由本国生产;规定外汇不得私人持有等。这些风险都可能会给国际企业带来损失。就对本国企业的影响来看,一个国家制定出来的经济与社会发展战略、各种经济政策等,企业都是要执行的,而执行的结果必然要影响市场需求,改变资源的供给,扶持和促进某些行业的发展,同时又限制另一些行业和产品的发展,那么企业就必须按照国家的规定,生产和经营国家允许的行业和产品。国家也可以通过方针、政策对企业营销活动施以间接影响。例如,通过征收个人收入调节税,调节消费者收入,从而影响消费者的购买力来影响消费者需求;国家还可以通过增加产品税来抑制某些商品的需求,如对香烟、酒等课以较重的税收来抑制消费者的消费需求。这些政策必然影响社会购买力,影响市场需求,从而间接影响企业营销活动。

此外,各个国家都不同程度地存在民族主义情绪,而这对营销的障碍更大。每个国家都有当地的语言及风俗习惯,营销人员一定要注意入乡随俗,在维护自身利益的前提下,也要兼顾目标国市场的利益。同时,世界各国在努力发展经济的同时,贸易保护也有所抬头,事实上,为了保护一些民族产业的发展,各国政府都制定了一系列贸易政策。例如美国对中国的纺织品配额制;欧洲对中国食品的检疫规定,进口许可证制等一系列除关税外的非关税壁垒,通过这些限制性的、民族主义的政策为本国经济发展开拓市场。总之,没有任何一个国家会允许外国产品对本国市场的无限渗透。

最后,我们在做国际营销时,都希望面对的目标市场国的办事效率高,政府清正廉明。事实上,中国改革开放以来,国家也为外商投资开了很多绿灯,也取得了令人惊喜的成绩,而这也是为了营造一个高效清廉的环境。因此,在选择目标市场国时,我们也应考虑这点,否则对方机关、关卡重重,事事刁难,也会为开拓市场带来许多人为障碍。

总之,我们在进行国际营销环境分析时,可以采用实地考察法、专家分析法、德尔菲法等,加之目前互联网的发展,许多信息也可以从网上获利,然后——评估企业外部因素(例如本国与目标市场国的关系,企业涉足的行业、规模、知名度,目标市场国的政治情况)和企业的内部因素(企业的当地化程度,应对策略等),再做出综合决策。此外,国际企业也可委托专门的风险评估公司做这方面调查和服务。

政治风险的预测工作一般包括4个步骤:第一,需要对政府目前的能力、政治行为的类型和稳定的程度做深刻的了解;第二,必须分析企业产品及经营特点,以确定在特定地区可能遇到的政治风险类型;第三,对这些风险的可能来源做出确定和评价;第四,从概率和时间的角度上预测将来政治风险的可能性。整个过程的重点放在使商务环境起突然变化的政治力量,企业最终必须了解的不是一个国家多么稳定,而是那个国家所发生的事情将如何影响企业在那里的利益。企业应该通过提高分析环境、预测政治风险的水平来最终达到控制风险、回避风险的目的。要减少政治风险除了力求和东道国的社会、经济目标相协调以及努力做一个良好的公司公民外,跨国公司还可以通过建立合资企业、控制市场销售、有计划本土化、吸引大的合作方等一系列策略将政治脆弱性与政治风险降到最低。

 [相关知识链接]

- 政府的类型
  世界各国政府的组织形式多种多样,归纳起来不外乎这些:

  政府类型
  - 君主制
    - 君主专制制(君主独揽大权)
    - 君主立宪制(君主权力受宪法制约)
      - 议会制 (英国、荷兰、西班牙等)
      - 二元制 (尼泊尔、摩洛哥等)
  - 共和制
    - 议会制共和国(议会掌握最高权力) (意大利、北欧)
    - 总统制共和国总统掌权(美国)

● 政党制度

一国的执政党在一个国家的经济中扮演着重要的角色,例如中美关系中,不同的政党上台就有不同的对华贸易政策,这些都影响着我们的营销策略的制订。

政党制度是一个国家的政党执掌政权或干预政治的各种形式的统称。有下面几种形式:

$$
政党制度
\begin{cases}
两党制(势均力敌的两党轮流执政)　(英国、美国) \\
一党制　(墨西哥) \\
多党制　(法国、意大利、比利时、荷兰等)
\end{cases}
$$

3.2.2　法律环境

法律是由国家制定并由国家强制力保证实施的各种行为规则。迄今为止,世界上不存在一部统一的法律涵盖所有的商业活动,所以熟悉国际营销的法律环境,对营销人员来说非常重要。法律环境包括各国法律体系的基础——法系,本国和目标市场国的宪法、法律和行政法规,实体法和程序法,国内法和涉外法(国际私法),立法、司法、执法机构与程序,国际法(国际公法),国际条约,国际惯例,国际争端处理办法,等等。下面简单介绍一下国际上的有关法规。

1) 各国法律体系的基础———大陆法系和普通法系

(1) 大陆法系

大陆法系采用成文法,法律的实施以法律条文为依据。世界上大多数国家属于大陆法系,该法系以法国和德国为代表,许多欧洲国家如:瑞士、意大利、奥地利、比利时、卢森堡、荷兰、西班牙、葡萄牙等国及拉美各国、非洲部分国家和远东的某些国家及日本、土耳其、苏格兰、美国的路易斯安那州和加拿大的魁北克省都属于大陆法系。

(2) 普通法系

普通法系采用判例法,重视程序法,属于普通法系的国家和地区有英国、美国、加拿大、澳大利亚、新西兰、爱尔兰、印度、巴基斯坦、马来西亚和新加坡、中国香港地区等。

(3) 混合型

采用混合型的国家和地区有南非、斯里兰卡、菲律宾等。

二大法系除了基本特征的区别,对于一些具体的问题,二者的解释也不同。例如:对于"工业产权"问题,普通法系的原则是"使用在先",而大陆法系则是"注册在先",对于"不可抗力"等解释也不同,因而企业在进行国际营销时,须注意其差别,有时即使同属一个法系的两个国家,对具体问题的规定也有差异。

2)母国和目标市场国的法律环境

(1)各国政府的贸易政策

推行鼓励出口的政策：一般用于鼓励科技含量高的产品以及资源过剩的原材料出口，常用的政策有出口补贴、出口信贷、出口信贷国家担保、外汇倾销、出口退税等。

推行限止出口的政策：一般出于保护国内较缺的原材料、战略物资或政治军事等目的而制定。一般出口管制包括3个方面：市场、价格、产品。

(2)目标市场国的法律环境

目标市场常见的法律法规有以下的几种类型，见表3.2。

表3.2　目标市场常见的法律法规类型

常见形式	常见的类型
有关国内法	产品质量法、商标法、工业产权法、知识产权法等
关税	普通关税、进口附加税、特惠税、反倾销税等
非关税壁垒	进口配额制、"自动"出口配额制、进口许可证制、外汇管制、商品检验制度

3)国际条约、国际惯例

企业从事国际市场营销活动，不仅要了解母国和目标市场国的法律，更要熟知国际市场上通行的一些条约、公约、惯例。在国际营销实践中，形成了若干具有普遍意义的一些习惯性做法和解释。由于各国法律制度、交易习惯的不同，不同国家（地区）的当事人对同一问题做不同的理解和解释，为了解决分歧和避免争议，有关的国际组织（国际商会、国际法协会等）便对普遍存在的重大问题做出具有通则性的解释和规定，以便从事国际贸易的有所遵循。这些在国际贸易业务中反复实践的习惯做法经国际组织的编纂与解释就成了我们常说的国际条约、公约、惯例。目前与国际营销有关的国际条约如：保护工业产权巴黎公约、成立世界知识产权组织的公约、世界版权公约、与贸易有关的知识产权协议、商标国际注册马德里协定、商标注册条约、商标法律条约、尼斯协定、国际贸易术语解释通则、华沙—牛津规则、海牙规则、汉堡规则、联合国国际货物销售合同公约等。

尽管市场营销中有一系列的法规约束，但在实际操作中，由于多方面原因，交易双方仍会发生争端。企业必须寻求解决争端的适当途径，如双方协商和解（Conciliation）、第三者调解（Mediation）、仲裁（Arbitration）或司法诉讼（Litigation）。

从当前企业营销活动法制环境的情况来看，管制企业的立法增多，法律体系越来越完善，特别是西方国家。近年来，我国在发展社会主义市场经济的同时，也加强了市场法制方面的建设，陆续制订、颁布了一系列有关重要法律法规，如《公司法》《广告法》《商标法》《经济合同法》《反不正当竞争法》《消费者权益保护法》《产品质量法》《外商投资企业法》等，这对规范企业的营销活动起到了重要作用。同时，各国政府机构执法更严，建立了相应的执法机关。

企业必须知法守法，自觉用法律来规范自己的营销行为并自觉接受执法部门的管理和监督。同时，还要善于运用法律武器维护自己的合法权益。

3.2.3 经济环境

经济环境包括本国、目标市场国和国际的经济形势,经济发展规模、速度、水平,经济制度、体制,参加国际经济组织、国际经济活动的状况,国际经济地位,经济发展阶段,经济结构类型,国家、地区的产业布局,城市(城镇)化程度,水利、能源、交通、通信等基础设施状况,消费者收入水平、消费水平、消费方式和消费结构,消费倾向和储蓄倾向,消费者储蓄和信贷状况,货币供应量、币值、外汇储备量、汇率、物价水平、通货膨胀率,税收和关税,外贸和国际收支状况,等等。

研究经济环境,主要包括下面几个方面:

1) 经济发展阶段和结构

经济发展阶段是综合的经济环境,而经济结构是特定的经济环境,它们在很大程度上决定一个国家或地区的对外贸易总水平、进出口结构、市场需求等特点,通常有下面几种分类方法:

(1) 按技术经济结构分

按技术经济结构分,经济发展阶段可分为以下几种类型,见表3.3。

表 3.3　经济发展阶段类型 1

	类　别	经济特点	市场特点	代表国家/地区
按技术经济结构分	原始农业经济	大部分人从事农业,技术经济落后,生产力水平低,自给自足	市场狭小,购买力有限,进口能力差,但市场发展前景广阔;本国产品在市场上缺乏竞争力	东南亚、拉美、非洲、太平洋等一些岛国国家
	原料输出经济	以出口原料为主,某一种或几种原料是国民经济的基础和支柱,经济结构单一,工业较落后,经济发展具有很大的倾向性和局限性	人均收入及购买力不一定低,常是日用消费品和一般工业品的良好市场	中东地区的石油开采国
	工业化中的经济	对外贸易在近二三十年呈现大幅增长趋势,进出口两旺,经济发展水平发展较快	对原材料、燃料、先进的技术设备、中高档消费品的需求较大	韩国、新加坡、中国香港、中国台湾、泰国、菲律宾、马来西亚、印尼、巴西、墨西哥、秘鲁
	工业经济	科技水平高,经济体系完善,进出口贸易发达,大量输入原材料和半成品,大量输出资本和工业制成品	市场容量大,竞争激烈,消费水平较高,是中高档消费品,优质食品、工艺品、旅游娱乐等商品的最佳市场	北美、欧洲、日本、澳大利亚等

（2）按时间进程分

另一重要的分类方法是依据1960年Walt W. Rostow（罗斯托）所著的《经济发展阶段论》中提出的分类方法，见表3.4。

表3.4　经济发展阶段类型2

	类　型	特　点
按时间进程分	传统社会	生产力低下，文化水平低，不能用现代科技从事生产
	起飞前的准备阶段	正在向经济起飞过渡，国家交通、通信设施逐步建立，开始应用现代技术；教育、医疗等公用事业开始发展
	起飞阶段	经济开始稳定增长，社会设施已达到一定水平，农工业逐步现代化
	趋向成熟阶段	经济持续进步，更现代化的科技被应用于各种经济活动，开始更多地参与国际经济活动
	高度消费时代	人均实际收入激增，公共设施、福利日益完善，社会产品进入大量生产、消费阶段，主要的经济部门转向服务业和耐用消费品业
	追求生活质量阶段	是人类社会继起飞之后的又一突破，将不再以有形产品数量的多少来衡量社会的成熟，而是以劳务形式的生活质量作为衡量成就的标志

以上的分类方法对出口商制定决策具有一定的参考作用，但不是全部依据，必须将这种分类结合社会经济、文化、人口资料等，才能判断出某一国家是否有特定的潜在市场。

2）收入

收入是影响购买力的关键因素，收入太低，则购买力相对低，市场则相对比较狭小。从市场的角度来分析，我们通常考虑下面几个因素：

（1）国内生产总值（GDP）

国内生产总值（Gross Domestic Product，GDP）是一个市场价值的概念，是指在一定时期内（一个季度或一年）各种最终产品在市场上达成交换的价值，都是用货币来加以衡量的，通过市场交换体现出来。一种产品的市场价值就是用这种最终产品的单价乘以其产量获得的一个国家或地区的经济中所生产出的全部最终产品和劳务的价值，反映的是国民经济各部门的增加值的总额，常被公认为是国民经济核算的核心指标，也是衡量一个国家或地区经济状况和发展水平的重要指标。它不但可反映一个国家的经济表现，还可以反映一国的国力与财富。GDP核算有三种方法，即生产法、收入法和支出法，三种方法从不同的角度反映国民经济生产活动成果。

（2）人均GDP

人均国内生产总值（Real GDP Per Capita），也称作"人均GDP"，将一个国家核算期内（通常是一年）实现的国内生产总值与这个国家的常住人口（目前使用户籍人口）相比进行计算，得到人均国内生产总值，是衡量经济发展状况的指标之一，也是人们了解和把握一个国家或地区的宏观经济运行状况的有效工具（见图3.4）。

（3）人均消费支出

人均消费支出指居民用于满足家庭日常生活消费的全部支出,包括购买实物支出和服务性消费支出。消费支出按商品和服务的用途可分为食品、衣着、家庭设备用品及服务、医疗保健、交通和通信、娱乐教育文化服务、居住、杂项商品和服务等八大类。人均消费支出是社会消费需求的主体,是拉动经济增长的直接因素,是体现居民生活水平和质量的重要指标。现行统计分为城镇居民人均消费支出和农村居民人均消费支出两个指标。城镇居民人均消费支出按月统计,农村居民人均消费支出按季统计。

[问题]

1.个人储蓄增加,意味着现在的购买力减少,是否就说明市场规模减少? 有何种方式可使购买力增加?

2.查阅资料,分析国民收入和 GDP 的区别? 在分析市场购买力时,我们通常用哪个数据?

消费者收入的变化会引起消费支出模式即消费结构的变化。德国统计学家恩格尔在 19 世纪中叶发现,随着消费者收入水平的逐步提高,生活必需的食物支出在消费总支出中所占的比例,也就是"恩格尔系数"会逐步下降(恩格尔系数的计算公式:恩格尔系数＝食物支出变动百分比/收入变动百分比)。食物开支占总消费量的比重越大,恩格尔系数越高,生活水平越低;反之,食物开支所占比重越小,恩格尔系数越小,生活水平越高。恩格尔系数是衡量一个国家、地区、城市、家庭生活水平高低的重要参数,也可反映一个国家或地区的居民生活水平和经济发展程度,联合国粮农组织提出的标准是:59%以上为赤贫(绝对贫困),50%～59%为温饱(勉强度日),40%～49%为小康,40%以下为富裕,其中 20%以下为最富。

根据国家统计局 2008 年调查资料,我国城镇居民家庭食品消费支出占家庭消费总支出的比例是 37.9%,农村居民家庭为 43.7%。

3)储蓄和信贷

消费者的购买力还要受储蓄和信贷的直接影响。当收入一定时,储蓄越多,现实消费量就越小,但潜在消费量越大;反之,储蓄越少,现实消费量就越大,但潜在消费量越小。企业营销人员应当全面了解消费者的储蓄情况,尤其是要了解消费者储蓄目的的差异。储蓄目的不同,往往影响到潜在需求量、消费模式、消费内容、消费发展方向的不同。这就要求企业营销人员在调查、了解储蓄动机与目的的基础上,制订不同的营销策略,为消费者提供有效的产品和劳务。而信用消费——适度的负债消费、超前消费,其规模既取决于一国金融业的发展程度和个人信用制度的完善程度,也取决于社会的消费观念。如发达国家消费信贷总额占银行信贷总额的比例为 20%～30%,而中国还不到 1%;1997 年汽车个人消费信贷规模,美国为 70%,德国为 60%,日本为 50%,中国上海仅为 0.6%。

3.2.4　人口环境

构成市场的三要素——购买者、购买欲望和购买力中,购买力同经济因素有关,而购买者则同人口因素有关。企业进行市场营销,分析人口环境十分重要。人口环境包括本国、目标市场国和国际的人口规模、人口增长率、人口结构、家庭状况、人口地理分布、人口密度、人口流动性和流向,等等。

人口规模即人口数量,它是市场规模的基础,与市场潜力有密切关系,一些日用消费品的需求量从人口数量就可以直接作出估算。人口增长率(包括自然增长率和机械增长率)则决定着人口未来的发展状况,从而决定未来的市场容量。一般而言,发展中国家人口自然增长率高,而发达国家人口自然增长率低,有些发达国家甚至是零增长或负增长。人口数量是市场规模的基础,世界总人口已达到了60多亿,专家预测2025年将达到85亿。世界各国的总人口相差很大,中国的总人口有14亿多,其他国家如俄罗斯、印尼、美国、巴西、日本、巴基斯坦等国也是人口众多的国家,排名前16位的国家,人口总数已超过世界人口的70%。企业在进入市场时,不仅要了解现在的人口数量,还要预测将来的市场容量。

人口结构常常决定市场的产品需求结构,它包括年龄结构、性别结构、职业结构等。不同年龄的消费者,其消费投向明显不同。年龄结构的变化会导致市场需求的变化。目前世界上人口年龄结构的变化趋势是,一方面人口平均寿命延长,一方面人口出生率下降,许多国家的人口趋于老龄化。这就造就了日益庞大的银发市场。性别结构对市场的影响也很大,因为男性和女性的购买习惯、购买动机都大不相同。各国女性多操持家务,大多数家庭用品都是女性在购买。目前各国尤其发达国家,越来越多的妇女成为职业妇女,这意味着家庭收入增加,但做家务事的时间大为减少,于是高效、省时、省力的家电产品更受到青睐,汽车、方便食品和快餐等需求上升。另外,世界人口增长中值得注意的一个情况是,女性增长率比男性高,西欧最为突出,女性人口比例已超过60%。

家庭状况包括户数、家庭规模和结构。目前在发达国家,家庭规模小型化已是一个基本特征,平均每个家庭人数不超过4人。发展中国家过去以几代同堂的大家庭为主,随着经济、社会的发展,家庭也出现小型化趋势。另外,离婚率上升,单亲家庭增加,独身人士增多,这些就使市场对小而方便的家庭用品和住房、汽车、日托服务等需求大为增加。

人口地理分布和人口密度的状况对策划销售渠道至关重要。首先要了解城乡比例,目前世界上城市人口约占总人口一半,但各国城乡人口比例不尽相同,一般发达国家城市人口都占60%以上。随着经济的发展,城市人口比例也在提高。许多地区、城市人口密度极高,企业开展营销时只需在几个重点城市或地段设置销售网点即可。另外,人口流动性的高低和流向对人口分布和人口密度也有直接影响,如"民工潮""动迁潮""移民潮"都迅速改变了人口分布状况。现在,世界各国许多农村人口涌向城市,不仅改变了人口分布,也改变了人口密度,例如西欧人口密度是非洲的8倍,法国80%的人口集中在巴黎、里昂、马赛、里尔四个大城市,由于这些城市人口密度极高,那么从事市场营销时只需在几个重点城市委派代理商或经销商即可。

3.2.5 社会文化环境

社会文化环境包括影响一个社会的基本价值、观念、偏好和行为的风俗习惯和其他因素,是最复杂的环境因素。广义的文化指人类创造的一切物质、制度和精神,即包括物质文化、制度文化和精神文化,而狭义的文化则主要指精神文化,又称社会文化,是一个特定社会中,所有成员共同拥有、代代相传的种种行为和生活方式的总和。其特点既有继承性、固守性,又有学习性、融合性、变异性,在不同时代、时期和不同地域,差别可以很大。当今世界上有三大文化体系:东方文化、西方文化、伊斯兰文化。每种文化又可分为许多层次、类型的亚文化(Sub-culture),包括主流(核心)文化和各种非主流文化、反主流文化。人们都出生于特定的社会,社会塑造了人,也影响了一个人的价值观、审美观、消费观,我们可以把影响国际营销购买行为和市场的社会环境因素分为下列几个部分:

文化的含义一直是很广阔的,可以广义地理解为社会精神财富的结晶,营销学家通常把社会分为 4 个不同类型的文化群体——民族亚文化群、宗教亚文化群、种族亚文化群、地理亚文化群。在不同的文化环境中生存的人,其生活方式特别是商品的价值观都有它的印记,从而支配着自己的消费行为。具体地说,主要有这么几方面:文化价值观、风险习惯、艺术美学观、宗教信仰、教育和语言、物质文化、社会阶层和相关群体。

(1)文化诸要素

价值观是长期在社会中形成的对于事物的评价标准。由于价值观是人们一出生便开始在长期的生活过程中形成的一种生活态度和判断好恶的标准,涉及面较广,对企业营销影响较大。

风俗习惯是指人们在一定的物质生活条件下,长期形成的风尚、礼节、习俗、惯例和行为规范的总和。不同的地区有不同的风俗习惯,"入乡随俗"同样适用于我们的国际营销人员。例如,欧美许多国家都要过圣诞节、狂欢节、复活节等,在这些节日通常是人们购物的高峰,企业可从中抓住许多营销机会。

由于各国的民族、文化、宗教发展不同,不同的国家、地区有不同的艺术、美学观,从事国际营销的人员要善于区别对待不同的市场,这样在产品设计和推销时才能迎合当地的美学观,做到适销对路。不同的地域、种族、阶层对审美标准大相径庭。例如从服装来讲,美国人的服装讲究自由随意,追求色彩变幻;英国时装则以典雅、庄重为主调。当然审美观也不是一成不变的,中国过去的老年人穿着一般以深色调为主,而现在习惯穿鲜艳的服饰以增加青春活力。

有些国家对数字有禁忌与喜好之分,例如西方国家忌讳数字"13";日本人忌讳"4"和"9",传统上以"5"为一套;中国人传统上喜欢双数。因而企业在设计产品单件包装的数量及定价时,要注意回避市场国忌讳的数字。

对色彩的喜好一般和传统习惯有关,有时也和宗教信仰有关。例如中国习惯用白色代表丧事,红色代表喜事;而西方人常用白色作为结婚礼服,以黑色标志丧事。佛教崇尚明黄色,伊斯兰教崇尚绿色。因而,企业进入这些市场时,一定要谨慎从事,避其忌讳。

各国的消费者对花卉的喜好也不同,中国人喜欢菊花,而意大利忌讳菊花,英国把白色百合花同死亡联系在一起,营销人员不能不注意这些习俗。商品的设计和包装离不开图形,德国人喜欢方形包装,罗马尼亚人喜欢三角形包装。伊斯兰教忌猪的图形,有些食品还有一些国际通行的图形标准,这些在营销时都应注意。

宗教和宗教团体都有各自的教规和戒律,这些都影响信徒的生活方式、价值观和行为准则。目前,世界上主要的宗教有基督教、天主教、佛教、伊斯兰教,佛教在亚洲部分国家较流行。从企业营销的角度看,企业应注意目标市场上宗教徒的生活习俗,创造市场机会。曾有一公司在滞销的小地毯上装了一个特制指南针,只要教徒跪在地毯上祈祷时,指南针自动指向伊斯兰教圣地——麦加,这确保他们在何时祷告都能面朝麦加,这种经小小改进的地毯一面世就受到了伊斯兰教徒的欢迎。此外,宗教上有许多节日,例如印度每到"披纱节",纱的销量剧增,一些宗教节日恰好是销售的好时机。同时,企业要注意宗教教徒对有些产品有禁忌,尤其是一些食品,如印度教忌牛肉,穆斯林忌猪肉,伊斯兰教徒忌含酒精饮料,但喜欢水果饮品。总之,如果目标市场选择宗教教徒多的市场,产品一定要按当地要求生产、包装,以免犯了禁忌。

教育水平的高低反映人们的文化素养,影响他们的消费结构,购买行为和审美观念,从而影响企业的营销活动。教育水平的高低对企业市场营销的 4 个方面——产品策略、定价策略、分销策略、促销策略都有影响。教育水平高的国家,一般对现代化产品需求较大,营销调研相对容易,分销渠道较完善,而促销时也可选择报纸杂志各种媒体,对于教育水平低的国家,则须相应调整营销策略。

至于语言文字则是人类行为中最基本的一面,反映了一种文化的实质和价值观。世界上 95%以上人口经常使用的语言不到 100 种,汉、英、法、西班牙、俄、阿拉伯语这 6 种语言是联合国官方语言,英语是世界主要商用语言。我国商品在出口时,要注意说明书和广告文字宣传要选用当地常用的语言,并注意翻译的准确性,因为同一个词在不同的语言中有不同的意思,有时差异很大。例如我国的"白象"牌电池在我国很受欢迎,但直译成英文"White Elephant"却是"大而无用"的意思;我国出口的"芳芳"口红在非洲不受欢迎,因为"Fang Fang"在当地表示毒蛇的毒牙。诸如此类的语言带来的营销的障碍还很多,为避免翻译问题,应请教当地人,避免由于语言的障碍闹出笑话或引起进入市场的阻碍。

文化是指人们生产商品、劳务所使用的工具、知识、技术、工艺以及商品劳务的分配方式,体现了一个社会的生活水平和经济发展程度。各国不同的物质文化将直接影响它们对进口商品的要求。例如非洲的消费者喜欢操作简便、维修保养要求不高的产品;泰国、巴基斯坦喜欢中国的轻纺设备,这都是由于物质文化的差异导致各国需求水平和需求结构的极大差别。除产品策略外,企业其他营销策略也受物质文化的影响。例如,企业要做广告,就必须了解该国传媒的普及率及有效性,只有了解市场,制订的营销策略才能更为实际。

社会阶层是指按一定的社会标准,将社会成员划分成若干社会等级,其中的社会标准主要是收入、财富、文化教育水平、职业和社会名望等。社会中的每个人或家庭属于某个阶层,每个阶层内部都有类似的价值观、生活方式和购买行为。例如,美国市场学家和社会学家华纳(W.L.Warner)从市场需求和购买行为出发,将美国社会成员分为上中下三等,每等又分为上下两层,共 6 个阶层,即上上、上下、中上、中下、下上和下下阶层。处于不同阶层的人购买动机及购买行为有显著差异。当然,对有些家庭卫生用品、蔬菜、水果等产品,受社会阶层的影响较小。

相关群体指与消费者有社会联系的个人或团体,按与消费者的关系,可分为:

> 初级群体(也叫亲近群体,指家庭、朋友、同事、邻居等)
> 次级群体(也称社会组织,指各种群众团体和组织)
> 渴望群体(指消费者渴望加入作为参照体的个人或组织)

相关群体为消费者提供了一定的消费行为模式,影响人们对某种事物或商品的看法,进而影响消费者的价值观念、审美观、生活方式和道德规范,最后引起消费者的购买动机和行为。

（2）文化诸要素分析

前面介绍了文化诸要素；对企业市场营销产生重大影响的消费者行为是由消费者的生活方式和行为模式决定的，而消费者的生活方式和行为模式则取决于目标市场的文化。

那么，怎样对文化进行系统的分析，怎样确定哪些文化要素是制订有效市场营销战略的关键呢？国际营销学家菲律宾·凯特奥拉提出从 6 个方面对文化要素进行分析：

①确定当地文化的各种有关动机。

②确定购买行为模式的特征。

③确定有哪些广义的文化价值观念与本产品有关。

④确定决策形式的特征。

⑤确定适应于当地文化的促销方法。

⑥确定消费者认为适宜的产品销售机构。

总之，对国际企业来说，任何产品和营销计划的推广，在异国文化中都会面临障碍，但是企业应克服障碍，努力发掘需求、引导需求、满足需求、积极主动地克服国际营销中来自文化的阻碍，以适应目标市场的文化环境。

但是企业在努力适应的过程中，要注意避免产生"自我参照准则"（Self-Reference Criterion，SRC）的行动。那么什么是 SRC 准则呢？是指企业人员忽视外部实际的环境，不自觉或无意识地以自身的价值观念、行为方式做出自己的判断、理解，并对环境做出相应的反应。因此，营销人员应设法克服 SRC 的干扰。詹姆斯·李提出了克服"SRC"的 4 个步骤：

①按照本国的文化习惯或观念，确定营销问题和目标。

②按照外国的文化习惯或观念，确定营销问题和目标（不要做任何价值判断）。

③分离出问题中"SRC"的影响下，了解其如何使问题复杂化。

④在没有"SRC"的影响下，重新订立适应的营销目标。

要克服"SRC"，营销人员就必须对当地文化十分了解。

3.2.6　科技与自然地理环境

1）科技环境

科技环境包括本国、目标市场国和国际的科技发展水平，科技新成就及其应用状况，科技结构及变化趋向，目标市场国消费者对新技术的接受能力，等等。科技是社会生产力中最活跃的因素，其呈指数式的飞速发展是一种"创造性的毁灭力量"，对人类生产、生活，从而对企业营销都有极为深远的影响。

第二次世界大战后，随着新技术革命蓬勃兴起，世界上新产品、新行业层出不穷。产品生命同期缩短，新产品不断涌现，信息革命的发展还带来的销售结构、人们购买方式和购买行为的变化。一项新技术从开发到应用的周期大为缩短，20 世纪 70 年代为 5 年，80 年代为 2 年，进入 90 年代后缩短为半年甚至一个月。这必然引起消费者需求的迅速变化，90 年代以来世界信息技术的迅猛发展，使营销者第一次面对着消费全球趋同化和个性化的双重趋势。企业生产面向世界，采购也面向世界，使生产和采购趋向多样化。同时，消费者偏好发生变化，消费者更有选择能力，消费形式也变化更快，变得更加多样化。商品销售结构、消费者购买方式、购买行为也发生很大变化。发达国家 60% 的制成品都采用直销方式,经营决策权也开始从制造商向分销商转移。消费者可以通过电视、电话、电脑网络,足不出户轻松购物。

新技术革命带来了竞争更加激烈的市场环境。传统社会的市场壁垒随着互联网的出现和经济全球化进程的加快而被逐渐打破,互联网已超越了时空概念将全球联为一体,信息的公开化则在某种程度上突破了传统行业以往的界限,把现代企业统统置于国际竞争环境中,国内和国际市场营销的界限日益模糊。竞争的国际化改变了人们传统的竞争观念,也使竞争条件、竞争规则发生了许多变化,有力地推动了全社会的专业化分工、协作、资源共享、优势互补、共同发展。电子商务时代——"e 时代"的到来,将在商业领域兴起一场新的革命。企业必须认清形势,抓紧学习,尽早"触网",投身"网络营销"(e-marketing),加入"虚拟社会",建立速度优势,争取网上消费者。

2) 自然、地理环境

自然、地理环境包括本国、目标市场国和国际的自然资源(原料、能源)分布、质量状况及可利用程度,自然条件和气候状况,地形地势、海拔高度、地理位置和交通条件,生态环境保护状况,自然和文化遗产、景观,等等。

一个国家的自然条件、地形、地势、气候这些地理因素是评估该国市场时必须考虑的重要因素。

首先要考虑一国资源的分布及可利用的程度,许多资源不具备再生性,随着不断开采,市场需求将发生变化。很多在其经济发展初期能源能自给自足的国家在近 20 年来却变成了石油净进口国,而且越来越依赖于外国能源。国际市场营销人员在制订世界范围的投资决策时必须对此因素予以认真考虑。除了工业化所需的原料外,还必须拥有经济的能源供应,以便把各种资源转化为有使用价值的产品。

其次,自然环境中还要考察一国的海拔高度、温度和湿度,这些都可能影响产品和设备的使用。日本的汽车出口到不同气候的国家,对于汽车外层涂漆都有不同要求,对于冬天冰天雪地的国家,为了保证道路通畅撒下了盐,如果涂漆中不加入特殊成分,带盐的雪水很易腐蚀汽车;相反,出口到非洲地带,汽车又要适应当地的高温和风沙,轮胎也应耐磨。

因而在估计一个市场的潜力和制订综合市场经营计划时,要充分考虑到自然条件本身发展的影响,以及对市场经营和通信,运输分销等活动的影响。地理、交通条件、能源和环保状况,一方面制约着企业营销活动,另一方面也为企业提供了开发未来的旅游市场、交通运输市场、能源市场、环境市场等新兴市场的巨大商机。

3.3 微观环境

3.3.1 竞争者环境

竞争者环境分析包括对竞争者的范围、目标、动机、行为、反应模式、战略策略、优势弱点、竞争地位、竞争历史与动向分析等。

企业的竞争者(竞争对手)一般指与自己争夺市场的其他企业,其范围很广,不仅有从行业、产业角度看,提供相同或相似、相近、可相互替代的产品或服务的企业,而且有从市场、顾客角度看,为相同或相似顾客提供服务的企业,包括:现实(现有)的竞争者和潜在(未来、可能)的竞争者;直接竞争者和间接竞争者。具体可分为4个层次:

①品牌竞争:当其他公司以相似的价格向相同的顾客提供类似产品和服务时,公司将其视为竞争者。例如,被别克公司视为竞争者的是福特、丰田、本田、雷诺和其他中档价格的汽车制造商。

②行业竞争:公司可把制造同样或同类产品的公司都广义地视为竞争者。例如,别克公司认为所有的汽车制造商都是竞争者。

③形式竞争:公司可以更广泛地把所有制造同类产品或提供相同服务的公司都视为竞争者。例如,别克公司认为自己不仅与汽车制造商竞争,还与摩托车、自行车、卡车的制造商竞争。

④通常竞争:公司还可进一步更广泛地把所有争取同一消费者的钱的人都看作竞争者。例如,别克公司认为自己在与所有的主要耐用消费品、国外度假、新房产等公司竞争。

辨别、确定竞争者,应从产品和顾客两方面进行市场细分;范围不能过窄,仅仅局限于同行业,但也不宜过宽、"草木皆兵",使注意力过于分散,应当既拓宽视野,又抓住重点,才有利于企业制订长期发展规划和竞争战略。有时一个公司更可能被新的对手或新技术打败,而非当前的竞争者。例如联合利华公司和其他的清洁剂制造商对超声波洗衣机的研究惶恐不安,如果成功了,该机器洗衣服不需要清洁剂,可见,对清洁剂行业而言,更大的威胁可能来自于超声波洗衣机。

公司应该了解有关竞争者的5件事:

①谁是我们的竞争者?

②他们的战略是什么?

③他们的目标是什么?

④他们的优势与劣势是什么?

⑤他们的反应模式是什么?

当企业采取某些措施和行动后,竞争者会有不同的反应:有的反应迅速、强烈—强烈型;有的反应迟缓或从容不迫—迟缓型或从容型;有的对某些方面反应强烈,对其他方面则不强烈或无动于衷—选择型;有的反应很不确定、难以捉摸—随机型。在某些行业中,竞争是在较平和的气氛中进行的,但在另一些行业,竞争则十分尖锐激烈。企业需掌握主要竞争者反应类型、模式的信息,据以决定自己的适当对策。

3.3.2　供应者、购买者和社会公众环境

"供应者"在这里是广义的,包括供应商和辅助商。供应商是向企业提供所需各种资源要素的生产经营者,辅助商亦称服务商或便利、促进流通者,指为企业提供运输、仓储、报关、融资、保险、咨询、调研、广告代理、商标代理等服务,从而为企业创造营销的便利条件的机构和个人。供应者的素质和行为无疑对企业营销有极大的影响。例如2000年,福特汽车公司因其所用的劣质费尔斯通轮胎导致数十起车祸、上百人死亡的诉讼案件,被迫回收、修复200

万辆有问题的汽车,估计直接经济损失近1.3亿美元。

"购买者"在这里也是广义的,包括顾客和中间商,指所有向企业购买产品、服务的其他企业、机构和个人,其中,中间商既是企业营销活动的对象,又是企业营销活动的参与者。第5章将对不同购买者的行为进行详细分析。

"公众"(Public)本来是泛指面临共同问题而联结起来的社会群体,这里的"社会公众"是狭义的,指企业外部对企业实现营销目标的能力具有现实或潜在的利害关系、兴趣或影响力的一切社会团体与个人,包括:媒介公众即大众传媒(Mass Media)——报社、通讯社、杂志社、出版社、广播电台、电视台等专门向大众广泛、大规模、大量传播信息的新闻机构;政府公众——负责监管企业经营活动的有关政府机构;群众团体公众——消费者协会、市场学会、民间的环保组织等;地方、社区(Community)公众——企业附近的居民、单位和社区组织;一般公众等。这些公众可分为:现实公众和潜在公众;顺意公众、逆意公众和独立公众;首要公众、次要公众和边缘公众。其中,影响力强的政府官员、社会名流、专家学者、大众传媒、社会团体是社会公众的"意见领导者"(Opinion Leader)。企业绝不可轻视社会公众环境。

3.3.3 行业、市场竞争结构分析

企业服务的对象,对企业产品有相同或相似需求的顾客群构成了市场,能提供产品、服务给相同或相似顾客的企业群,亦即卖方的集合构成了行业(Trade,Industry)。行业的竞争结构可从不同角度划分为若干类型,例如,按照竞争程度,我们可以分为不存在任何垄断的完全竞争市场、包含一定程度垄断的不完全竞争市场(如垄断竞争和寡头竞争)、在一定时空范围内没有竞争的完全(独家)垄断市场,以及大量企业间的"多数竞争"和少量企业间的"少数竞争";低集中度(分散)行业中规模、实力相当的众多企业的均衡型竞争,和高集中度行业中极少数实力雄厚的大企业居统治地位,与众多中小企业并存的悬殊型竞争。

不仅卖方之间存在竞争,买方之间以及买、卖双方之间也存在竞争,这就形成了十分复杂的行业、市场竞争结构,它包含五种直接影响、决定竞争程度的基本因素、力量,美国学者波特首先提出了如下模型(见图3.4)。

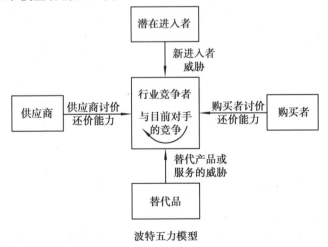

图3.4 波特五力模型

行业内现有竞争者的数量越多,竞争力差距越小,产品差异程度越低;行业增长越慢;产品越是过剩;行业退出障碍(壁垒、屏障)即退出行业所必须付出的代价越高,则竞争越激烈。

替代品是有相同功能,或能满足同样需求,从而可在一定程度上相互替代的产品。替代品的威胁指市场上可替代你的产品和服务的存在意味着你的产品和服务的价格将会受到限制。造成替代品对现有产品的较大威胁、压力、冲击的因素有:替代品的种类、数量多,增长快,相似、替代程度高;顾客转向替代品的代价即"转换成本"低;替代品有相对价格优势,或其价格超过现有产品价格的幅度不大;现有产品对替代品的需求交叉价格弹性较大(即对替代品价格变动的反应敏感)。

潜在的竞争者指那些计划进入或有可能进入该行业参加竞争的其他行业的企业,新进入者将带来新的生产能力和对资源与市场的要求,会改变原供求关系,加剧该行业内竞争。其可能威胁程度主要取决于行业进入障碍(壁垒、屏障)即进入行业所必须付出的代价,及行业内现有企业对新进入者可能作出的反应程度。进入障碍越低,现有企业反应越小、越不强烈,潜在竞争者就越容易进入行业或者越想进入行业,从而对行业构成的威胁也就越大。造成行业进入障碍高的因素有:经济规模要求较大;资本需求量大;政府限制多、限制严;分销渠道较难获得,流通网络难以建立;产品的"先入为主性"亦即行业先入者优势明显,顾客对现有企业、产品品牌的偏好强、忠诚度高,改变供应者的"转换成本"高;相对于拥有技术、经验、原料来源、资金、地理等优势的现有企业的与规模无关的"成本劣势"突出。对于新进入者,如果现有企业有较强的竞争实力和市场控制力,或者市场能吸收新进入者的产品,对现有企业产品销路威胁不大,或者行业退出障碍低,容易退出,或者现有企业缺乏做出强烈报复性反应的资金实力,一般来说现有企业的反应不会太强烈。

同供应者和同购买者的议价(讨价还价)能力,反映了买卖双方、谈判交易对手之间的竞争力量对比关系。能力较强者在竞争中处于"上风"、相对优势地位,对对方有较大的制约能力,能促使对手接受对自己更有利的交易条件,从而给对手造成威胁和压力。使一方具有较强议价能力的条件是:这一方数量较少、较集中,形成了有效控制甚至垄断,内部竞争不激烈,或已掌握了较充分的市场信息,而对方数量较多、较分散,内部竞争激烈,或掌握的市场信息少。另外,造成供应者议价能力相对较强的因素有:供方行业进入障碍高;供应者向买方延伸、发展业务,"前向一体化"的可能性大;产品有特色或专用性强,替代品的种类、数量少,替代程度低,购买者改变供应者的"转换成本"高;产品对购买者十分重要;购买量小,对供应者销售影响不大。相反,造成购买者议价能力相对较强的因素有:产业用品购买者向卖方延伸、发展业务,"后向一体化"的可能性大;产品标准化程度高,替代品的种类、数量多,替代程度高,购买选择性强,"转换成本"低;产品购买量大,对供应者影响大、意义重要。

深入分析行业、市场的竞争结构,对企业判断竞争态势,制订竞争战略、策略具有关键性的意义。

[本单元重点]
国际市场宏观环境诸要素
国际市场微观环境
SWOT 分析法

[实训项目]

1.电子商务对整个社会的影响日益扩大,请分析中国市场的宏观环境发生了哪些变化?分析这些变化对跨国公司来华营销和中国企业走向国际市场的利弊影响。

2."特斯拉"汽车欲进军中国市场,但该企业不熟悉中国市场,该企业急于了解中国的市场面临的环境情况,请查阅相关资料,并做必要的调查,就中国汽车市场的宏微观环境情况做一全面分析,并为该美国企业做出合理建议。

单元4
分析消费者购买行为

【学习目标】

本单元主要是介绍国际市场和消费者购买行为及消费者与国际组织机构购买行为的影响因素、购买过程等。学完本单元后,你应该具备以下能力:

①理解国际市场最终消费者购买行为的特点、购买过程及影响购买的因素,并能因地制宜,针对不同的购买过程阶段、针对不同类型的购买者采取不同特点的营销策略,特别关注国际市场中文化差异带来消费者购买行为的变化,能恰当应用差异化的营销策略;

②了解国际组织机构消费者及其购买行为的特点。

【教学建议】

①给学生一笔虚拟资金,让学生"真实体验"购买过程,回来通过分组汇报讨论作为"消费者"的购买行为,学习国际市场最终消费者的购买特点及过程。

②分组讨论国际市场最终消费者购买过程的每个阶段营销的重点和任务。

③让学生自学比较组织机构消费者购买行为和最终消费者购买行为的差异,通过汇报讨论明晰组织机构购买行为的特点、过程及类型。

④结合具体的市场产品让学生应用前面单元学习到的市场调研方法,设计一个问卷来研究消费者购买行为,并实施问卷调研。

【学习建议】

①在仔细阅读教材的基础上去"体验"消费者的购买行为,要作为消费者首先去"消费",然后再换位到"营销人员"去思考。

②要注意比较世界各地消费者购买行为的差异及引起这些差异的因素,在走向国际市场时能因地制宜,根据不同的消费者购买行为来制订营销策略。

[导入案例]

经常有跨境电商卖家将国内、国外的消费者混为一谈,认为适合国内消费者的就一定适合海外的消费人群,结果,这些卖家往往都付出了血的教训。

国外消费者在购买观念上与国内消费者存在很大差异:

1.不以瘦为美

国外消费者和国内消费者的观念不同。欧美、非洲等国家地区的消费者并不是以瘦为美,"大长腿""铅笔腿""肤白貌美"等这些国内男生偏爱的女性形容词,在国外男生看来并不一定是美的象征。相反地,国外消费者喜欢身材匀称、健美的肌肉线条和体型,而与高矮胖瘦无多大的直接联系。

2.消费与年龄无关

国外消费者的购买力或者是需求度的高低,与买家的实际年龄无关。国内多数60岁以上的老年人,生活开支一般都是花费在医疗、保健等领域,而在国外这项占比却不高。外国同等年龄的消费者其购买需求十分多样化、个性化,时尚产品、美妆产品等还是颇受消费者的追捧,国外很多老人喜欢五颜六色的时尚大衣。

3.重视性价比

近年来,随着中国制造向中国"质"造的持续发展,中国生产的商品越来越得到国外买家的青睐,继而买家在选购商品时愈加重视在产品价格和性能之间进行衡量。在国外消费者眼中,高性价比对买家的诱惑力是十分巨大的,特别是针对俄罗斯这个国家而言,价格的高低直接决定了消费者的购买力。

4.喜欢简洁的交流方式

在国外消费者的思维里,简洁、通俗易懂是他们所喜爱的交流方式,且在非英语系的国家和地区真正看得懂英文的消费者是很少的,且多数情况下中国卖家的产品标识都是中国式英语,真正的美国或英国消费者在查阅产品说明时通常是用猜的;而且国外消费者对数字计算十分不敏感。所以,中国卖家在对接国外消费者时,应该以最简单的价格和最大的优惠空间引导买家消费购买。

从上述调研分析看来,国内很多卖家都习惯性地以国内的认知去定位国外的消费者,其实文化不同,消费者的购买行为有很大的差异,只有观察到这些消费行为的差异,才能更好地进行产品的定位与宣传,从而获得市场。

4.1　国际市场最终消费者分析

消费者分析是国际营销活动开展的基础。只有认真、全面分析清楚消费者的行为特征及其背后的影响因素,才能够比较准确的认识消费者,国际营销者才能够采取有效手段使自己的产品满足消费者的需要。

4.1.1　消费者类型与特征

1)消费者类型

分类标准不同,消费者就会有多种类型。例如根据性别,可以把消费者分成男性消费者和女性消费者;根据年龄不同,可以将消费者分成儿童消费者、青年消费者、中年消费者和老年消费者等。在这里主要是根据消费者购买商品后使用的最终目的进行分类,那么可以将消费者分为最终消费者和组织机构消费者。

最终消费者是指为了生活消费而购买产品或服务的个人和家庭。

组织机构消费者是为了生产、经营和转售而购买产品或服务的组织机构。

2)消费者特征

由于其购买的最终目的不同,最终消费者和组织机构消费者在购物行为方面体现出不同特征(见表4.1):

表 4.1　消费者特征

类型	最终消费者	组织机构消费者
特征	☆市场广阔,消费者分散; ☆交易频繁但数量少; ☆所交易商品种类多样; ☆商品技术和专用性不强; ☆往往非专家购买; ☆买卖双方关系往往松散。	★购买者地理位置较集中; ★购买者相对较少; ★交易数额大; ★商品技术和专用性强; ★往往专家购买; ★买卖双方关系往往紧密。

由于消费者行为特征不同,因此也就需要企业制订不同的营销策略来应对。

[问题]

> 举例说明你是如何理解组织机构消费者与最终消费者的区别的。

4.1.2 消费者购买行为分析模型

对于消费者而言,如何对其进行科学分析,营销界在此提出了一个分析模型,简称5W2H 的分析模型,即:

①Who:谁来购买?

②What:购买什么?

③Why:为什么购买?

④When:什么时候购买?

⑤Where:在哪里购买?

⑥How:怎样做出购买决定?

⑦How often:购买频率是多少?

当对消费者进行分析时,一般情况下只要能够对上述 7 个方面的问题分析清楚,企业就能够根据消费者的实际情况,来安排具体的营销组合策略。例如回答"谁来购买"的问题是解决营销针对的对象的问题,"在哪里购买"是解决营销的渠道问题。

4.1.3 消费者需求分析理论

针对消费者需求分析的理论,营销界也做了很多分析,在这里有两个方面的主要理论:一是弗洛伊德的动机理论,二是马斯洛的五层次需求理论。

1)弗洛伊德的动机理论

著名心理学家弗洛伊德作为心理分析理论的创始人,提出了动机理论,可以对消费者的行为进行分析。见图 4.1:

图 4.1 消费者行为分析

动机是当人产生某种需要而又未能得到满足时,人体内便出现一种紧张状态,形成一种内在动力,促使人去采取某种满足需要的行动,即是动机。弗洛伊德认为,人的行为是由动机引起的,动机又是因为人的需要造成的。

所以当我们在对消费者进行分析的过程中,我们应该分析引起其行为的动机,并对动机背后的需要也要进行相关分析。当然,消费者的购物行为,其背后也会有多种动机和需要存在。

2) 马斯洛的五层次需求理论

马斯洛(Abraham H. Maslow 1908—1970),美国社会心理学家、人格理论家和比较心理学家。马斯洛在其著名论文《人类动机论》提出人类动机的发展和需求的满足有密切的关系,需求的层次有高低的不同,低层次的需求是生理需求,向上依次是安全、爱与归属、尊重和自我实现的需求。自我实现指创造潜能的充分发挥,追求自我实现是人的最高动机,它的特征是对某一事业的忘我献身。高层次的自我实现具有超越自我的特征,具有很高的社会价值。健全社会的职能在于促进普遍的自我实现。图 4.2 就是马斯洛的五层次需求理论图:

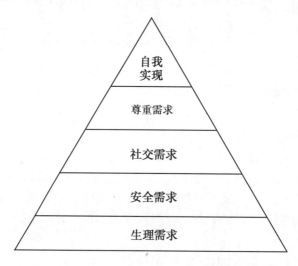

图 4.2　马斯洛五层次需要理论

研究人的需求的营销的起点,只有把握住消费者究竟需求什么,企业的产品能够满足消费者何种层次的需求,满足程度的好坏等都会为企业的营销明确改进方向。

 [相关知识链接]

马斯洛需求层次理论

马斯洛理论把需求分成生理需求、安全需求、社交需求、尊重需求和自我实现需求五类,依次由较低层次到较高层次。

生理需求:对食物、水、空气和住房等需求都是生理需求,这类需求的级别最低,人们在转向较高层次的需求之前,总是尽力满足这类需求。一个人在饥饿时不会对其他任何事物感兴趣,他的主要动力是得到食物。即使在今天,还有许多人不能满足这些基本的生理需求。管理人员应该明白,如果员工还在为生理需求而忙碌时,他们所真正关心的问题就与他们所做的工作无关。当努力用满足这类需求来激励下属时,我们是基于这种假设,即人们为报酬而工作,主要关心收入、舒适等,所以激励时试图利用增加工资、改善劳动条件、给予更多的业余时间和工间休息、提高福利待遇等来激励员工。

安全需求:安全需求包括对人身安全、生活稳定以及免遭痛苦、威胁或疾病等的需求。和生理需求一样,在安全需求没有得到满足之前,人们唯一关心的就是这种需求。对许多员工而言,安全需求表现为安全而稳定以及有医疗保险、失业保险和退休福利等。主要受安全需求激励的人,在评估职业时,主要把它看作不致失去基本需求满足的保障。如果管理人员认为对员工来说安全需求最重要,他们就在管理中着重利用这种需要,强调规章制度、职业保障、福利待遇,并保护员工不致失业。如果员工对安全需求非常强烈时,管理者在处理问题时就不应标新立异,并应该避免或反对冒险,而员工们将循规蹈矩地完成工作。

社交需求:社交需求包括对友谊、爱情以及隶属关系的需求。当生理需求和安全需求得到满足后,社交需求就会突显出来,进而产生激励作用。在马斯洛需求层次中,这一层次是与前两层次截然不同的另一层次。这些需要如果得不到满足,就会影响员工的精神,导致高缺勤率、低生产率、对工作不满及情绪低落。管理者必须意识到,当社交需求成为主要的激励源时,工作被人们视为寻找和建立温馨和谐人际关系的机会,能够提供同事间社交往来机会的职业会受到重视。管理者感到下属努力追求满足这类需求时,通常会采取支持与赞许的态度,十分强调能为共事的人所接受,开展有组织的体育比赛和集体聚会等业务活动,并且遵从集体行为规范。

尊重需求:尊重需求既包括对成就或自我价值的个人感觉,也包括他人对自己的认可与尊重。有尊重需求的人希望别人按照他们的实际形象来接受他们,并认为他们有能力,能胜任工作。他们关心的是成就、名声、地位和晋升机会。这是由于别人认识到他们的才能而得到的。当他们得到这些时,不仅赢得了人们的尊重,同时就其内心因对自己价值的满足而充满自信。不能满足这类需求,就会使他们感到沮丧。如果别人给予的荣誉不是根据其真才实学,而是徒有虚名,也会对他们的心理构成威胁。在激励员工时应特别注意有尊重需求的管理人员,应采取公开奖励和表扬的方式。布置工作要特别强调工作的艰巨性以及成功所需要的高超技巧等。颁发荣誉奖章、在公司的刊物上发表表扬文章、公布优秀员工光荣榜等手段都可以提高人们对自己工作的自豪感。

自我实现需求:自我实现需求的目标是自我实现,或是发挥潜能。达到自我实现境界的人,接受自己也接受他人。解决问题能力增强,自觉性提高,善于独立处事,要求不受打扰地独处。要满足这种尽量发挥自己才能的需求,他应该已在某个时刻部分地满足了其他的需求。当然自我实现的人可能过分关注这种最高层次的需求的满足,以至于自觉或不自觉地放弃满足较低层次的需求。自我实现需求占支配地位的人,会因受到激励而在工作中运用最富于创造性和建设性的技巧。重视这种需求的管理者会认识到,无论哪种工作都可以进行创新,创造性并非管理人员独有,而是每个人都期望拥有的。为了使工作有意义,强调自我实现的管理者,会在设计工作时考虑运用适应复杂情况的策略,会给身怀绝技的人委派特别任务以施展才华,或者在设计工作程序和制订执行计划时为员工群体留有余地。

资料来源:http://www.manage 9.com/type.asp? news_id=92

4.1.4　消费者购买行为的一般过程

不同的消费者的购买过程有特殊性,也有普遍性,了解了这些规律就能有针对性地开展营销工作,更好地赢得顾客。图4.3就是寻求消费者购买行为所遵循的一些规律:

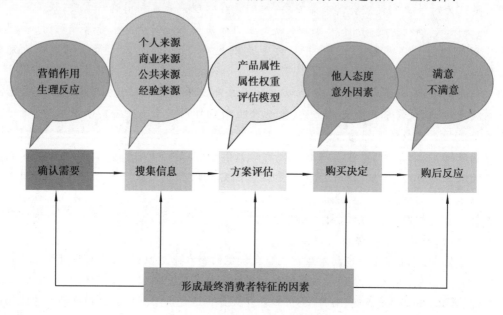

图4.3　消费者购买行为规律

1)确认需要

任何行为的产生都不是无缘无故的,总是在一定的情况下产生的。引起行为的各种因素叫做刺激。刺激既可以是来自外部的物质世界或社会环境,也可以是来自内部的生理与心理因素。引起最终消费者购买行为的刺激是指意在激发最终消费者做出购买行动的各种线索和驱动力。这些刺激除了营销者有针对性地营销策略组合活动外,还包括其他外部和内部的刺激。

消费者购买决策过程都是从确认需要开始,需要可能是由内在刺激因素引起的,如干渴、饥饿而形成的驱使力;也可以是由外部刺激引起的,如广告、朋友的建议。在刺激的作用下,最终消费者认识到:考虑之中的产品、服务、组织机构、人、地点或观念有可能解决自己短缺的问题或未曾实现的愿望。认识需求问题是最终消费者购买决策过程的起点。营销者的目的是要使自己的产品或服务成为最终消费者心中能解决他们的短缺问题的目标。

2)搜集信息

当最终消费者认识到自己短缺的问题或未实现的愿望后,他们就会尽可能地搜集能解决眼前问题的可供选择的各种产品、服务或观念的信息。最终消费者收集信息的积极度一方面取决于他所认识到的需求问题的重要性,另一方面取决于他将购产品或服务的价格和风险的大小。营销者需要了解的是最终消费者需要的各种主要信息来源,以及每种信息对后来的购买决策的影响。

消费者开始搜集与产品有关的信息资料,主要的信息来源有4个方面:

①个人来源:家庭、亲戚、朋友和熟人等。

②商业来源:广告、杂志、包装和推销员等。

③公共来源:大众传媒、公众组织和政府宣传等。

④经验来源:消费者以往对产品的使用或对企业的了解等。

一般来讲,来自商业来源的信息最多,其次是公共来源和个人来源,最后是经验来源。从信息的可信度来看,经验来源和个人来源应该是最高的,其次是公共来源,最后是商业来源。商业来源的信息在影响购买决策决定时起"告知"作用,而"个人来源"起评价作用。营销人员要通过市场调查,弄清消费者信息来源以及何种信息来源对消费者购买行为产生决定性作用。

[讨论]

上述4种信息来源对最终消费者以后的购买决策会有何影响?

3) 方案评估

当消费者取得相关产品的信息之后,就会对一些方案进行选择。那么消费者如何从众多的品牌中做出自己的选择? 根据亚当·斯密提出的经济人假设,多数情况下消费者的选择往往是基于理性的,其选择主要的程序是:

①列出产品属性。消费者会密切注意与其需要有关的产品属性。如汽车有安全性、耗油、款式、价格等不同的属性。如果企业产品具有的属性正好是消费者非常重视的一些属性,则自然会受到消费者的青睐。

②赋予不同产品属性权重大小。即消费者对产品不同属性的所看重的程度,不同的消费者,就会形成对产品属性重视性程度不同,因此在赋予权重方面也会有所不同。

③拟定评估模型。对于产品如何进行选择,消费者往往在其思维中有一套评估的模型,此模型可以指导其进行购买产品的选择。

因此营销人员应设法了解消费者对企业产品评价的主要依据,从而可以有针对性地改进产品设计或营销策略。

4) 购买决策

消费者经过对产品评估后就会形成一种购买意向,但能否实现购买,还取决于两个因素的作用,如图4.4所示:

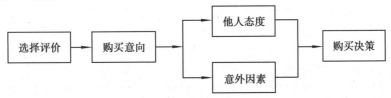

图4.4 购买决策产生过程

第一种因素是他人的态度。他人的否定态度越强烈,他人与消费者关系越密切,他人对产品的专业水平越高,则对消费者的影响力越大。第二因素是意外因素。消费者购买意向以一些预期条件为基础,如预期的价格、质量、服务和收入等。如果这些预期条件受到意外因素影响而变化了,购买意向随之改变。

5) 购后反应与行为

消费者购买、使用产品后,会产生满意或不满意的感受,"满意的顾客是企业最好的广告",因此,企业应注意采取有效措施,增加顾客的满意感。图 4.5 就是购后行为反应图:

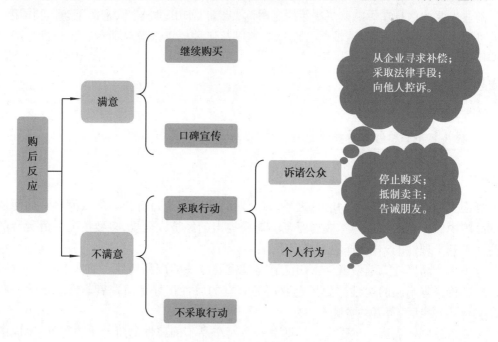

图 4.5　购后行为反应图

从图 4.5 中,可以看出:消费者的购后反应主要有两种情况,一种是满意,另外一种是不满意。当消费者购买后属于满意状态时,消费者往往会采用继续购买或口碑宣传等方式支持企业发展。反之,当消费者不满意时,一些消费者往往采用不作为的方式,另一种方式则是诉诸公众,让"坏事传千里",同时获取补偿,或者告诫自己的亲戚、朋友、同事不要购买该企业商品。所以,作为企业而言,要尽可能降低消费者购后不满意的情况。当消费者出现不满意态度时,也应妥善处理,争取让坏事变成好事。

 [讨论]

1.举例说明最终消费者的购买行为过程。

2.选择 2 种产品,一件很便宜,一件很贵,试描述最终消费者购买这二者的行为过程,并比较其购买行为的差别。

4.1.5 最终消费者购买行为类型

消费者行为类型多种多样,有理智型、冲动型、习惯型、便宜型等,在这里可以根据消费者介入购买的程度和产品差异的大小将消费者行为进行分类。消费者介入程度是指消费者在购买行为的过程中,投入精力、时间的大小。产品品牌差异程度是指不同品牌的产品之间差异的大小,其分类见图4.6:

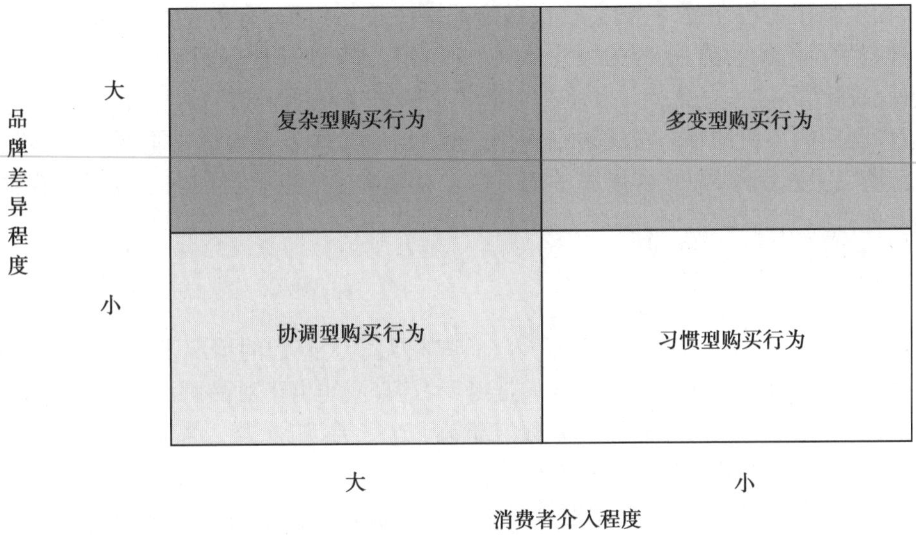

复杂型购买行为 多变型购买行为

协调型购买行为 习惯型购买行为

品牌差异程度　大／小

消费者介入程度　大／小

图4.6　品牌差异度分类

1)复杂型购买行为

复杂型购买行为是指消费者介入程度大,产品品牌差异也大的购买行为。消费者对花钱多且品牌差异大的商品,在购买时都非常仔细。一般来说,消费者对商品的品牌、类型、属性了解较少,需要大量学习。在购买前和购买过程中,会向其他人进行咨询和请教。例如,有些购买电脑的人甚至对自己要买商品是什么属性都全然不知,这时他需要销售人员对产品进行介绍,他会研究各品牌的差异,做到货比三家。高度介入产品的营销人员必须懂得对高度介入的消费者收集信息并评估其行为。有必要采取一些创新性的营销战略,以便协助购买者学习有关产品类别属性、它们之间的重要关系以及品牌的影响力。此外,营销人员还有必要区别其品牌的特征,利用一些主要的印刷媒体和内容叙述较长的广告文稿来描述产品的优点。

2)多变型购买行为

多变型购买行为是指消费者介入程度小,产品品牌差异也大的购买行为。在这种情况下,消费者有时会经常改变品牌选择。消费者尽管在前一次购买中选择某一品牌,但在下一次购买时,他也许想尝新而转向买另外一种品牌。品牌选择的变化常起因于产品的品种众多,而不是起因于对产品不满意。

针对这一购买行为,处于不同市场地位的产品往往会采取不同的营销策略。市场领导者会试图通过摆满商品货架,避免脱销以及经常做广告来鼓励习惯性的购买行为。而一些企业会采用压低价格,提供各种优惠、赠券、免费样品以及以宣传试用新产品为特色的广告活动来刺激顾客进行产品品种选择。

3) 协调型购买行为

协调型购买行为是指消费者介入程度大,产品品牌差异不大的购买行为。在此情况下,消费者对于购买这类产品也持慎重态度。往往会把在一定价格幅度内的大多数产品看成是同样的,在了解相关特性后,一般会较快做出购买决策。但是,消费者在产品购买后有时会产生一种购后不协调的感觉,因为他注意到了产品上的一些使他感到烦恼的缺点,或是听到有关其他品牌产品的一些优点。于是,消费者了解更多东西,试图证明自己的决策是正确的,以减少购后的不协调感。在这种情况下,营销沟通工作就显得非常重要,因为营销的目的是让消费者真正满意,以培养顾客的忠诚度。营销沟通的主要目的在于增强信念,以帮助购买者对他选择的品牌有一种满意的感觉。

4) 习惯型购买行为

许多产品的购买是消费者在低度介入、品牌间无多大差别的情况下完成的。消费者有时会长期购买同一种品牌的产品,但这只是出于习惯,而非出于对品牌的忠诚。消费者对大多数价格低廉、经常购买的产品的购买行为都属于这一类,如食盐。消费者并没有对品牌信息进行广泛研究,也没有对品牌特点进行评价,对决定购买什么品牌也不重视,相反,他只是在看电视或阅读印刷品广告时被动地接受信息。也就是说他之所以选择这一品牌,仅仅因为是他熟悉。营销这些产品的人员发现,运用价格和销售促进产品试销的刺激是有效的。

营销人员也可以通过某些策略使低度介入产品转变为高度介入产品。首先,可以通过将该产品跟与之有关的问题相联系来完成,像佳洁士牙膏跟保持人们牙齿健康联系在一起;其次,可以同某些涉及个人的具体需求相联系,如清晨消费者正在寻找什么东西来消除睡意的时候,用广告宣传的咖啡品牌;此外,在一般产品上增加一种重要特色,例如在某种简单、可口的饮料中增加维生素。这些战略能把产品从低介入提高到一种适度的介入水平,而无法将其推入复杂的购买行为的行列。

[问题]

> 举例说明上述 4 种消费者购买行为,并讨论根据消费者不同反应,营销人员应注意哪些问题?

4.1.6　影响最终消费者购买因素分析

影响最终消费者购买因素主要有 4 种,即经济因素、文化因素、社会因素和心理因素(见图 4.7)。

1) 经济因素

经济因素主要包括两个方面的情况,一是国家的整体经济发展状况,二是消费者自身的

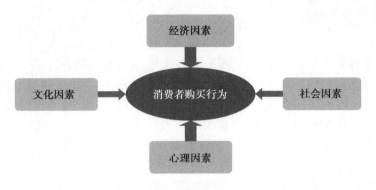

图 4.7　影响最终消费者购买因素

收入情况和可调动的资金状况等。当一个整体经济状况较好时,消费者对于自身将来的预期也会好。消费者收入和可支配的资金状况,决定了一个消费者的购物支出金额的大小。如果一个消费者预期将来自己的收入将会稳定增长,那么在支出方面胆子就可能会大些;反之,如果预期将来的收入下降,那么在购买支出方面将会有所顾忌。

2) 文化因素

文化因素主要指人们在日常生活中所形成的价值观、信仰、道德、风俗习惯,是影响消费行为的深层因素。文化是决定人类欲望和行为的基本因素,文化的差异引起消费行为的差异,表现在婚丧、服饰、饮食起居、建筑风格、节日、礼仪等物质和文化生活等各个方面的不同特点上。比如说,中国的文化传统是忠孝、礼貌、谦让、仁爱等。而美国人喜欢冒险、刺激、追求个性化等。

同时由于民族、宗教、年龄、种族、地域、社会阶层等的不同,又会形成相应的子文化群,主要有社会阶层子文化群、民族子文化群、种族子文化群、宗教子文化群、地域子文化群、年龄子文化群。

不同的子文化群具有不同的特点,因此要求营销企业制订相关策略。

3) 社会因素

社会因素主要包括相关群体、家庭、社会角色、个性与自我观念。

(1) 相关群体

相关群体是指能直接或间接影响消费者态度或行为的人。按照对消费者的影响强度分类,相关群体可分为主要群体、次要群体和崇拜性群体。

①主要群体,指那些与消费者经常接触且关系密切的人组成的群体,如家庭成员、亲戚朋友、邻居、同学和同事等。这类群体对消费者影响最大。

②次要群体,指较为正式但日常接触较少的群体,如专业协会、同业协会和宗教组织成员等,其影响比主要群体小。

③崇拜性群体,指消费者所尊崇的那些人组成的群体,如明星、各界名人等。他们对消费者影响面大,影响程度有时比前两者更大。

相关群体对消费者购买行为的影响表现在以下几个方面:提供消费模式;坚定消费者购买信心;引起效仿的欲望;产生"一致化"压力。营销人员要善于运用相关群体对消费者的影响作用,制订产品开发和营销策略。

(2)家庭

家庭是社会的细胞,它对消费者个人的影响很大。在消费者购买决策的参与者中,家庭成员的影响作用是首位的。社会学家根据家庭权威中心点不同,把所有家庭分为4种类型:丈夫决策型、妻子决策型、协商决策型和自主决策型。在"男主外,女主内"的传统家庭,妻子是食品、日杂用品、服装的主要购买者,购买时一人说了算。只有贵重商品和服务由夫妻双方共同做出决策。营销工作者只有深入了解夫妻及其在各种商品或服务的购买中所起的不同作用,才会使营销策略的诉求重点定位准确。

同时家庭往往存在着生命周期,一般可以把一个家庭划分为:单身期、新婚期、满巢Ⅰ期、满巢Ⅱ期、满巢Ⅲ期、空巢Ⅰ期、空巢Ⅱ期、鳏寡期。不同周期的家庭,其消费支出重点会有所变化。

(3)社会角色

每个人无时无刻不在担负着这样那样的社会角色,每种角色代表不同的身份和地位,要求其表现出不同的形象。例如,刘先生在家里是丈夫、父亲,在公司是经理。不同身份和地位的消费者有不同的需求,营销者应意识到,商品和服务正在成为身份和地位的象征,商品和服务应该注意它的价值取向,以此来吸引特定的目标市场的顾客。

(4)个性与自我观念

个性是指能导致一个人对他或她所处的环境产生相对一致和持续反应的独特的心理特征。人的个性特征有许多类型,如外向与内向,自信与自卑,冒险与谨慎,独立或依赖,主动或被动,领导与追随,乐观与悲观等。直接与消费者个性相联系的购买风格有习惯型、理智型、经济型、冲动型、想象型、不定型。

自我观念指自己如何看待自己,自己理想中的形象,以及认为别人是如何看待自己的。自我观念同样会深深影响消费者的购买行为。例如当消费者购买一辆家庭轿车的时候,他有时就需要考虑"其亲戚、朋友及其他人会怎样看他呢"等问题。

4)心理因素

心理因素主要是4个方面的情况:

(1)知觉

知觉是人们为了了解世界而搜集、整理和解释信息的过程。不仅取决于物质刺激物的特征,而且还依赖于刺激物同周围环境的关系以及个人所处的状况。人们在对世界进行解释的时候往往会出现选择性注意、选择性曲解、选择性保留等现象。为此,营销人员应根据这些情况进行信息设计,以便能够使企业自身信息被消费者注意和保留。

(2)动机

人的行为受动机支配,而动机是由需要引起的,当一个人的某种需要升华到足够的强度时,就会成为动机,所以,动机就是足以迫使人们去寻求满足的需要。我们可以将消费者的购买动机分为以下几种:求实动机、求廉动机、求新动机、求美动机和求名动机。

(3)学习

消费者在购买和使用商品的实践中,逐步获得和积累经验,并根据经验调整购买行为的过程。心理学家认为,消费者的购买行为不是先天具有的,而是受后天获得的经验的影响而形成的。由于获得经验而引起的个人行为的变化就是学习。"吃一堑,长一智""我走的桥比你走的路都多"实质上说的就是这个道理。

(4)看法和态度

看法是指一个人对于某事的具体想法,可能是建立在科学的基础上,也可能是建立在偏见、讹传的基础上。态度指一个人对某个客观事物或观念长期持有的好或坏的认识上的评价、情感上的感受和行动倾向,不同看法导致不同态度。

无论是看法还是态度,只要一旦形成,就很难改变。一些人之所以经常说,"给别人留下好的第一印象非常重要"说的也是这个道理。企业究竟给消费者留下的是一种什么样的看法和态度,在很大程度上决定了消费者对企业产品的购买倾向。

> 思考:
> 作为销售人员,我们都想给客户带来价值,但是有很多时候客户感受不到我们产品的价值,那么我们的销售人员就要成为一名"价值驱动专家",让客户和我们合作,一起去理解产品定位价值、确认解决方案的价值,然后通过价值建立一个有吸引力的商业动机。我们要帮助客户主动采取措施规避可能出现的各种风险,从而影响客户、推动客户做出购买决定。
> 你怎样理解这段话? 结合消费者购买过程,分析我们营销人员应该如何做来促进我们的销售。

4.2 国际市场组织机构消费者分析

组织机构消费者是指其购买商品或服务是为了进一步生产、投入使用,或再售给他人。其具体特点在4.1已经详细论述。由于其购买目的不同而决定了其购买行为与最终消费者市场之间有其不同的地方;不过组织机构的购买仍然是由人来完成的,所以与最终消费者市场在其购买行为及其背后影响因素方面也有相似之处。

4.2.1 组织机构消费者市场分类

企业不仅把货物和服务出售给广大消费者,而且把大量的原材料、机器设备、办公用品及相应服务提供给企业、社会团体、政府机关等组织用户,这些用户就构成了组织市场。根据组织的不同特点可以分3类,即生产者市场、中间商市场、政府与非营利机构市场。

1)生产者市场

生产者市场又叫产业市场或企业市场,指购买产品或服务用于制造其他产品或服务,以供销售或租赁或供给他人以获取利润的单位和个人。组成生产者市场的主要产业有:工业、农业、林业、渔业、采矿业、建筑业、运输业、通信业、公共事业、银行业、金融业和服务业等。

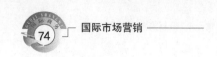

2) 中间商市场

中间商市场也叫转卖者市场,是指那些通过购买商品或服务以转售或出租给他人,以获取利润的单位和个人,包括批发商和零售商。

3) 政府与非营利机构市场

非营利机构是指所有不以营利为目的、不从事营利性活动的组织。包括各级政府及所属机构、学校及各种非营利协会组织等。

上述 3 种不同类型,决定了其购买商品的目的不同。生产者市场购买商品或服务是为了进一步生产;中间商市场购买是为进一步转卖;而政府和非营利机构购买商品大多是为了机构内部使用或者进行转移支付。因此三者之间在购买过程中,既体现出相似之处,同样也表现出不同之处。

4.2.2　组织机构消费者市场的购买类型

组织机构消费者市场购买类型主要有 3 种:

1) 直接重购

直接重购指组织的采购部门依据以往的订货目录及对产品的基本要求继续向原供应商购买产品。这种购买行为是惯例化的,是最简单的购买类型。所购买的产品大多是原材料、零配件以及劳保用品等,采购部门往往选择感到比较满意的供应商作为自己的采购对象,而对那些不满意的供应商予以淘汰。因此,被列入直接采购名单的供应商应尽力保证产品的质量、数量及供货的及时性等。

2) 修正采购

修正采购指买主希望改变原来所购买产品的规格、价格或其他交易条件的采购。组织用户会与原供应商就供货协议重新进行协商,签订新的协议,或要更换供应商,因而需要买卖双方投入比直接重购更多的时间和精力。这种情况给原供应商造成威胁,也给其他供应商提供了机会。

3) 新购

新购指企业第一次采购某种产品或服务。新购是最复杂的购买类型,涉及的资金越大,风险也越大。新购之前,企业通常要充分搜集市场信息,参与购买的人多,购买决策过程复杂。新购产品大多是不常买的商品,如大型生产设备、医疗设备,办公大楼及办公系统等。对供应商来讲,组织用户的新购给他们提供了机会与挑战,供应商应派专门推销小组主动与需新购的组织联系、提供产品的详细资料、帮助顾客解决疑难,说服他们购买自己的产品。

4.2.3　组织机构消费者市场购买行为过程中的角色

与最终消费者市场相比,组织机构消费者在其购买行为的过程中,参与购买决策的人往

往较多。组织购买通常由组织内部相关采购机构负责决策和实施。在采购机构中,往往可以区分出以下6种角色:

1) 使用者

使用者指组织中直接使用所采购的产品的人员。这些人员一般会提出购买建议,协助确定产品规格、性能等。

2) 影响者

影响者指组织内部或外部对采购决策产生直接或间接影响的人员。他们会影响供应商的选择及对产品规格、性能、购买条件等的确定。

3) 决策者

决策者指有权对买与不买、买的数量、规格、质量及供应商做出决策的人员。这些人可以是企业内处在不同层次的人,供应商应该弄清对决策起关键作用的人。

4) 批准人

批准人指有权批准决策者或购买者所提出的购买方案的人员。

5) 采购者

采购者指按采购方案实行具体采购行动的人。采购者在采购行动中有时具有较大的灵活性,供应商应该把握好机会,处理好与采购员的关系。

6) 信息控制者

信息控制者指组织内部或外部能够控制信息流向采购中心成员的人员。例如技术人员或采购代理人可以拒绝或终止某些供应商或产品的信息,接待员、电话接线员、秘书、门卫可能阻止推销人员与决策者及使用者接触等。

作为供应方企业的营销人员应注意提供不同内容的促销信息,以满足"采购中心"不同角色的要求。此外还必须要了解谁在购买决策中最有影响力,谁是关键的决策人,只有做好关键角色的工作,才可能促成产品的销售。当然,不同的购买类型下,购买决策的参与者也不同。在直接重购时,起决定作用的是采购部门的负责人;在新购时,企业的高层领导和技术专家起决定作用。因此在买方新购情况下,供应商应把产品的信息传递给企业的高层领导和技术人员。

[问题]

1.举一个包含上述角色的购买决策实例。

2.就上例讨论作为营销人员根据上述消费者角色的不同,应做哪些努力促成交易?

4.2.4 组织机构市场购买行为决策过程

组织机构市场消费者的购买行为往往要经历以下 5 个阶段,尤其是新购买行为更是如此,而在直接重购和修正重购时可能会跳过某些阶段。但在实际工作中,组织的购买决策过程要比消费者市场的购买复杂得多。供应企业应针对各阶段具体情况,有针对性地展开营销工作,见图 4.8:

图 4.8 组织的购买决策过程

1)确认需要

组织用户需要的产生,可由内在刺激和外在刺激引起。比如说,为了提高管理效率,降低生产成本,企业认识到需要购买电脑及相关软件,这就是内在刺激。而企业还可能会受到广告、商品展销会或推销员的影响,这就是外在刺激。

在确定需求品种及其规格、数量的问题上,标准化产品较容易确定,而非标准化产品则要由采购员、工程师、使用者及高层管理人员共同协商确定,供应方的营销人员在这个阶段应积极配合采购单位的人员确定所需产品的特性,帮助买方确定需要,促成交易。

2)搜集信息

同类产品的供应商很多,企业的采购人员通常要按照具体的采购要求寻找最佳的供应商。获取供应商的信息来源很多,按其重要性大致可以做这样的排列:内部信息,如采购档案,部门信息和采购指南,推销员的电话访问和亲自访问;外部信息,如卖方的产品质量调查,其他公司的采购信息,新闻报道,广告,产品目录,电话簿,商品展览等。对于复杂和花费大的项目,采购工作要求非常的慎重,为了更充分地了解产品及供应商品的有关情况,买方会要求每一位潜在供应商提出详细的书面建议。

供应企业应注意通过推销人员、广告、企业名录等途径,传播产品及企业信息,并在市场上建立良好的声誉。此外营销工作人员要擅长写建议和报告,而这些建议不仅仅是技术文件,而应当是营销文件,尽可能地吸引采购人员或需要采购的企业。

3)评估供应商

评估的内容包括供应商的信誉、品牌形象,高层领导的素质,产品的质量、性能、技术、价格、服务态度、交货能力等。组织用户通常会同时选择两家或更多的供应商,保持几条供应渠道,这样做的好处是保持有充足的货源,又会使几家供应商互相竞争,使自己处于有利的地位。作为供应商要及时了解竞争对手的动向,采取适当的应对措施。

4)签订合同

选择好供应商后,组织用户根据所购产品的技术说明书、需要量、交货时间与地点、退货条件、担保书、售后服务等内容与供应商签订最后的订货合同。双方一般都愿意建立长期合作的稳定的伙伴关系,互惠互利。

5) 购后评估

购买以后,组织用户也会像个人消费者一样,评估产品和供应商是否达到了自己预想的要求,如调查使用者对产品及安装、送货、维修等服务的满意度。评估的结果可能导致继续购买、修正购买或中止供货关系。因此供应商必须深入了解和关注采购者和使用者对产品或服务的评价标准,提高用户的满意度,维持和发展良好的合作关系。

4.2.5 组织机构市场购买行为的影响因素

组织机构市场购买行为的影响因素,见图4.9:

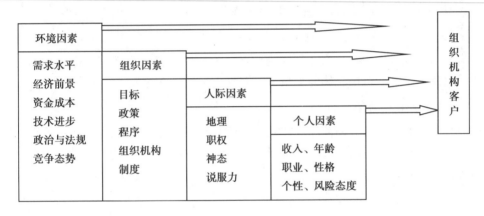

图4.9 组织机构购买行为影响因素

1) 环境因素

环境因素指企业无法控制的外部环境因素,包括国家的经济前景、市场需求水平、技术进步、竞争态势、政治法规等。例如,国家经济发展迅速,市场需求旺盛,技术进步快,融资成本低,政府大力扶持,市场竞争有序,企业就会增加投资,使得原材料及相关设备采购量增大。在这种环境下,供应商在刺激生产者市场需求总量上可大有作为。

2) 组织因素

组织因素指组织用户自身因素。每个组织都有自己特定的采购目标、政策、采购程序、组织结构和制度。作为供应方的营销人员要尽最大的努力掌握相关的信息。比如说,要弄清楚组织用户的经营目标是什么;他们需要什么产品;数量有多大;他们的采购程序是什么;哪些人参与决策;起关键作用的是哪些人;他们对采购人员有哪些政策与制度的限制。只有弄清上述的问题,供应商才能少走弯路。

3) 人际因素

参与购买过程的各个角色他们在采购中的地位、职权、态度、说服力以及相互之间的关系各不相同。这种人际关系也会影响其购买行为。

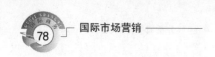

4) 个人因素

"采购中心"中关键人物的年龄、受教育的程度、个人偏好、性格、对待风险的态度等因素对购买决策的影响也是至关重要的。供应商应该派适当的人与采购方相关人员打交道。俗话说"话不投机半句多",供应商在谈判过程中摸清对方的个人特征是相当重要的。

4.2.6　政府与非营利机构的购买行为

1) 政府与非营利机构市场购买行为特点

政府与非营利机构市场主要包括各级政府机构、学校、医院、疗养院和其他国际组织机构组成,他们的购买行为具有以下几个鲜明的特点。

(1) 购买往往受预算支出额度制约

政府和非营利机构购买行为往往受到政府或机构的预算支出额度的限制,其支出额度的大小最终决定了这些机构总体的支出金额和支出结构。

(2) 基本职能是一种最终需求

政府和非营利机构购买的商品往往是为保证其基本职能的完成,是一种社会公共消费,从其本质上看,与最终消费者的消费是一致的。例如政府采购电脑的目的就是办公,而不是将电脑再售或投入再生产。

(3) 购买目的的非营利性

政府和非营利机构购买的商品的目的是为了保证社会职能的实现,而不是为营利而购买。中间商购买商品是为了再卖,从而赚取差价;生产企业购买商品往往是投入再生产,以便将其最终制成品销售出去,从而牟取利润。

(4) 政府购买受国际政治局势影响较大

政府对于购买支出的安排,往往与其周边和世界上的政治安全局势密切相关。当国际局势紧张时候,对于国防的相关支出则会明显增加。同时也会使政治关系不好国家企业的采购额下降,从而利用经济手段实施制裁。

(5) 政府购买往往倾向照顾本国公司

政府在其采购商品或服务的过程中,往往会倾向照顾本国公司。尤其是民族主义倾向比较严重的国家,例如韩国。同时当政府在保护、支持某一行业或企业发展时,政府也往往通过向国内企业购买的办法来实施。

(6) 政府和非营利机构的购买要接受社会监督

政府和非营利机构的购买是公共支出,代表全民来实现社会管理职能,而其购买资金来源是全民所交纳的税金。因此,在其支出的过程中要接受各种社会利益集团的监督。

2) 购买方式

政府和非营利机构的购买方式往往有 3 种情况:

（1）公开招标

公开招标的方式目前是政府和非营利机构购买商品或服务的一种常见方式，尤其是在一个拥有成熟制度的国家更是如此。公开招标是政府或社会团体的采购部门或代理机构通过在公共媒体上发布招标公告，或直接向潜在供应商发出邀请函，说明拟采购的商品品种、规格、数量、交货方式等具体要求，约定在招标有效期内，请各供应商参加投标。参与投标的企业，应在规定时间内填写标书，密封交给招标者。招标者在约定时间开标，从而选择中标企业。

（2）协议合同

此种方式往往是政府或非营利机构在一些复杂项目的交易中，政府或机构往往与一家或几家商家进行初步接触，然后再选择其中一家进行谈判，当谈判成功后，则以协议合同的方式来完成交易。

（3）零星购买

此种方式主要发生在一些零星项目的购买，或者日常用品的购买。政府和非营利机构的市场非常广大，仅仅中国政府目前一年的财政支出就达到33 708亿元，这笔数额对任何一个企业来言，都是一个非常具有诱惑力的蛋糕。因此作为一个开展国际营销的企业，应该注意搜集各国政府的采购信息，并采用有效的营销策略，来分割政府采购的大蛋糕。

目前，欧美日市场仍将是国际市场的最为重要的组成部分，任何一个从事国际营销的企业或个人都不能忽视。但不可否认的是，随着经济的发展，中国与东盟，以及一些其他新兴市场的增长潜力不可忽视。消费者是企业国际营销活动的始点和终点，消费者的行为特点及其行为影响因素，都是国际营销者关注的焦点，了解这些才能保证国际营销活动的有效性。之所以会出现这样或者那样的行为，是因为无论作为最终消费者还是企业组织消费者，都会受到经济、文化、社会、心理等因素的影响。

[本单元重点]

国际市场消费者的分类

消费者购买行为及其影响因素

如何根据消费者心理来开展营销活动

[实训项目]

1.标画出"一带一路"沿线国家，选取1~2个国家分析其消费者特点。

2.画出最终消费者购买产品的过程图，并分析每个阶段营销人员可以做什么以促进销售。

单元5
确定国际目标市场

【学习目标】

　　当企业决定开展国际营销活动,其首先要解决的就是"企业的目标市场在哪里"的问题,其次是企业确定了目标市场后,如何在目标市场进行定位与竞争对手进行竞争,最后是企业如何选择进入目标市场的方式——本单元就上述问题进行了详述。学完本单元后,你应该具备以下能力:

　　①能理解战略的内涵,并在规划战略目标时有战略的思维;

　　②会应用STP法进行目标市场的细分、选择和定位;

　　③会应用理论分析相关案例。

【教学建议】

①以生动有趣的案例引入"战略"的学习,重点帮助学生建立战略的思维意识,理解其思维方式对决策的意义,引导学生能结合所学对个人进行一个短期及中长期的职业规划;

②结合具体案例和时代背景,帮助学生掌握 STP 法的应用。

【学习建议】

①在理解的基础上掌握 STP 法,并知道如何应用,通过案例来学习掌握;

②能应用波特的目标市场策略对中国企业走向国际市场进行思考,能结合个人情况,应用战略意识和市场定位理论对个人进行职业规划。

[导入案例]

星巴克

对中国消费者而言,星巴克是一个非常熟悉的名字。星巴克(Starbucks),是一家 1971 年诞生于美国西雅图的咖啡公司,从一间咖啡零售店发展成为国际最著名的咖啡连锁店。在华尔街,星巴克股票的收益超过了可口可乐这样的大企业。1999 年,星巴克第一次进军推崇茶文化的中国,10 年过去,星巴克已经成为一个品牌、一种文化。那星巴克的成功之道是什么呢? 应该说离不开它准确的客户细分及产品定位。

5.1 建立战略目标

5.1.1 认识什么是战略

战略,英语叫做 Strategy,德语叫做 Strategie。据说,这是来自希腊语的"指挥官"一词,就是指挥军队的意思。又有一种说法,是起源于希腊语的"诡计"一词。"战略"最初指的是军事战略,只用在军事领域。其本义是对战争的整体性、长远性、基本性谋划。对战争的谋划有两种:局部性、短期性、具体性的谋划是战术,而整体性、长远性、基本性的谋划是战略。

后来,随着生产力的发展,生产和经营规模的扩大,市场机制的进一步发展,在商业和经济领域中的竞争日益加剧,"战略"这个词的词义被人们引申到了企业战略层面。营销学权威菲利浦·科特勒(Philip Kotler)曾说过"当一个组织搞清楚其目的和目标时就知道它要往何处去,问题是如何通过最好的路线到达那里,公司需要有一个达到其目标的全盘的总的计划,这就是战略,战略就是创造一种独特、有利的定位,就是在企业的各项运营活动之间建立一种协同,实现一个长远的目标。一个企业的战略(Strategy),应阐明以下问题:

①企业所处经营环境中的机会(Opportunity)、威胁(Threat);

②与竞争者相比企业自身的优势(Strength)、劣势(Weakness);

③企业在以上条件下的使命(Mission)和目标(Objectives);

④达到这一目标的策略(Strategies)和政策(Policies)。

 [讨论]

> 有人说企业战略是企业想做的、可能做的和可以做的三者的交集,你是否同意这个看法? 你觉得战略是否受企业的 CEO 的个人价值观的影响?

1)企业战略的层面

根据企业的组织结构,一般可将企业的经营战略分为三个层面:即公司级(Corporate Level)、业务级(Business Level)和职能级(Functional Level)。三个层面的关系见图5.1。

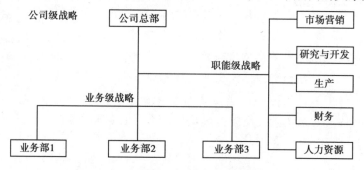

图 5.1　企业经营战略的三个层面

从图 5.1 可以看出,市场营销战略属于企业经营战略中职能级战略的一种,其主要功用是通过发挥其职能来支持企业完成既定的公司级和业务级战略。因此,一方面,市场营销战略要服从于服务于企业的整体经营战略和业务战略,另一方面,这一战略也必须能使营销功能得以充分发挥,并与其他职能领域(如研发、生产等)的战略协调一致。事实上,营销在现代企业的不同职能和部门间扮演着唯一的沟通桥梁角色,有效的市场营销战略将为形成整体组织战略提供信息并产生影响。

2)国际营销战略

当企业开始瞄准国际市场,进行国际经营活动时,企业必然要制订为其国际经营战略目标服务的国际营销战略。企业要通过对国际营销环境进行分析,对国际市场进行调研,结合企业自身的优劣势,去制订关于如何选择和进入国际目标市场,如何满足动态变化的国际目标市场的需求,从而实现国际经营战略目标的国际营销方案。国际营销战略是企业对于国际化进程较为长期的总体打算与计划。有效的国际营销战略必须回答以下问题:

①选择什么国际市场? 要达到怎样的国际化程度?(总体目标)

②以什么样的产品/服务面对市场?

③如何进入和扩张到国际市场?

④如何稳定和发展国际市场?

⑤如何从不利的国际市场中收缩和撤退？

⑥如何面对国际竞争？

因此企业在进入国际市场时，在选择目标市场时，必须对企业的战略进行思考。

5.1.2　进行国际营销战略规划

国际营销战略规划是国际企业对其营销目标和营销活动的统筹和谋划。具体地说，企业依据一定步骤制订出企业的国际营销战略并以书面的形式将其表达出来，这就是国际营销战略规划。

国际营销战略规划过程（Strategic Planning Process）包括以下几个相互关联的步骤（见图5.2）：

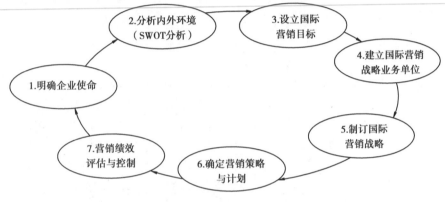

图5.2　国际营销战略规划步骤

1) 明确企业使命（Organizational Mission）

规划企业国际营销战略，首先必须明确并深刻理解企业的使命。战略要为完成和实现企业使命而服务。企业使命是企业生产经营的哲学定位、价值观凸现以及企业的形象定位，也就是经营观念，企业确定的使命为企业确立了一个经营的基本指导思想、原则、方向、经营哲学等。首先要明白公司经营什么，也就是说要界定公司的业务范围。业务的界定必须包括下列内容：

①公司所提供的产品或服务是什么？

②客户需要满足的需求是什么？

③公司的客户/客户群是谁？

④客户为什么从本公司购买？

⑤公司采取什么样的方式来满足客户的需求？

⑥是什么使本公司同其竞争对手区别开来？

将公司当前的业务系统清晰地描述出来并书面化，就形成了业务使命陈述书。一份有效的使命陈述书将向公司的每个成员明确地阐明公司的目标、方向和机会等方面的重大意义，引导他们朝着一个方向，为实现公司目标而工作。

[相关知识链接]

世界优秀企业的使命

迪斯尼公司——使人们过得快乐;

荷兰银行——透过长期的往来关系,为选定的客层提供投资理财方面的金融服务,进而使荷兰银行成为股东最乐意投资的标的及员工最佳的生涯发展场所;

微软公司——致力于提供使工作、学习、生活更加方便、丰富的个人电脑软件;

索尼公司——体验发展技术造福大众的快乐;

惠普公司——为人类的幸福和发展作出技术贡献;

耐克公司——体验竞争、获胜和击败对手的感觉;

沃尔玛公司——给普通百姓提供机会,使他们能与富人一样买到同样的东西。

---

2)进行 SWOT 分析

明确了企业的使命之后,接下来便是要分析国际营销的内外环境:分析外部环境以期寻找机会(Opportunity)和避开威胁(Threat);分析内部环境以查明自身的优势(Strength)和劣势(Weakness)。只有在了解内外环境的基础上,企业才能量力而行,分析自己可以并且能够采取怎样的战略。SWOT 分析法在单元 2 中做了简单介绍,这里再进行一个回顾,首先企业分析的外部环境有宏观环境和微观环境两类,宏观环境主要是政治环境(Political Enviroment)、经济环境(Economical Enviroment)、社会文化环境(Social-cultural Enviroment)、科技环境(Technical Enviroment),也就是用俗称的 PEST 法进行宏观分析;而微观分析常用的是前面提到的波特的"五力模型"来分析,简单一点也可以只分析行业情况、当前客户、竞争对手、潜在客户、分销渠道、供应商等。而内部环境主要分析财务能力、生产能力、研发能力、营销能力、管理能力等几个方面。具体可以选择的战略见表5.1。

表 5.1　SWOT 分析总结

内部因素 外部因素	优势 Strengths(S)	劣势 Weakness(W)
机会 Opportunities(O)	SO 战略: 利用优势争取机会	WO 战略: 利用机会克服劣势
威胁 Threats(T)	ST 战略: 利用优势回避威胁	WT 战略: 最小化劣势回避威胁

3)确立国际营销目标

根据企业的使命和所处的内外环境,企业可以确定自己的国际营销目标。在确立目标时要注意首先确定的目标应该符合企业总体的发展战略,要和企业的愿景保持一致;同时必须按轻重缓急有层次化地安排。因为对一个企业来说每个阶段的主要矛盾是不一样的,有一个阶段也许是提高投资回报率,有一个阶段也许是提高市场份额,有一个阶段也许是扩展新的销售网点。总之目标的确定应该分阶段、分层次、切实可行,同时最好量化,这样便于去评估是否实现的目标。最后要保持各项目标的协调一致,不能彼此矛盾。公司所有目标都应包含长期目标和短期目标。长期目标是使公司在相当长的一段时间内保持良好的经营状态;而短期目标主要是集中精力提高公司的短期经营业绩和经营结果。一旦长期目标确定下来,下一步就是把它转换成短期目标,落实到具体的负责单位和负责人,严格界定相应的责权范围和完成期限。

随着商业竞争环境的急速变动,今天的营销战略在企业所扮演的角色,几乎与企业的总体战略合而为一了,因为以营销为导向的企业在制订企业战略时,营销已成为其战略的重点。正如通用电气公司的战略计划经理所说:"营销经理在战略制订的过程中至关重要,他在确定企业的使命中负有领导的责任:分析环境、竞争和企业形势;制定目标、方向和策略;拟订产品、市场、分销渠道和质量计划,从而执行企业战略。他还要进一步参与同战略密切相关的方案制订和计划实施活动。"

4)建立国际营销战略业务单位(Strategic Business Units)

企业的国际营销目标要落实到具体的单位,要通过各个营销业务单位的努力来实现。因此,企业要组建国际营销战略业务单位。各个战略业务单位都是组织当中自成一体的分支机构、产品线或产品部门。

5)制订国际营销战略

公司长期和短期的国际营销目[⋯⋯]营销战略的基础,同时也要结合公司的总体战略。

6)确定国际营销策略与计划

国际营销战略必须转化为具[⋯⋯]策略与计划方案,来加以实施和执行。这需要在营销预算、营销组合和营[⋯⋯]决策,具体包括对4P策略的决策,包括产品策略,即产品组合、产品设计、性能、品牌、包装、规格、服务、担保、退货、产品生命周期、新产品开发;价格策略,即定价、折扣、折让、付款期限、信用条件;渠道策略,即分销渠道模式、覆盖区域、商品分类、位置、存货、运输;促销策略,即销售促进、广告、人员推销、公共关系、直接营销。此外,还要进行资金的预算。

7)营销绩效评估与控制

这是国际营销战略规划的最后一个环节。即组织营销资源对营销计划方案进行执行,并对过程实施有效控制,并通过实施过程中反馈的市场信息对计划进行评估改善,以确保营销目标的实现。毫无疑问,任何公司必须设立一个能够实施营销计划方案的营销组织。在营销组织实施营销计划方案的过程中会出现许多意外情况,公司必须有一套反馈和控制措施:

①年度销售计划控制是为了保证公司在年度计划中所制订的销售、赢利和其他目标的实现,这包括,第一,管理层必须明确地阐明年度计划中每月、每季的目标;第二,管理层必须掌握衡量计划执行情况的手段;第三,管理层必须确定执行过程中出现严重缺口的原因;第

四,管理层必须确定最佳修正行动,以填补目标和执行之间出现的缺口。

②赢利能力控制是对产品、客户群、贸易渠道和订货量大小的实际赢利率进行测量。营销赢利率分析是衡量各种营销行动获利水平的工具;营销效率研究是研究如何提高各种营销活动的有效性。

③战略控制是为了评估公司的营销战略是否适合于市场条件。由于营销环境的多变,每个公司都需要营销审核定期对营销结果进行评价。

5.1.3 选择竞争战略

目前最常见的公司战略是迈克·波特的"竞争战略",该战略是由当今全球第一战略权威,被誉为"竞争战略之父"的美国学者迈克尔·波特(Michael E.Porter)于 1980 年在其出版的《竞争战略》(*Competitive Strategy*)一书中提出,属于企业战略的一种,它是指企业在同一使用价值的竞争上采取进攻或防守的长期行为。波特为商界人士提供了 3 种卓有成效的竞争战略,它们是总成本领先战略、差别化战略和专一化战略。

1) 总成本领先战略(Overall Cost Leadership)

公司致力于达到生产成本和销售成本最低化,使成本低于竞争对手,这样就能以低于竞争对手的价格获取竞争优势,从而赢得较大的市场份额。要实现这个战略首先要有高效规模的生产设施,最大限度地减小研究开发、服务、推销、广告等方面的成本费用,尽管质量、服务以及其他方面也不容忽视。总成本领先地位非常吸引人,一旦公司赢得了这样的地位,所获得的较高的边际利润又可以重新对新设备、现代设施进行投资以维护成本上的领先地位,而这种再投资往往是保持低成本状态的先决条件。

2) 差别化战略(Differentiation)

公司通过对整个市场的评估找出某些重要的客户利益区域,集中精力在这些区域完善经营,也就是为市场提供有差别的产品或服务,树立起一些全产业范围中具有独特性的东西。实现差别化战略可以有许多方式,例如树立名牌的形象、技术上的独特、性能特点的独特、顾客服务、商业网络及其他方面的独特性,如果差别化战略成功地实施了,它就成为在一个产业中赢得高水平收益的积极战略。但是,有时在建立公司的差别化战略的活动中总是伴随着很高的成本代价,有时这一战略与提高市场份额两者不可兼顾。

3) 集中化战略(Focus)

这也叫专一化战略,公司将其力量集中在几个细分市场上,而不是追求全部市场。公司从了解这些细分市场的需求入手,提供比竞争对手更能满足购买者的定制产品或服务战胜竞争对手。这一战略依靠的前提思想是:公司业务的专一化能够以高的效率、更好的效果为某一狭窄的战略对象服务,从而超过在较广阔范围内竞争的对手们。波特认为这样做的结果,是公司或者通过满足特殊对象的需要而实现了差别化,或者在为这一对象服务时实现了低成本,或者二者兼得。这样的公司可以使其赢利的潜力超过产业的普遍水平。这些优势保护公司抵御各种竞争力量的威胁。

[相关知识链接]

制订成功战略的13条戒律

● 对于那些能够提供公司的长远竞争地位的战略行动要最优先予以制订和执行。不断加强的竞争地位每一年都可以为公司带来回报，能够满足季度和年度的业绩目标所拥有的辉煌会很快消失。如果公司的管理者让短期的财务目标将那些能够加强公司长远竞争地位的行动排斥在外，那么这种管理者不大可能很好地服务公司。保护公司长远赢利能力的最好办法就是加强公司的长远竞争力。

● 要知道如果能够很好地制订和实施清晰一致的战略，就可以为公司建立良好的声誉和被认可的行业地位。那种为了抓住暂时的机会而经常被变动的战略所带来的利益是昙花一现的。从长远看，如果公司的竞争战略是经过精心策划的一致战略，那么它的目标将是不断加强公司的竞争地位。对于一个正在发展的公司来说，市场竞争这场游戏应该抱着长远的心态来玩。

● 避免"中庸之道"式的战略，在低成本和高差别化之间寻找折中，在广泛市场定位和集中市场定位之间寻找折中。中庸之道的战略几乎不会产生持久的竞争优势和建立稳固的市场地位，其结果往往是成本一般，特色一般，质量一般，吸引力一般，形象和声誉一般，很难进入行业的前列。

● 投资建立持久的竞争优势。要想获得平均水平之上的赢利，这是最可靠的因素。

● 积极地进攻以建立竞争优势，积极地防御以保护所建立起来的竞争优势。

● 避免那种只能在乐观环境下取胜的战略。要有竞争对手会采取对抗措施的心理准备，要有应付不利市场环境的心理准备。

● 避免那种僵硬或者不灵活的战略，因为这种战略从长远看来会将公司"锁"起来，采取应变策略的余地不大。

● 不要低估竞争对手的反应和承诺。当竞争对手负隅顽抗和竞争对手的利益受到威胁时，它们是最危险的。

● 避免在没有强大竞争优势和充足财力的情况下对实力雄厚、资源丰富的竞争对手发起进攻。

● 攻击竞争强势和攻击竞争弱势相比，前者所获得的利益更多一些，所冒的风险更小一些。

● 在没有既定成本优势的情况下降低价格要谨慎。只有低成本厂商才能通过采用降价的手段赢得长期的利益。

● 时刻注意为从竞争对手那里攫取市场份额而采取的进攻性行动常常会激起对手的激烈报复，诸如价格战。这对各方的利润都会造成伤害。为提高市场份额而采取的进攻性行动会引发殊死的竞争。如果一个市场的存货很高，生产能力过剩的话，其情形尤为惨烈。

● 在追求差别化的时候，要竭尽全力在质量、性能、特色、服务上同竞争对手拉开距离。与竞争对手所生产的产品之间的细微差异对于购买者来说，可能不够明显，也不够重要。

课后实训：

用国际营销战略规划的程序和方法，对自己未来的职业发展设计一个战略规划方案。

5.2 选择国际目标市场的基础——国际市场细分

国际市场营销就是需要企业在市场调研的基础上,识别不同消费群体的差别,有选择地确认若干个消费群体作为自己的目标市场,发挥自身优势,通过满足其需要而获取企业利益的过程。而要选定国际目标市场,一般要用 STP 法,具体包括 3 个内容:市场细分(Segmenting)、目标市场选择(Targeting)、市场定位(Positioning),所以又被称为目标市场营销(见图5.3)。

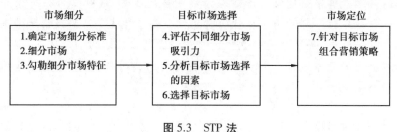

图 5.3 STP 法

5.2.1 认识国际市场细分(Market Segmentation)

市场细分(Market Segmentation)的概念最早是由美国的市场学家温德尔·斯密斯(Wendell R.Smith)于 1956 年在总结企业实际市场营销经验的基础上提出的。20 世纪 50 年代前,企业往往把消费者看做是具有同样需求的整体市场,所以大量生产单一品种的产品,用普遍广泛的分销方式和同样的广告宣传方式进行销售。随着经济的发展,这种把所有消费者视为同一群体的方式不再适合,加上消费者的需求本来就是千差万别的,市场细分便是这种市场环境变化带来的产物,市场细分使企业能够更好地服务于市场,更具有竞争优势。进入 21 世纪,市场细分理论又有了很大的发展,"细分到个人""一对一营销""定制营销"等为一些企业所采用,大大充实了市场营销的理论和实践。

1)市场细分

市场细分是市场营销学中一个重要组成部分,是企业战略营销的起点。所谓市场细分就是按照一定的因素,如消费者的需求与欲望、购买行为和购买习惯等,将某一产品的整体市场划分为若干个消费者群的市场分类,从而选择适合自己产品的目标市场的方法。市场细分能够使企业的产品定位更加明确,宣传重点更加突出,更容易吸引目标消费者。每一个消费群,就是一个细分市场,每一个细分市场都是由具有类似需求倾向的消费者构成的群体。国际市场细分(International Market Segmentation)又是在市场细分的基础上发展起来的,是市场细分概念在国际营销中的运用。与国内市场相比,国际市场购买者更多,分布范围更广,作为企业由于自身实力的限制,往往很难满足全球范围内顾客的需要。为此,就需要对国际市场按照某种标准进行划分。

2) 市场细分的意义

首先,进行市场细分有利于企业发掘国际市场机会,开拓国际市场。企业在市场调研的基础上进行市场细分,有利于对各细分市场的需求状况进行了解,市场细分其是对拟进入或希望通过评估来决策是否进入的单一体市场,从消费者或客户的需求为出发点,对影响购买决策的外在行为和内在考虑因素进行一系列的市场调研和论证,运用各种方法将单一的市场按照不同的标准和特性划分成多个具有某一或几种相似特质性的子市场。根据市场细分的结果,就可清楚地确定目标消费人群,并制订出针对目标消费人群的营销方案。

其次,进行市场细分有利于企业集中人力、物力和财力投入国际目标市场,以获取局部竞争优势。企业则根据自身的资源和外部竞争情况从中选择自己具有比较优势或认为更具有投资价值的子市场作为企业的目标市场。

最后,企业通过对市场进行细分,可以有针对性地观察和收集细分市场信息,对各个细分市场实行差异化的营销策略。例如,企业为进一步扩大目标消费人群的数量,可挑选两类相关联的目标消费人群,分别设定为第一目标消费人群和第二目标消费人群,从产品规格、价格体系、促销手段,广告宣传方面综合考虑营销方案。市场细分有利于企业分析开发新市场,有利于企业提高竞争力,并能得到投入少、产出高的效果。当某个目标市场的需求特征和竞争态势发生变化时,企业可以及时地调整营销策略、分配营销预算,提高营销效益。

以补钙产品为例,将50岁以上的中老年人设定为第一目标人群;其子女年龄段的人群,即20~30岁的青年作为第二目标人群。第一目标人群的消费特点是:可靠(相信专业人士的推荐)、经济、方便,有充裕的时间反复购买。第二目标人群具有精美、时尚、不在意价格、易受广告的影响、易产生购买冲动的消费特点。所以,针对两类消费人群应分别制订营销方案。针对第一目标人群,可向他们推销20~30天使用量的日常装产品和60天使用量家庭装产品;价格应做到单位售价低、效价比合理;销售地点应选择社区药店、医院、便民门诊部等;促销手段可采用医疗咨询销售、家庭装优惠促销等。针对第二目标人群,可向他们推销120天使用量礼品装产品;价格可高于同等数量产品的20%~30%;销售地点可选择商场、超市等;促销手段可利用母亲节、父亲节等节日促销、配合广告宣传促销礼品装产品等。

企业的一切营销战略,都必须从市场细分出发。没有市场细分,企业在经营时就如同"瞎子摸象、大海捞针",根本无法锁定自己的目标市场,企业也就无法在市场竞争中找到自己的定位。如果没有明确的市场定位,企业也就无法规划和塑造差异化的品牌形象并赋予品牌独特的核心价值;当然就更无法针对性地去设计独特的产品去满足市场了。只有进行市场细分,才有营销战略的差异化。因此,市场细分是企业战略营销的重要组成部分和平台。

5.2.2　国际市场细分的步骤

企业在走向国际市场时,首先要选定要去的国家,也就是国际细分的基础——宏观细分;接着要对目标国进行微观细分,即选择哪些消费群体作为企业的国际目标市场。

1) 宏观细分

（1）宏观细分的概念

国际市场的宏观细分是整个国际市场细分过程中的第一步,即选择去哪个国家拓展市场。国际市场上有众多的国家,企业究竟进入哪个(或哪些)市场最有利,这就需要根据某种标准(如经济、文化、地理等)把整个市场分为若干子市场,每一个子市场具有基本相同的营销环境。企业可以选择某一组或某几个国家作为目标市场。这种含义的国际市场细分称为宏观细分。

（2）宏观细分的步骤

国际市场宏观细分过程可以分为下述几个步骤:

①确定细分标准:市场细分标准又称细分变量,是指影响消费者需求的各种因素,也是对消费者根据其明显不同的特征进行分类的依据。要正确地进行市场细分,首先必须合理地确定细分市场的标准。

如果对国际市场进行宏观细分,其细分标准一般是根据国际市场的营销环境和国际市场格局而定,可以按照地理位置、经济发展水平、国际联盟组织等标准进行划分,也可以根据PEST分析方法进行分析,即包括政治法律的、经济的、社会文化的、科学技术的四个方面(这在前面已专门论述)。

②根据分类标准,将所有具有共同特点的国家划为一组,即构成一个子市场。

③了解满足每组需求对企业资源条件有哪些要求。

④根据该企业的特点,看看由该企业满足哪个或哪些子市场最适当,最有优势。

⑤从理论分析,要满足目标市场的需求,应采取的措施。

⑥把这种理论上的策略和方法根据实际情况加以修正和调整。

例如一家生产电子计算机的企业打算进入国际市场,应用上述细分过程,该企业将分六个步骤细分世界市场:

第一步:根据各国经济技术的发展水平和对电子计算机的需求来划分世界市场。

第二步:按照上述细分标准,可将世界电子计算机市场分成两个子市场。①需求简单、小型电子计算机(如第一代电子计算机)的市场;②需要大型、复杂电子计算机的市场。

第三步:要满足第一个子市场,企业只要具备生产简单电子计算机的技术能力和生产能力即可;要满足第二个子市场,需要具备中等技术水平和生产能力;要满足第三个子市场,需要企业拥有生产现代大型电子计算机的尖端技术,有能力与国际商业机器公司第一流企业抗衡。

第四步:根据企业的资源条件,确定服务于哪一个子市场最有优势。

第五步:假设根据企业的资源条件,确定服务于第二个子市场,并假设下述国家和地区属于第二子市场:韩国、印度、新加坡、中国香港、墨西哥、巴西、尼日利亚。为满足这些目标市场国家和地区的需求,公司可以在尼日利亚、巴西和韩国分别建立一个组装厂,其他国家和地区的需求,可以通过从这三个国家进口而得到满足。

第六步:假设经过进一步调研,发现韩国比较缺乏科技人才,在韩国建厂难免出现效率低的现象,而印度的科技人才较多,故决定把组装厂建在印度,再从印度向整个亚洲地区出口。

2)微观细分

国际市场微观细分,是企业进入到某一国外市场后对该国市场的细分,要对目标国的消费者市场进行微观细分,则具体要考察其消费者购买行为,实际上是在国际背景下的国内市场细分,其细分标准非常复杂,由于消费品市场和工业品市场的购买者各有不同的动机和目的,因而市场细分的标准也就有所不同。下面我们分别对国际消费品市场细分和国际工业用品市场细分进行讨论。

(1)消费品市场的细分标准

消费品市场的细分标准主要有以下几个(见图5.4):

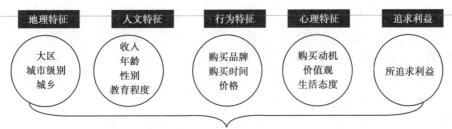

图5.4 消费品市场细分标准

①地理特征(Geographic Variables):以地理环境为标准细分市场就是按消费者所在的不同地理位置将市场加以划分,是大多数企业采取的主要标准之一,就是企业按照消费者所在的地理位置、地理环境如地形、气候、交通等变量来细分市场。在应用地理细分时应注意的是,地理因素是一种静态因素,对消费者的区分较为笼统,且处于同一地理区域的消费者在需求上也存在明显差异,因此还要结合其他因素进行市场细分。

②人文特征(Demographic Variables):这是市场细分惯用的和最主要的标准,它与消费需求以及许多产品的销售有着密切联系,而且这些因素又往往容易被辨认和衡量。就是按照人口总量、性别、年龄、文化程度、收入水平、家庭状况、宗教信仰、民族等人口统计学特征细分市场。由于人口因素直接影响消费者的需求特征,而且较其他因素更易于辨认和衡量,因而是消费品市场中最常用、最主要的细分标准。而在人口细分的诸变数中,又以人均收入、人口总量、年龄特征、宗教信仰四项最有参考价值。

用人口状态细分市场,可以是单个变量细分,例如细分化妆品市场,可以以"性别"这个变量先分,接着可以按照年龄、收入水平等多个变量进一步细分市场。在许多情况下我们可以采用多变量细分。

③行为特征(Behavioral Variables):行为因素是细分市场的重要标准,特别是在商品经济发达阶段和广大消费者的收入水平提高的条件下,这一细分标准越来越显示其重要地位。不过,这一标准比其他标准要复杂得多,而且也难掌握。购买行为变量包括购买时间、地点、数量、频率及对品牌的支持等。如常年购买和季节性购买;集中与分散市场;经常性购买(日用品)和偶尔性购买(电冰箱等耐用品)等;根据使用经验可以将香水市场划分为未使用者、曾经使用者、潜在使用者、初次使用者、经常使用者5子市场。

④消费心理特征(Psychological Variables):人们常常发现,在地理环境和人口状态相同的条件下,消费者之间存在着截然不同的消费习惯和特点,这往往是消费者的不同消费心理的差异所导致的。尤其是在比较富裕的社会中,顾客购物已不限于满足基本生活需要,因而消费心理对市场需求的影响更大。所以,消费心理也就成为市场细分的又一重要标准,可以按照心理变量,如生活方式、个性等来细分消费者市场,企业针对不同生活方式和个性的消费群的需要与偏好来设计不同的产品。

⑤依据受益变量细分(Beneficiary Variables):指由于消费者们各自追求的具体利益不同,可能会被某种产品具有的不同特性所吸引,因而可以细分为不同的消费者群。就是说,这里的细分市场不是根据消费者的各种特点,而是在一种产品能够提供什么特殊效用、给消费者带来什么特定利益的基础上开发出来的。运用利益细分法,首先必须了解消费者购买某种产品所寻找的主要利益是什么;其次要了解寻求某种利益的消费者是哪些人;再者要调查市场上的竞争者品牌各适合哪些利益,以及哪些利益还没有得到满足。通过上述分析,企业能更明确市场竞争格局,挖掘新的市场机会。例如小轿车市场中高度耐用、高度可靠、速度最快、格外舒适、节油、维修方便经济、原始代价低、再卖出价值大等,都有可能成为不同购买者特别寻求的利益目标,这些收益目标也就可以用作细分小轿车市场的依据。而牙膏市场可以根据受益分析,划分出4个主要的细分市场——特别关心味道可口、格外关注防止蛀牙、强调保持牙齿光洁、注重经济实惠这4个消费者群。当然,依据受益变量细分都会有相当一部分购买者同时追求一组连带的几种利益。

我们将上面的变量总结为表5.2:

表 5.2　消费品市场的细分变量

细分标准	可能的细分块
地理变量	
地点	国内、国外;北部、南部、东部、西部、东南、西南、东北、西北、中部城市、郊区、乡村
地形	山区、平原、丘陵
气候	温暖、寒冷
规模	小、中、大
交通网络	大众交通、驾车、步行
人口统计变量	
人口总量	根据需要定量
年龄	幼儿、儿童、青少年、中年、老年
性别	男、女
收入	低、中、高
教育	文盲、小学、初中、高中、大学
流动	连续住了两年以上、过去两年内搬来、可能一段时间后搬走
居住类型	游客、当地就职者、当地居民

续表

细分标准	可能的细分块
职业	蓝领、白领、专业技术人员、政府官员
婚姻状态	单身、已婚、离异、丧偶
住户大小	1、2、3、4、5、6 或更多人
民族或种族	欧洲人、亚洲人、美洲人、非洲人;黑人、白人、黄种人
宗教信仰	基督教、伊斯兰教、佛教
心理变量(生活方式与个性心理)	
社会阶层	从底层到上层
家庭生命周期	从未婚到寡居
人格	从内向到外向,从通情达理到顽固不化
态度	消极、中立、积极
创新性	创新、传统、落伍
舆论领袖	没有、一些、很多
知觉到的风险	低、适中、高
语言	各种不同语言
兴趣爱好	运动、艺术、文学
风格	求实、喜新、仿效、名牌
行为变量	
购买数量	大量、中量、少量
购买频率	经常性购买、偶尔购买
购买时间	常年购买、季节性购买;白天、晚上;周一至周五、周末
购买地点	集中购物中心、分散购物市场
购买结构	从非正式到正式,从单个到联合
购买的重要性	从不重要到很重要
使用率	少、适中、多
使用经验	从没有到很多
品牌忠诚	没有、一些、完全
受益变量	
产品的功用	根据产品的特性组合确定

（2）工业品市场细分的标准

许多用来细分消费品市场的标准,同样可以用来细分产业市场,如地理环境和行业因素中的一些变量(购买习惯、寻找利益、使用数量和频率等)都是有效的细分标准。同时,由于工业品市场有其不同的特点,所以这个市场细分标准同消费品市场细分标准不完全一致。其中常用的变量有:

①用户类型:在市场营销中,企业通常使用用户这个变量来细分工业品市场。不同的用户对同一工业品的规格、性能、质量、品种、价格等方面往往有不同的要求。例如,用于飞机的轮胎和用于汽车、拖拉机用轮胎质量标准高。同样是半导体,军事用户重视产品质量的可靠;工业用户则重视半导体的质量和售后服务;对于商业用户来讲,则特别注意价格。依据用户要求来细分市场,便于企业制订相应的营销策略,开展营销活动。

②用户规模:顾客规模与购买力大小也是企业细分工业品市场的重要变量。工业企业常根据客户数量和大小来细分市场。不同类型的顾客,他们对产品质量、需求数量、服务等多方面均有不同的要求,企业可以根据顾客规模大小进行细分,许多生产企业以用户的规模为标准,把客户分为大量用户、中量用户和小量用户。大量用户数量虽少,但购买力很大、购销关系稳定,对产品质量、供货期以及运输方式等一般要求比较苛刻;小量用户则相反,户数多,但购买力不大、购销关系不稳定,对产品的价格更敏感。企业通过市场细分,掌握不同规模用户的特点,采取不同的经营方式。对大量用户一般直接供货,并在价格上予以一定优惠;对小量用户则通过中间商渠道供货,以保证一定的市场覆盖面。

③用户的地理位置:由于用户地理位置对于货物运输关系很大,所以这也是市场细分的标准之一。对于用户较为集中的地区,企业可以采取直接销售方式,降低销售成本。对于较为分散的用户则可充分利用中间商网络进行分销。

5.2.3　应用国际市场细分的方法

企业进行国际市场细分,可以根据上述各种标准利用单一的变量来进行划分。如进行宏观细分时,可按地理位置将国际市场细分为北美、拉美、非洲、西欧、亚洲、中东等几大市场,也可根据经济发展水平细分为工业化国家、发展中国家和欠发达国家。然而,单一的变量往往不能准确地体现某一子市场的特点;消费者或用户的需求很少只受到单一因素的影响,而往往是多种因素左右着某种需求。因此,为使细分出的市场更有效、更切合实际,需要用两种或多种变量作为标准,利用多因素组合法进行国际市场的细分,即 1980 年里兹克拉 Elias G. Rizkallah 提出了一种以营销战略为基础的细分国际市场的方法称为组合法(Portfolio Approach),该方法使用三个维度将国家分成 18 个群体。Elias G. Rizkallah 提出可根据国家潜量(Country Potential)、竞争力(Competitive Strength)和风险(Risks)3 个方面的因素对市场进行分析,如图 5.5 所示。

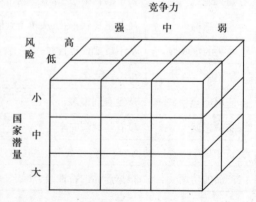

图 5.5　国际市场细分多因素组合法

所谓国家潜量,是指企业的产品或服务在一国市场上的销售潜量。衡量国家潜量的基础包括下列数据资料:

人口;

人口分布;

经济增长率;

国民生产总值;

人均国民生产总值;

工业生产和消费模式。

对竞争力的衡量要从该国和该企业两方面来考虑:

①从该国来看:

该国生产要素条件;

该国相关和支持行业的情况;

该国需求情况;

该国对企业的管制。

②从企业来看:

企业在该国的市场份额;

企业对该国的了解程度;

企业适应该国特点的能力和优势;

企业对抗竞争者的能力。

风险主要包括:

政治风险;

财务风险;

业务风险。

从以上所列变量可以看出,Rizkallah 划分国际市场的这种方法考虑的因素很多,且每种因素都与国际营销密切相关,因此更全面地反映了市场情况。但是,这种方法在实施过程中比较复杂,因为它要求掌握大量信息,要求企业事先进行大量的调查和研究。

 [相关知识链接]

迈克波特的钻石理论

根据迈克波特(M.Porter)的"钻石理论"(Porter's Diamond),决定一个国家竞争优势的 4 个因素如下(见图 5.6)

生产要素情况(Factor Conditions):这个国家在指定行业的竞争中所必需的基本生产要素方面(如劳动力、基础设施等)的地位,如沙特在全球石油工业中有很强的竞争优势,因为它能提供大量高质量原油。

需求情况(Demand Conditions):这个国家的消费者对指定行业的产品和服务的需求的特点,如日本消费者在电子产品和美国消费者在软件产品上都是难以对付的消费者。

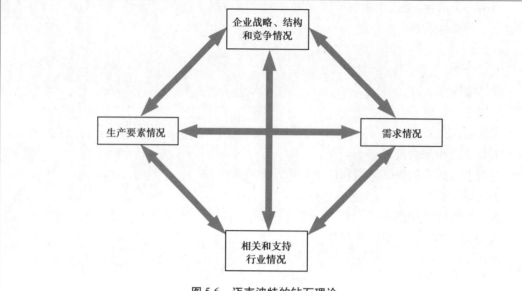

图 5.6   迈克波特的钻石理论

相关、支持行业的情况(Related and Support Industries):是指这个国家内与指定行业相关的和支持的行业存在与否、强弱情况,美国是计算机和软件行业的领头羊,原因之一是有硅谷这样的地方给国内计算机公司提供科学技术专家和不断改进的零配件。

企业战略、结构和竞争情况(Firm Strategy, Structure and Rivalry):是指这个国家如何驾驭企业的创立、组织和管理以及国内竞争的特点,比如,在多数国家国有企业越来越被私有化,因为很多国家都看到国有企业经营上的弊端。

5.2.4   国际市场细分要注意的问题

应当指出的是,尽管市场细分是企业制订国际市场营销战略和策略的重要前提和依据,要使细分合理和有效还必须注意以下几个方面的问题。

1) 要恰当选择市场细分标准

细分市场的变量的个数取决于消费者需求差异的大小。对于消费者需求特征差异较小的产品或服务可采用单一变数进行细分,如果消费者需求特征差异较大,则应采取双重或多重变数细分,以保证细分的有效性。

2) 市场细分要适度

细分国际市场的变量也不是越多越好。因为若对某市场采用了过多的变量进行细分,会导致各个子市场过小,既给企业选择目标市场带来了困难,又会使得企业的营销活动缺乏效率。

3) 把握市场细分的动态性

市场上的消费者需求和竞争者状况每时每刻都在发生变化,企业应注意信息的搜集,在必要时进行市场细分的调整。由于市场细分的重要性,国内越来越多的企业已经开始关注并加以应用。但由于传统计划经济的影响以及"市场细分"理论体系本身尚未完善,加之市场细分方法的实际应用在国内也鲜有流传,故许多企业在运用时往往容易陷入认识的误区,即不管市场所处的竞争结构和环境只对市场进行静态的市场细分,但其实在市场的导入期、成长期、成熟期和衰退期,不同的生命周期却有不同的表现和结果,而当市场的竞争结构发生变化时仍然使用原有的市场细分方法从而丧失了很多市场机会,甚或丢失已有的市场份额。

动态的深度市场细分是市场竞争中、后期企业取得成功的必然选择,因为只有这样才能锁定自己的目标市场群体,集中有限资源,运用差异化的深度沟通策略并辅以多种手段赢得其"芳心"并不断培养其忠诚度,从而达到最大限度阻隔竞争对手的目的。而使用静态的市场细分的企业,由于与客户建立的是一种"不痛不痒"的关系,其客户忠诚度极低,当有更多的企业进入该行业抢夺市场时,企业能采用的市场竞争手段也就是价格战和增加广告投入等常规方法了,其实这是众多企业对市场细分认识不足的一种无奈选择。

5.3　国际目标市场的选择

国际目标市场就是企业在国际市场细分的基础上所选择的可以利用企业资源去满足并能为其带来收益的一个或若干个子市场。目标市场是在市场细分确定市场机会的基础上形成的。企业通过市场细分,会发现不同欲望的消费者群,发现市场上尚未得到满足的需求,从而抓住这个市场机会利用企业资源去满足之。确定目标市场与进行市场细分是既有区别又有联系的两个概念。市场细分是发现市场上未满足的需求,并按不同的购买欲望和需求划分消费者群的过程;而确定目标市场则是企业根据自身条件和特点选择某一个或几个细分市场作为营销对象的过程。因此,市场细分是选择目标市场的前提和条件,而目标市场的选择则是进行市场细分的目的和归宿。

5.3.1　国际目标市场的选择

1)衡量各细分市场后进行选择

一般而言,企业考虑进入的目标市场,也就是最后细分出来的子市场,应该符合以下标准或条件:

(1)可衡量性(Measurability)

这是指细分市场的销售潜量及购买力的大小能被测量。如果不可衡量,企业就不能分配适量资源来开发这一子市场。企业可以通过各种市场调查手段和销售预测方法来测量目标市场现在的销售状况和未来的销售趋势。否则,企业不宜轻易地决定把这一市场作为其目标市场。

(2)可接近性(Accessibility)

企业所选择的目标市场未被垄断,企业的资源条件、营销经验以及所提供的产品和服务在所选择的目标市场上具有较强的竞争能力。

（3）足量性（Substantiality）

企业进入某一市场是期望能够有利可图,细分市场可能当时具备理想的规模和发展特征,然而从长远和赢利的观点来看,它未必有吸引力。只有一个目标市场有教长时间的吸引力,有相对的稳定性,企业才值得把财力、物力投入。如果市场规模狭小或者趋于萎缩状态,企业进入后难以获得发展,此时,应审慎考虑,不宜轻易进入。所以选择的目标市场要有一定的规模和发展潜力。当然,过度竞争的细分市场也是需要认真考虑的。

（4）可实施性（Action-ability）

这是指企业选择的目标市场能使企业有效地制订营销计划、战略和策略,并能有效地付诸实施。某些细分市场虽然有较大吸引力,但不符合企业目标和能力,不能推动企业行动去实现发展的主要目标,造成企业精力的分散,这样的细分市场应考虑放弃。另外,企业的资源条件是否适合在某一细分市场经营也是重要的考虑因素,应选择企业有条件进入、能充分发挥其资源优势的细分市场作为目标市场,企业才会立于不败之地。

2）选择不同的目标市场策略

（1）常见的目标市场的覆盖模式

企业选择目标市场通常有图5.7显示的5种模式（图5.7中P指产品,M指不同的消费群,也就是不同的目标市场）。

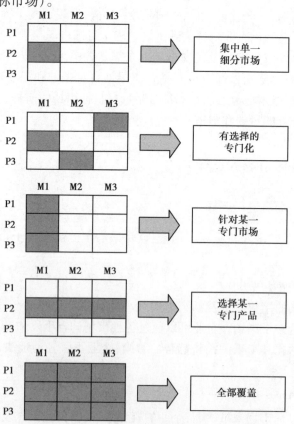

图5.7　常见目标市场覆盖模式

（2）常见的目标市场的选择策略

在进行了以上市场筛选、评价之后企业还需要确定目标市场选择策略，以决定究竟进入哪些市场。常见的目标市场选择策略有3种：无差异性选择策略（Undifferentiated Marketing）、差异性选择策略（Undifferentiated Marketing）和集中性选择策略（Concentrated Marketing）（见图5.8）。

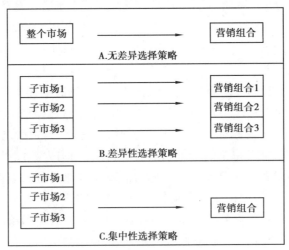

图 5.8　目标市场的选择策略

①无差异性选择策略：即用一种商品和一套营销方案吸引所有的消费者。是指企业将整个国家或者全球作为自己的目标市场，关注消费者在需求方面的共同点，忽略他们之间的差异，设计一种标准化的营销组合策略，努力进入更多城市或国家，尽可能争取更多顾客。由于该策略的前提是通过大规模的生产，使企业的产品的成本降到最低，因此有些书上也将该策略成为"低成本领先"策略。

福特汽车公司的老板亨利·福特就是这种大规模市场营销的先驱，它以合理的价格向很多人销售一种标准的福特车而曾经在汽车界成为一个成功的经典案例。在大规模生产刚开始时，大规模市场营销非常流行，但近年来，单纯采用这种方法的企业已经减少了很多，减少的主要原因包括：

竞争加剧；

可以针对特定的细分市场刺激消费者的需求；

市场营销研究方面的改善能更准确地明确不同细分市场的要求；

通过细化市场可以减少生产和市场营销的总成本。

无差异式目标市场选择策略的适用条件主要有两个：一是在全球市场一体化的行业，例如计算机、商业飞机、汽车、药品、家用电器、饮料等。这些产品具有广泛的需求和相似的消费者群，因此，在这类市场采用标准化的营销策略是可行的；二是企业具有雄厚的实力。许多行业市场是高度一体化的，但是，全球性行业的巨大市场容量和规模经济效益，使其成为大型跨国公司的必争之地，竞争十分激烈，因此，参与的企业必须具有较强的实力。例如中国的格兰仕就是采用的无差异策略，通过大规模的制造，形成成本优势。2004年12月，格兰仕"全球最先进的超大规模空调制造基地"建成，并宣布停产普通空调、全线转产高档光波空调，计划再用3年左右的时间，空调年产销规模支撑到1 200万台，创建微波炉、光波炉之后的又一个"世界第一",这也就为格兰仕实现"低成本"打下了坚实基础。

②集中性选择策略:企业选择一个或少数几个子市场作为目标市场,制订一套营销方案,集中力量为之服务。采用这种方法,可以使企业集中力量为某一部分市场提供最好的产品和服务,往往能够在这部分市场上占有较大的市场份额。这种方法通常并不极力扩大销售额,它的目标在于效率——在控制成本的条件下吸引一个细分市场的大部分消费者;或者以差异化的产品满足某一个或几个小的市场。总之企业希望以专家而不是多面手的形象出现在市场上。集中性市场营销在中小企业中非常盛行。企业的资源和能力虽然有限,但靠集中力量一样可以取得成功。

集中性策略的局限性是市场范围较小,企业对单一市场的依赖也增加了经营风险:一旦该市场营销环境发生急剧变化,或市场需求急剧下降,企业就可能陷入困境。

③差异性选择策略:企业针对每个细分市场的需求特点,分别为之设计不同的产品,采取不同的市场营销方案,针对每个细分市场的需求特点,分别为之设计不同的产品,采取不同的市场营销方案,满足各个细分市场上不同的需要。这种策略的优势主要体现在两个方面:面对世界多个细分市场,能使企业获得较大的市场覆盖率;这对每个市场提供不同的产品和服务,能够更好地满足消费者的需求,有效地提高企业在各个市场的竞争能力。

这种方法的劣势在于:当企业忙于服务多个细分市场时,虽然减少了任何一个细分市场的变化给企业带来的经营风险,但企业可能增加额外的成本;企业必须非常小心地保持各个细分市场产品之间的差别,同时又要维护公司的整体形象。表5.3 对 3 种目标市场选择策略进行了比较。

表 5.3　目标市场选择策略的比较

战略因素	无差异化市场营销	集中市场营销	差异化市场营销
目标市场	广泛的消费者	一组精心挑选的消费者	两组或更多组精心挑选的消费者
产品	同一品牌的产品种类有限,依次面向所有类型的消费者	一组品牌专门针对一组消费者	不同的品牌或版本,依次针对各个消费者群体
分销	所有可能的网点	所有适合的网点	按细分市场分别确定所有适合的网点
促销	大众媒体	所有适合的媒体	按细分市场分别确定所有适合的媒体
价格	一个"众所周知"的价格范围	针对特定的一组消费者制订一个价格范围	针对各个消费者群体制订不同的价格范围
战略要点	以统一、广泛的市场营销项目来吸引大量的消费者	通过高度专门化、但统一的市场营销项目来吸引一组特定的消费者群体	通过不同的市场营销计划来满足各个细分市场,以此来吸引两个或更多不同的细分市场

中小企业在进行目标市场策略的选择时,要善于选择不同的路径,要有清晰的取舍,决定自己不做什么,要做什么。企业在形成产品实体的要素上或在提供产品过程中,要努力造成足以区别于其他同类产品以吸引购买者的特殊性,从而导致消费者的偏好和忠诚。记住:不要和你的对手赛跑,而是要善于选择不同的路径。3 种目标市场策略各有利弊,各自适用

于不同的情况,企业在选择目标市场策略时,必须全面考虑各种因素,权衡得失,慎重决策。需考虑的因素主要有企业的实力,即使这个细分市场符合公司的长远目标,企业也必须考虑本公司是否具备在该细分市场获胜所必需的技术和资源;还要考虑产品的自然属性、同质性、产品的生命周期;此外,还要考虑市场差异性的大小,各细分市场顾客需求、购买行为等方面的相似程度,以及竞争者的数目、竞争者的市场营销策略。

5.4　国际目标市场的定位

5.4.1　国际目标市场的定位

国际市场定位(Internation-Market Positioning)就是指勾画企业产品在国际目标市场即目标顾客心目中的形象,使企业所提供的产品具有一定的特色,适应一定顾客需要和偏好,并与竞争者的产品有所区别,并从中在市场中占据独特位置。

定位理论是 20 世纪 70 年代由美国学者杰克·特劳特提出。随着经济发展,当今世界已经进入信息时代,在纷繁复杂、爆炸性的信息中,企业产品信息、促销信息等如何能够引起消费者注意,如何在消费者心中留下独特印象,占据消费者心中独特位置,就需要企业仔细研究,认真琢磨,务求给消费者留下特殊的印象。

市场定位对于一个企业建立其产品的市场特色有着十分重要的意义,在当今社会,同一市场上会有许多企业生产同一品种的产品,企业为了使自己的生产或经营的产品获得稳定的销路,就必须从各个方面为生产的产品培养一定的特色。其次,市场定位决策是企业制订市场营销组合策略的基础。企业的市场营销组合要受到企业市场定位的制约。

5.4.2　国际目标市场的定位步骤

1) 确认本企业潜在的竞争优势

确认本企业潜在的竞争优势是国际市场定位的基础。为此回答"竞争对手产品定位如何""目标市场上足够数量的顾客欲望满足程度如何以及还需要什么""针对竞争者的市场定位和潜在顾客真正需要的利益要求企业应该和能够做什么"等问题。通过清晰的回答这些问题便于企业能够准确确认企业与国际竞争对手相比,其潜在竞争优势在何处。

2) 准确选择相对竞争优势

与国际竞争对手相比,其竞争优势无非来源于经营管理能力、技术开发能力、采购能力、生产能力、市场营销能力、财务运作能力、良好产品力等。在这些方面企业应准确的选择,究竟选择哪些方面的能力作为自己的制高点,以便能够比竞争对手相区别。

3) 显示独特竞争优势

竞争优势如果不进行显示,目标消费者就很难知道,也就很难在消费者心中树立其独特

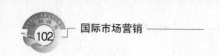

形象。因此应有"酒香也怕巷子深"的理念,需要对其竞争优势进行宣传推广,使其独特的竞争优势准确地传播给潜在顾客,并在顾客心目中留下深刻印象,占领独特位置。

5.4.3 国际市场定位的策略

国际市场定位策略主要有避强定位策略、迎强定位策略。企业使用上述两种基本策略时,应考虑企业自身资源,竞争对手的可能反应、市场的需求特征等因素。

1) 避强定位

这是一种避开强有力的竞争对手进行市场定位的模式,企业不与对手直接对抗,将自己置定于某个市场"空隙"。当企业对竞争者的位置、消费者的实际需求和自己的产品属性等进行评估分析后,发现现有市场存在缝隙或者空白,这一缝隙或者空白有足够的消费者而作为一个潜在的区划而存在;并且企业发现自身的产品难以正面匹敌,或者发现这一潜在区域比老区域更有潜力,在这种情况下可以发展目前市场上没有的特色产品,开拓新的市场领域。

这种定位的优点是:能够迅速地在市场上站稳脚跟,并在消费者心中尽快树立起一定形象。由于这种定位方式市场风险较小,成功率较高,常常为多数企业所采用。例如美国的Aims 牌牙膏专门对准儿童市场这个空隙,因而能在 Crest(克蕾丝,"宝洁"公司出品)和Colgate(高露洁)两大品牌统霸的世界牙膏市场上占有 10%的市场份额。

2) 迎强定位

这是一种与在市场上居支配地位的竞争对手"对着干"的定位方式,即企业选择与竞争对手重合的市场位置,争取同样的目标顾客,彼此在产品、价格、分销、供给等方面少有差别。采用这一战略定位,企业必须比竞争对手具有明显的优势,应该了解自己是否拥有比竞争者更多的资源和能力,必须提供更优于对方的产品,使大多数消费者乐于接受本企业的产品,而不愿意接受竞争对手的产品。

在世界饮料市场上,作为后起的"百事可乐"进入市场时,就采用过这种方式,"你是可乐,我也是可乐",与可口可乐展开面对面的较量。实行迎头定位,企业必须做到知己知彼,是不是可以比竞争对手做得更好。否则,迎头定位可能会成为一种非常危险的战术,将企业引入歧途。

3) 重新定位

重新定位通常是指对那些销路少、市场反应差的产品进行二次定位。初次定位后,随着时间的推移,新的竞争者进入市场,选择与本企业相近的市场位置,致使本企业原来的市场占有率下降;或者,由于顾客需求偏好发生转移,原来喜欢本企业产品的人转而喜欢其他企业的产品,因而市场对本企业产品的需求减少。在这些情况下,企业就需要对其产品进行重新定位。所以,一般来讲,重新定位是企业为了摆脱经营困境,寻求重新获得竞争力和增长的手段。不过,重新定位也可作为一种战术策略,并不一定是因为陷入了困境,相反,可能是由于发现新的产品市场范围引起的。例如,某些专门为青年人设计的产品在中老年人中也开始流行后,这种产品就需要重新定位。

5.4.4 国际市场定位中应注意的问题

作为企业来说定位时应该注意避免以下的错误:

1) 混淆了市场定位与产品差异化

传统的观念认为,市场定位就是在每一个细分市场上生产不同的产品,实行产品差异化。事实上,市场定位与产品差异化尽管关系密切,但有着本质的区别。市场定位是通过为自己的产品创立鲜明的个性,从而塑造出独特的市场形象来实现的。一项产品是多个因素的综合反映,包括性能、构造、成分、包装、形状、质量等,市场定位就是要强化或放大某些产品因素,从而形成与众不同的独特形象。产品差异化乃是实现市场定位的手段,但并不是市场定位的全部内容。市场定位不仅强调产品差异,而且要通过产品差异建立独特的市场形象,寻求建立某种产品特色,赢得顾客的认同。

2) 定位不明显,甚至矛盾

有些企业定位不够明显,或者太狭隘,使得顾客心中只有模糊的形象,认为它与其他企业并无差异,购买者对企业的品牌形象相当混淆。而且在定位中有些企业没有注意品牌的整体形象,造成一些矛盾的定位宣传。

> 思考:
> 抖音的产品定位是一款音乐创意短视频社交软件,一款专注于年轻人的 15 秒音乐短视频社区;快手的定位是一款国民短视频社区,强调"在这里发现真是有趣的世界""忠于自我""同城"。这两者的产品将产品定位成功传递给受众,成为当前成功的产品。
> 分析抖音和快手,思考其定位成功的原因是什么? 对你有什么启发?

5.5 国际目标市场进入方式的选择

当企业决定进入某一目标国市场时候,就会面临着以何种方式进入的决策。进入方式的选择对于开展国际营销的企业而言,至关重要。因为做出选择,就意味着企业就需要投入很多前期成本和渠道维护成本。一旦选择失败,企业就需要面临着高昂的转换成本。

5.5.1 进入方式的主要类型

企业进入目标国市场有很多种方式,归纳起来,基本上有 3 种主要进入方式、出口进入方式、契约进入方式,投资进入方式。其中,在每种方式下面又可以进行细分,如图5.9。

不同的国际市场进入方式,具有不同特点,同时也具有不同的适用范围。因此,当企业对进入方式决策时,应根据结合企业自身实际和市场现状综合考虑。

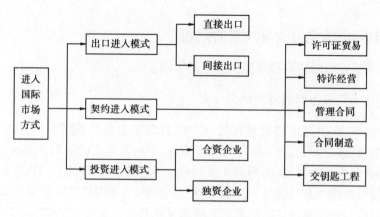

图 5.9　进入国际市场方式

5.5.2　出口进入模式

出口进入方式,是指企业根据国际市场需求状况,直接在国内组织生产,然后通过自己或者借助出口中间商将商品销售到国外市场的方式,包括直接出口和间接出口两种方式。

1) 直接出口

直接出口是指企业不通过国内出口中间商,而是由自己独立完成一切对外出口业务。主要包括设立国内出口机构、设立国外销售机构、利用国外经销商或代理商 3 种方式。直接出口的方式是企业直接参与国际市场营销活动。

2) 间接出口

间接出口是企业将自己生产出的产品直接卖给或交给国内出口中间商,然后由这些中间商组织产品的出口。这些中间商往往有国内出口贸易商、国内出口代理商、出口合作组织和出口管理公司 4 种形式。

3) 两种出口方式优缺点

选择不同的出口方式,对于从事国际营销的企业而言,也就意味着其所面临的收益和风险的不同。两种方式的优缺点见表 5.4。

表 5.4　两种出口方式优缺点

类　型	优　点	缺　点
直接出口	可迅速了解国际市场; 可根据实际调整价格; 增长知识和经验。	投资增加; 风险较大。
间接出口	不需专门增加投资; 风险较小; 可积累一些知识和经验。	无法全面了解国际市场; 企业利润较低。

5.5.3　契约进入模式

契约式进入是指企业将自己所拥有的版权、专利、商标权、技术诀窍等知识产权,通过契约方式转让给外国企业使用,从而获得提成费、技术转让费或特许权使用费等。主要包括许可证协议、特许经营、管理合同、合同制造、交钥匙工程等方式。

1) 许可证协议

许可证协议是指跨国企业作为授权人(转让方),通过与作为受权人(受让方)的外国企业签订授权协议,向后者转让无形资产的使用权,包括专利、商标、产品配方、公司名称或其他有价值的无形资产使用权,而后者需要以某种形式向受权人支付使用费。其核心是无形资产使用权的转移。其优缺点见表5.5。

表 5.5　许可证协议优缺点

优　点	缺　点
分摊研究成本; 障碍少; 风险小。	控制力弱; 机会成本大; 培养潜在竞争对手。

2) 特许经营

特许经营是许可证协议(特许授权)中的一种特殊形式,它是指特许方将自己所拥有的商标(包括服务商标)、商号、产品、专利和专有技术、经营管理模式等以特许经营合同的形式授予被特许者(受许方)使用,被特许者按合同规定,在特许者统一的业务模式下从事经营管理活动,并向特许者交付相应的费用。特许经营有多种类型,根据按被特许方的权限可分为直接特许和分特许(区域特许);根据特许内容又可分为商标型特许经营和经营模式特许经营。特许经营方式优缺点见表5.6。

表 5.6　特许经营优缺点

优　点	缺　点
授权人以较低资本支出迅速扩展 跨国经营网络; 对受权人很有吸引力; 独特形象和标准方法。	利润有限; 缺乏过程控制; 产生许多未来的竞争者; 易受当地政府的限制。

3) 管理合同

企业要进入国外市场,可通过契约来管理该市场中新建的或已存在的企业。根据这种合同,公司全权负责管理外国企业或合营企业的全部业务,以提取管理费、一部分企业利润或按特定价格购买该公司股票的方式获取报酬(见表5.7)。

表 5.7　管理合同优缺点

优　点	缺　点
可获取对方经营控制权； 不需多大投资就能获取收益。	控制具有阶段性,合同结束意味着企业须离开目标国。

4)合同制造

从事国际营销的企业与目标国市场当地的独立企业订立长期供应合同,独立企业按合同规定生产所需的产品,然后交付给国际企业负责推销(见表 5.8)。

表 5.8　合同制造优缺点

优　点	缺　点
可节省资金； 便于企业集中精力做营销。	可能将合作伙伴培养成竞争对手； 可能失去对生产过程控制； 可能因为延期交货使营销无法按计划进行。

5)交钥匙工程

是指企业通过与国外企业签订合同并完成某一大型项目,然后将项目交付给对方的方式进入国际市场。企业责任包括项目设计、建造以及项目交付后的服务。此种方式特别使用于建造大型基础设施项目或者大型设备的安装(见表 5.9)。

表 5.9　交钥匙工程优缺点

优　点	缺　点
利润颇丰	不确定因素多

5.5.4　投资进入模式

投资进入模式是指企业将自己的资金、技术、设备等资源输出到目标国市场,从而以投资者身份来开展国际营销活动。此种模式实现了生产和销售都在国际市场上进行,这样便于克服贸易保护主义的壁垒,因此越来越多的企业倾向采取此种模式。投资者对国外企业不仅拥有所有权,而且对国外企业的经营活动往往拥有实际的控制权。投资模式属于进入国际市场的高级阶段。投资进入模式主要包括两种类型,即合资经营和独资经营。

1)合资经营

合资经营是指与目标国市场的企业联合投资,共同创办经营企业,生产的产品或劳务投放当地市场或出口到其他国家市场。共同投资、共同经营、共同分享股权及管理权,共担风险是其主要特点。其优缺点见表 5.10。

表 5.10　合资经营优缺点

优　点	缺　点
可实现资本输出带来商品输出的目的； 可借助目标国企业的相关资源； 可能得到各种投资优惠； 政治风险较小。	股权和管理权分散； 公司经营协调有时困难； 技术或商业秘密可能泄露； 有助于培养竞争对手。

　　合资企业可以利用合作伙伴的成熟营销网络,而且由于当地企业的参与,企业容易被东道国所接受。但是也应看到由于股权和管理权的分散,公司经营的协调有时候比较困难,而且公司的技术秘密和商业秘密有可能流失到对方手里,将其培养成将来的竞争对手。

2)独资经营

　　独资是指企业独自到目标国市场投资建厂或并购目标国家的企业,对于此投资企业拥有完全的所有权、管理权和控制权(见表 5.11)。

表 5.11　合资经营优缺点

优　点	缺　点
完全控制经营,利益独享； 可冲破贸易壁垒； 降低成本,提高竞争力； 易得到东道国支持和树立企业形象； 有助于国际营销经验积累。	投入资金较多； 风险较大； 管理难度较大。

5.5.5　影响企业进入模式的影响因素

　　企业进入国际市场的方式多样,在众多方式中究竟如何选择是企业开展国际营销的战略性决策。为保证选择的正确性,企业应综合考虑以下因素:

1)企业自身因素

(1)企业资源充裕程度

　　企业在资金、技术、管理、经验、人才等方面资源越充裕,企业在进入方式上的选择余地就越大。如果企业的资金较为充足,技术较先进,且积累了丰富的国际市场营销经验,则可以采取直接投资模式进入国外市场。反之,则以出口模式和契约模式为宜,待企业实力增强,积累了一定的国际市场营销经验后再采取直接投资模式。

(2)企业产品因素

　　产品因素也是企业进入方式选择时需要考虑的重要因素。一般而言,技术复杂、附加值高的产品往往采用出口的方式,因为此种商品国外市场需求往往不大,同时国外市场的相关配套技术有可能并不匹配;而如果是日常用品,如日用化工品、食品、饮料,由于单位价值较低,市场需求广阔,因此宜采用投资进入方式;而对于那些客户对产品的售后服务要求比较高,以及需要做出大量适应性变化的产品,企业最好采取契约模式或投资模式进入。另外,企业的主线产品、核心技术在进入目标国市场时,大多采取投资方式,且以独资为主。

(3)成本与进入方式

不同的进入方式,意味着不同的成本。表5.12 就是出口、对外直接投资和技术转让3 种不同方式的企业需付出的总成本。

表5.12　3 种方式付出的总成本

出口方式企业总成本	投资方式企业总成本	技术转让企业总成本
$C+M'$ 其中: C:母国生产成本; M':出口相关成本。	$C'+A'$ 其中: C':东道国生产成本; A':支付直接投资成本。	$C'+D'$ 其中: C':东道国生产成本; D':知识产权消失成本。

作为一个理性的从事国际营销的企业,在选择企业进入方式时,往往倾向采用成本较低的方式。

2)企业外部因素

(1)目标国家市场因素

目标国市场因素主要是指该国的市场规模、潜力,以及市场结构。如果目标国市场规模较大,或者市场潜力较大,则企业可考虑以投资模式进入,便于企业占领较大市场份额;反之则以出口模式和契约模式进入,以保证企业资源的有效使用。如果目标市场的竞争市场结构是垄断或寡头垄断型,企业可考虑以契约模式或投资模式进入,以使企业有足够的能力在当地与实力雄厚的企业竞争,反之,目标国市场结构属于分散型,则以出口模式为宜。

(2)目标国宏观环境因素

目标国宏观环境因素主要包括政治法律环境、经济环境、社会文化环境和资源要素环境。如果目标国家的政局稳定、法制健全、投资政策较为宽松、汇率稳定,则可以考虑采取投资模式进入,反之则以出口模式或契约模式进入为宜;如果目标国距离本国较远,为了省去长途运输的费用,则可以考虑契约模式或投资模式;如果目标国家的社会文化和本国文化差异较大,则最好先采取出口模式或契约模式进入,以避免由于文化的冲突造成的摩擦成本;如果企业生产所需要素,如原材料、劳动力、资本价格比较低,基础设施比较完善,则比较适合采取投资进入模式,否则应采取出口模式。

(3)企业国内因素

企业国内因素主要包括本国市场结构、生产要素和环境因素3 个方面。如果本国市场属于垄断竞争或寡头垄断型,企业可以考虑以契约或投资模式进入国外市场,反之则企业可以采取出口模式;如果本国生产要素比较便宜且易获取,则企业可以采取出口模式进入国际市场;此外,本国政府对待出口和对外投资的态度也会影响企业进入国际市场方式的选择。

(4)市场壁垒与进入方式

企业在进入国外市场时,往往会面临着一些进入壁垒,如成本劣势和报复威胁。成本劣势主要是因为企业产品生产往往存在规模经济、经验曲线效应和资产自身性质,或者竞争对手较强的品牌商誉。报复威胁则是竞争对手对于企业的进入所采取的报复手段或报复的潜在能力的大小。当规模经济成为主要进入壁垒时,可选择出口;当品牌、商誉以及资产性质成为市场进入壁垒时,可选择收购当地品牌企业;当经验曲线效应成为主要市场壁垒时,企业应避免与现有企业进行直接竞争;当面临较大报复威胁时,可采用购并目标国现有企业方式进入,或与目标市场国现有企业结成战略联盟方式进入。

要成功进入国际市场,必须对国际市场进行有效细分。国际市场可以从地理、经济、人口统计、行为、心理等多角度进行细分。细分是否有效的标准主要有可衡量性、可进入性、可赢利性、可实施性。在细分的基础上,需要根据企业自身、市场等方面具体状况进行目标市场的选择,并采取有效竞争战略与竞争对手展开竞争。而竞争是否有效的一个前提,就是要求企业在其国际目标市场中,进行有效定位,与竞争对手区别开来,形成独特性。选择服务哪个国际细分市场是成功的一个方面,但对于企业而言,还要对进入目标市场的方式进行战略决策。进入国际目标市场的方式主要有出口进入模式、契约进入模式和投资进入模式。当然企业究竟采用何种方式进入需要综合企业自身实力、竞争对手模式,以及成本等方面因素的考虑。

[本单元重点]

什么是战略

STP 法

迈克·波特的三大战略

[实训项目]

1.分析星巴克公司进入中国市场模式与其定位策略。

2.比较可口可乐与百事可乐的市场细分策略。

第3编
确定国际市场营销组合策略

单元6
设计国际营销产品策略

【学习目标】

本单元主要介绍了国际市场营销中产品、产品的生命周期及常见的国际产品的营销策略。学完本单元后,你应该具备以下能力:

①能分析产品组合策略。

②能用 BCG 矩阵法分析企业产品策略情况,并提出建议。

③能分析国际产品生命周期不同阶段的营销策略。

【教学建议】

①本单元的教学难点是学生对国际产品的生命周期的理解,如何做出恰当的国际市场产品决策。针对上述难点,建议老师提前给学生布置任务,带着问题去看书,然后老师再讲解。可以通过设计的案例和任务引导学生思考,通过课后任务布置驱动学生进一步学习,可以请学生就选择研究的跨国企业样本进一步搜集资料,分析该企业的国际产品策略,并在后面的课中请每个小组进行汇报,并就各自完成情况进行点评和讨论,进一步掌握知识。

②帮助学生熟悉和应用波士顿矩阵法,在熟悉该矩阵的基础上,建议采用对比的方式通过讨论进而了解 GE 法。

【学习建议】

①先认真阅读教材相关内容,在阅读的同时自己举例来理解营销中完整的"产品"的概念,建立起营销中的产品概念,进而思考这个概念对营销策略制订的意义和价值,从而熟悉产品国际化中对应策略的多种选择,并能在实践中选择和应用。

②熟悉波士顿矩阵和 GE 法,理解这些分析法对企业的价值,理解产品策略对企业成败的意义。

③了解当前的电子商务飞速发展下,国际营销的产品策略有没有新的变化。

[导入案例]

"苹果"的差异化产品策略

"苹果"手机无疑是数字时代的王者,从一开始就以差异化的产品策略惊艳世界。首先是"苹果"手机产品的差异化策略。"苹果"一上市,就以多点触屏代替了传统手机的按键,让消费者有了全新体验;此外,采用了不同于传统手机的操作系统,整个界面设计合理、方便流畅,让消费者操作起来非常容易,很多细节的设计让消费者无可挑剔,可以说苹果手机的出现才让消费者真正进入了智能手机时代。其次,苹果产品的品牌形象深入人心,首先是一个清晰、简洁的"咬了一口的苹果",彰显了"苹果"的简洁与酷炫,并且让消费者过目不忘;再次,"苹果"产品以卓越的性能宣传"科技改变生活"的品牌形象;最后,其统一的包装策略,主要是"黑白"两色,统一的 Logo,无疑都让"苹果"深入人心。

可以说,"苹果"是近年最成功的企业之一。

产品策略是营销中的重要因素,在现代市场的竞争中,最终取胜的企业都是因为能为消费者提供满足目标市场需求的产品,"苹果"就是实施了差异化的产品策略和品牌策略,取得了成功。

6.1　产品组合

6.1.1　营销中的产品概念

营销学中的"产品"不是狭义的产品而是广义的产品,是指能够提供给市场,通过交换满足买方、使用者的某种需要和利益的有形物品、无形服务及意识、观念的总和。要想有效地开展经营,仅仅停留在对产品定义的了解是不够的,产品的整体产品概念通常包括 3 个层次(见图 6.1)。

①核心产品（Core Product）——产品系统的最基本层次,它是抽象、无形的。体现产品的实质性,是满足顾客需要的核心内容,核心产品是指产品能够提供给消费者的基本效用或利益。这是产品在使用价值方面的最基本功能,是消费者需求的中心内容,即能提供给顾客的,顾客所追求的最基本的实际效用和利益。核心产品体现了产品实质,企业营销要想取得成功,必须使产品具有反映消费者核心需求的基本效用或利益。核心产品须通过产品的具体形式才能让消费者接受。

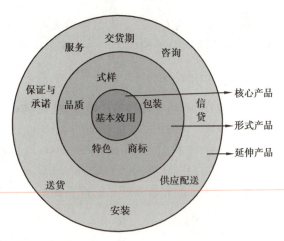

图 6.1　产品的整体概念

例如一消费者选择五星级酒店入住,他不仅仅是为了有个住的床位,而是要获得一种舒适、享受、有地位等能留下美好回忆的感觉。

②形式产品（Formal Product）——产品系统的第二层次,又称为有形产品,体现产品的实体性,它是核心产品的载体、实现形式、具体表现形态,也就是产品出现在市场上的面貌,任何产品都具有特定的外观形式,包括产品的结构、性能、品质、名称、式样、外观特色、品牌、包装等,为顾客识别、选择的。

产品设计者得围绕核心产品设计实际产品——也就指企业向市场提供的产品实体或劳务的外观,也就是产品出现在市场上的面貌。例如一台康佳电视它的名称、零部件、式样、特色、包装和其他特征都属于实际产品,经过精心的组合,便形成了它的核心利益——收看各种节目,丰富娱乐生活。企业营销应在提供核心产品的基础上,努力寻求更完美的外在形式以满足顾客的需求。

③延伸产品（Augmented Product）——产品系统的第三层次,又称为扩增产品、附加产品,体现产品的服务性,是指产品除本身及内在的效用外,还能带给消费者的一系列附加价值。康佳除了卖出一台电视外,还应和经销商一起提供送货、售后服务、质量保证等业务。现代市场营销强调,企业销售的产品必须是反映产品整体概念的一个系统,注重研究延伸产品,向消费者提供更完善的服务。

随着经济发展、社会进步、生活水平提高以及市场竞争加剧,延伸产品的内容越来越丰富,范围日益扩大,不再是产品系统中一个可有可无、可多可少的附属部分,而是日益重要的产品支持服务,是现代企业竞争、高层次竞争的关键性手段。例如:IBM 的经营理念即"不是卖计算机,而是卖服务";雅芳公司宣称"卖的是美丽与期望";微软公司对未来利润来源的展望是:20%来自产品销售本身,80%来自产品售后的维修、升级、咨询等业务。

总之,产品是满足消费者的复杂利益集合,营销人员开发产品前应注意产品的整体概念,从而创造出最大满足消费者的一系列利益组合。

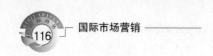

6.1.2　产品的分类

市场上的产品有有形产品和服务两大类,在对产品进行分类时,营销人员根据用户的情况,将产品和服务又分为两大类——消费品市场产品和工业品市场产品。

1)消费品市场产品

在营销学中,产品有各种各样的分法,按是否有形以及是否耐用,分为3类——耐用品(Durable Goods)、非耐用品(Nondurable Goods)、服务(Services);按消费者的购买习惯,又可以分为4类——便利品(Convenience Goods)、选购品(Shopping Goods)、特殊品(Specialty Goods)、未觅求商品(或冷门品)(Unsought Goods)。

具体的分类标准和每类产品的特点如下:

分类标准	类别	定义	消费者购买行为特点
按商品的是否有形和耐用	非耐用品	仅使用一次或数次的易消耗品,如盐、洗涤剂等。	由于单价低,消费者经常购买,一旦对某些品牌形成偏好,会重复购买该品牌。
	耐用品	可以使用多次,使用时间较长,价值较高的有形实物,如冰箱、汽车等。	由于商品价格高,消费者购买审慎,喜欢物美价廉及售后服务好的产品。
	服务	指可满足人某种需要的无形商品,如娱乐、保险、餐饮等。	消费者对服务的购买,同消费过程紧密联系在一起,因而消费者注重质量。
按消费者的购买习惯	便利品	购买者购买次数频繁,常是低价是随处可买到的物品,例如:香皂、报纸等。	消费者希望随时可买到,可以立即决策。
	选购品	消费者会花时间、精力在竞争产品中进行比较挑选后购买的产品,如服装、家具。	对于同质类产品,消费者注重品质;对于异质类产品,消费者注重价格。
	特殊品	指产品具有独特性或高度的品牌知名度,而消费者愿付出努力、代价得到的商品。	由于产品价值大,使用时间长,消费者多为偏爱性、定向性购买。
	冷门品	消费者不知道或知道了也不一定会去购买,例如人寿保险等。	消费者只有熟知后才可能购买

2)工业市场产品

工业品是购买后用于加工生产或企业自营用的产品可以分类为:

①材料及零件(Material & Parts):原料;价格后物料与零件。

②设备(Equipment):主要设备及附属设备。

③附属品及服务(Supplies & Services):附属用品分操作用(铅笔)和维修用(扫帚)两种。服务包括维修服务和商业咨询。

由于科技的进步,使得产品的形式越来越多,产品的生命周期越来越短,产品的范畴也产生了质的变化。因此,有必要从新的角度——满足人们需要的角度,对产品进行分类,以针对不同类型的产品,制订不同的产品创新方案,并应分别研究它们的营销规律和方法。

6.1.3 产品的组合

企业通常不仅仅生产一种产品,常常是系列产品,有些公司甚至生产成千上万种产品,例如通用电器公司生产约 250 000 种产品,3M 公司生产 60 000 多种产品。企业在进行国际营销时必须注意各个产品间的协调与安排。

1)企业产品组合要素

产品组合(也叫产品搭配,Product Mix)是指一个企业提供给市场的全部产品线和产品项目。

所谓产品线(Product Line)是指一组密切相关的产品,这组产品具有相近的功能,满足相同的需要,卖给同一顾客群,且以相同形式的配销通路销售,或者它们都在某一价格范围内,而组成一条产品线。

产品项目(Product Item)是指产品线中在规格、价格、式样有差别的特定产品。

产品组合的广度指该公司所有的产品线的数目;产品组合的长度指该公司所拥有的产品线中产品项目的总数;产品组合的深度指产品线中每种产品所提供的花色品种的多少产品组合的相关性是指各个生产系列在最终用途、生产条件、销售渠道或其他方面相关联的程度。这四大产品组合要素为企业确定产品战略提供了依据,企业可在 4 个方面拓展业务,使企业的产品组合更具有竞争力、适应性。

[问题]

上网搜集有关广东步步高公司的产品,分析其产品组合的产品线数目、产品组合的广度、深度以及关联度情况。

2)企业产品组合的类型

企业必须定期检查,估价现行的产品组合,分析其能否使企业在未来销售增长、销售稳定与获利能力 3 个方面实现均衡发展。由于市场需要和消费者偏好经常变化,竞争者不断进入市场和改变市场营销战略,企业的市场营销环境不断变化,这些变化要求企业必须注意调整自己的产品组合。

产品组合就是企业根据市场需要及企业的资源、设备、资金、技术力量等内外部条件,选择产品组合的广度、深度及其关联性来确定经营的规模、范围。下面我们简单介绍一下常见的产品组合类型(见表6.1)。

表 6.1 常见产品组合类型

类 型	特 点	例 子
全面全线型	企业尽量向所有的顾客提供所需产品。因此,企业不断地扩大产品组合的广度和深度,而对产品线之间的关联性没有严格的限制	某外贸公司经营外贸、房地产、酒店业务等
市场专业型	企业专门向某一市场提供所需的各种产品,即根据专业市场的不同需求来确定生产线的设置,但并不强调其关联性	某服务公司为旅游业提供饭店、商店、交通、旅游、信息咨询等服务项目
产品线专业型	企业只生产同一种类的不同产品来满足市场需求	某自行车厂只生产各种规格自行车
选择性专业型	企业只生产某一产品中一个或少数几个品种的产品来满足市场需求的产品组合策略	某汽车厂只生产一种廉价小型汽车
特殊产品专业型	企业根据消费者的特殊需要而专门生产特殊产品的策略	生产助听器的企业
特殊专业型	企业凭借其特殊的生产条件,向顾客提供特殊需求的产品	提供特殊的技术修理的企业
扩充产品组合型	扩大产品组合的宽度与深度,扩大经营范围或扩大产品项目	
缩减产品组合型	简化产品线,取消低利产品,增加产品组合的深度	

上述各种类型的区别可以用图 6.2(C 代表顾客,P 代表产品)表示:

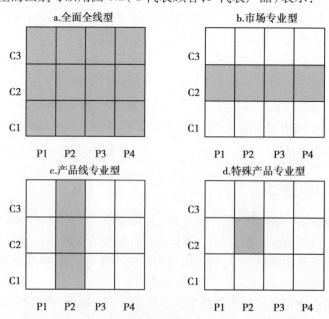

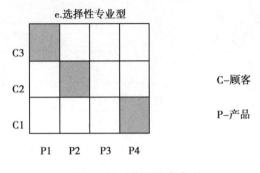

图 6.2　企业产品组合类型

3) 产品组合策略

产品组合的各种因素为定义公司的产品策略提供了方法,公司可以从 4 个方面去发展公司的业务。一是增加新的产品系列,拓宽产品组合。用这种方法,新的产品系列可以用公司过去产品的声誉;二是延伸现有产品系列,使公司产品系列更充实;三是增加各种产品的款式,从而增加公司产品组合的深度;四是加强(或削弱)产品系列的一致性,这主要看公司的重点是在一个还是多个领域。具体有如下的策略可以供企业选择:

(1) 扩展策略

扩展策略包括扩展产品组合的宽度和长度。前者是在原产品组合中增加一条或几条产品线,扩大企业的经营范围;后者是在原有产品线内增加新的产品项目,发展系列产品。一般当企业预测现有产品线的销售额和盈利率在未来几年要下降时,往往就会考虑这一策略。这一策略可以充分利用企业的人力等各项资源,深挖潜力,分散风险,增强竞争能力。当然,扩展策略也往往会分散经营者的精力,增加管理困难,有时会使边际成本加大,甚至由于新产品的质量、功能等问题,而影响企业原有产品的信誉。

(2) 缩减策略

缩减策略是企业从产品组合中剔除那些获利小的产品线或产品项目,集中经营那些获利最多的产品线和产品项目。缩减策略可使企业集中精力对少数产品改进品质,降低成本,删除得不偿失的产品,提高经济效益。当然,企业失去了部分市场,也会增加企业的风险。

(3) 产品延伸策略

每一个企业的产品都有其特定的市场定位,如我国内地的轿车市场,"别克""奥迪""帕萨特"等定位于中偏高档汽车市场,"桑塔纳"定位于中档市场,"夏利""奥拓"等则定位于低档市场。产品延伸策略是指全部或部分地改变公司原有产品的市场定位。具体做法有向下延伸、向上延伸、双向延伸(见图 6.3)。

① 下行延伸法。下行延伸是企业原来生产高档产品,以后增加低档产品。向下延伸策略的采取主要是因为高档产品在市场上受到竞争者的威胁,本企业产品在该市场的销售增长速度趋于缓慢,企业向下延伸寻找经济新的增长点。同时,某些企业也出于填补产品线的空缺,防止新的竞争者加入的考虑,也实施这一策略。

向下延伸策略的优势是显而易见的,即可以节约新品牌的推广费用,又可使新产品搭乘原品牌的声誉便车,很快得到消费者承认。同时,企业又可以充分利用各项资源。

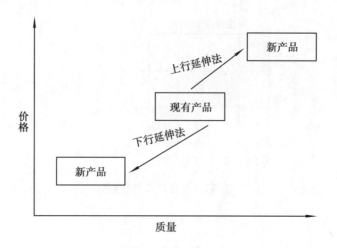

图 6.3　产品延伸策略

②上行延伸法。向上延伸指企业原来生产低档产品,后来决定增加高档产品。企业采取这一策略的原因是:市场对高档产品需求增加,高档产品销路广,利润丰;欲使自己生产经营产品的档次更全、占领更多市场;抬高产品的市场形象。

向上延伸也有可能带来风险:一是可能引起原来生产高档产品的竞争者采取向下延伸策略,从而增加自己的竞争压力。二是市场可能对该企业生产高档产品的能力缺乏信任。三是原来的生产、销售等环节没有这方面足够的技能和经验。

③双向延伸法。原来生产经营中档产品,现在同时向高档和低档产品延伸,一方面增加高档产品,一方面增加低档产品,扩大市场阵地。

4)产品组合分析与优化

企业应定期检查、评估现行的产品组合,分析其能否使企业在未来销售增长、销售稳定与获利三方面实现均衡发展。由于市场需求、消费者偏好经常变化,竞争者不断进入市场和改变营销战略,企业营销环境的变化要求企业必须注意及时调整自己的产品组合策略。

（1）波士顿矩阵法

分析一个企业的产品结构是否合理,这是进行产品结构调整的基础。分析的工具之一,是 BCG 矩阵图分析法。BCG 矩阵图,即"市场成长—市场份额"矩阵图,是美国波士顿咨询公司首创的决策咨询方法和工具。

波士顿矩阵法,又称为四象限评价法,是美国波士顿咨询(顾问)集团(Boston Consulting Group)提出的一种(市场)增长率/占有率矩阵(Growth-Share Matrix),可用于企业产品组合分析、优化和对企业内各战略经营单位元进行资源配置决策,它结合产品生命周期理论,十分简便易行。BCG 矩阵图是从二维角度来分析产品结构是否合理,这二维指标是市场增长率和相对市场占有率(见图 6.4)。该矩阵的纵坐标为销售(销售量或销售额)增长率,横坐标为相对市场占有率,即本企业产品的市场占有率与同行业最大竞争对手的产品的市场占有率之比(亦即二者的销量之比)。假设销售增长率以 10% 为分界线,相对市场占有率以 1 为界限(这个数字不绝对,可提高或降低),则 10% 以上为高增长率,10% 以下为低增长率;1 以上为高占有率,1 以下为低占有率,这样就形成了 4 种组合、4 个象限、4 类产品:

图 6.4 BCG 矩阵图

明星(Star)产品——销售增长率高,相对市场占有率也较高的产品,也称为热门产品、抢手产品。这类产品处于产品生命周期的成长期,是花钱的产品,需投入大量现金来维持其高增长率和占有率,市场潜力大,是企业的希望所在。企业应重点支持、优先保证、大力发展此类产品。

金牛(Cash Cow)产品——销售增长率低,但相对市场占有率很高的产品,也称为奶牛产品、摇钱树产品、财源产品、拳头产品、支柱产品、厚利产品。这类产品处于成熟期,是赚钱的产品,只需要较小的投资来保持其市场份额,能为企业提供大量现金收入和利润来支持其他需要投资的产品。因而企业应加强对此类产品的管理,实行有效的保护、维持并改进,努力延长其市场寿命。

问题(Question Mark)产品——销售增长率较高,但相对市场占有率低的产品,也称为问号产品、幼童(Problem Child)产品、野猫(Wild Cat)产品、风险产品。该类产品处于导入期,需要投入大量现金来提高市场占有率,但市场前景难卜,企业应做两手准备,慎重采取不同对策,或者积极扶持,或者暂时维持,或者提前淘汰。

瘦狗(Dog)产品——销售增长率和相对市场占有率都很低的产品,也称为不景气产品、疲软产品、衰退产品、失败产品。这类产品处于衰退期,虽然有时可能产生一些收入,但通常都利润微薄甚至亏损,得不偿失,企业应有计划地减产,适时从市场上撤退。

企业应有足够的金牛产品以提供现金,支持明星产品、问号产品、瘦狗产品;同时应投资有前途的问号产品,使之变成明星产品;应支持明星产品,使之变成金牛产品。如果问号产品和瘦狗产品大大多于明星产品和金牛产品,企业经营情况就会恶化。

所以说选择不同,企业便会有不同的结果,良好的路线和失败的路线见图 6.5。

由于企业不同产品的市场增长率和相对市场占有率不同,因而它们对企业经济效益的贡献或是大,或是小;或是正,或是负。为此,应为每一个产品确定一个目标,结合 BCG 矩阵分别给予不同的发展目标定位,分别进行管理(见图 6.6)。

(2)GE 法

GE 法又称为九象限评价法、产品系列平衡法、麦肯锡矩阵法,是美国麦肯锡(McKinsey)咨询公司首先提出,在 GE 公司得到了成功应用,后经日本进一步改进、量化的一种"战略经营规划方格"(Strategic Business Planning Grid)、"多因素投资经营业务组合矩阵",它

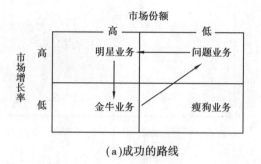

（a）成功的路线

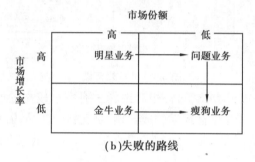

（b）失败的路线

图 6.5　波士顿矩阵的应用

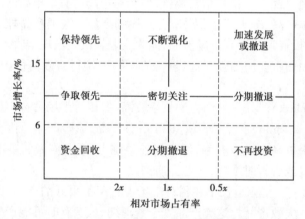

图 6.6　不同区域产品的发展定位

运用加权评分方法对企业各种产品的市场引力（包括市场容量、销售增长率、利润率、竞争强度等）和企业实力（包括生产能力、技术能力、管理能力、促销能力、竞争能力等）分别进行评价，按加权平均的总分划分为大（强）、中、小（弱）3 档，从而形成 9 种组合方式、状态以及 3 个区域、地带："红色"地带应发展，"灰色"地带应维持，"蓝色"地带应削减，企业应在市场上"有进有退，有所为有所不为"。在实践中，两个维度上可以根据不同情况确定评价指标（见图 6.7）。

　　我们这里把上述矩阵不同区域的发展战略进行归纳汇总如图 6.8，在图 6.8中我们借鉴交通规则，对于上述该要发展的"红色区域"我们用"绿灯"表示，表示企业可以畅通"前进"；对于上述要限制选择发展的"灰色区域"，我们选择用"黄灯"，表示企业要"刹车"，进行思考和选择；对于上述的"蓝色区域"，我们选择用"红灯"，表示企业必须"停车"了，对现有产品组合进行"收割"或者"舍弃"。

　　由通用电气公司（GE）首创的 GE 矩阵法为了对产品线组合进行评估分析，采用了行业吸

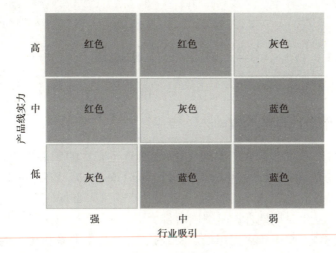

图6.7 GE法(1)

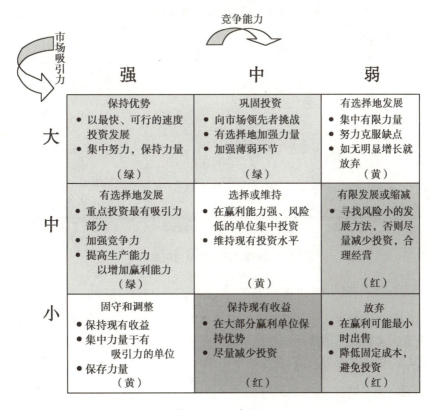

图6.8 GE法(2)

引力和产品线实力两大指标。其中,行业吸引力主要根据该行业的市场规模、市场增长率、历史毛利率、竞争强度、技术要求、通货膨胀、能源要求、环境影响以及社会、政治、法律因素等加权评分得出,分为高、中、低3档。产品线实力主要根据企业产品线的市场份额、市场增长率、产品质量、品牌信誉、分销网、促销效率、生产能力与效率、单位成本、物资供应、研究与开发实绩、管理人员等加权评分得出,分为强、中、弱3档。GE矩阵法较之BCG矩阵综合考虑更多因素、更显全面。然而,过于繁复的评价内容反而使评估分析工作的可操作性大大降低。

6.2　产品的生命周期

6.2.1　产品生命周期的含义

和一切事物一样,产品也有从产生到成长、成熟直至衰亡的发展变化过程,即生命(寿命)周期。但在市场营销学中,产品生命周期(Product Life Cycle, PLC)是指产品的市场寿命期,即产品(商品)持续存在于市场的时间,也就是从产品进入市场(上市)直至退出市场(落市)的全部时间。产品生命周期理论是美国哈佛大学教授费农 1966 年在其《产品周期中的国际投资与国际贸易》一文中首次提出的。费农认为:产品生命是指市上的营销生命,产品和人的生命一样,要经历形成、成长、成熟、衰退这样的周期,典型的产品生命周期一般可以分成 4 个阶段:引入期、成长期、成熟期和衰退期(见图 6.9)。

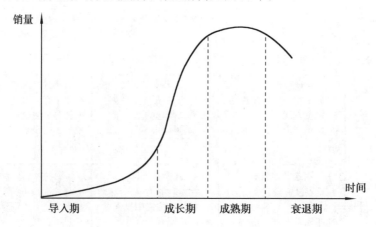

图 6.9　典型的产品生命周期曲线

1) 第一阶段:导入期(Introduction Stage)

新产品投入市场,便进入了导入期。此时顾客对产品还不了解,除了少数追求新奇的顾客外,几乎没有人实际购买该产品。在此阶段产品生产批量小,制造成本高,广告费用大,产品销售价格偏高,销售量极为有限,企业通常不能获利。

2) 第二阶段:成长期(Growth Stage)

当产品进入导入期,销售取得成功之后,便进入了成长期。这是需求增长阶段,需求量和销售额迅速上升,生产成本大幅度下降,利润迅速增长。

3) 第三阶段:成熟期(Maturity Stage)

经过成长期之后,随着购买产品的人数增多,市场需求趋于饱和,产品便进入了成熟期阶段。此时,销售增长速度缓慢直至转而下降,由于竞争的加剧,导致广告费用再度提高,利润下降。

4) 第四阶段：衰退期(Decline Stage)

随着科技的发展、新产品和替代品的出现以及消费习惯的改变等原因,产品的销售量和利润持续下降,产品从而进入了衰退期。产品的需求量和销售量迅速下降,同时市场上出现替代品和新产品,使顾客的消费习惯发生改变。此时成本较高的企业就会由于无利可图而陆续停止生产,该类产品的生命周期也就陆续结束,以致最后完全撤出市场。

6.2.2 不同产品生命周期的企业策略

导入期是产品成功的开始,但是,往往很多新产品在向市场投放以后,还没有进入成长期就被淘汰了。因此,企业要针对成长期的特点,制订和选择不同的营销策略(见图6.10),总之,在产品的引入期的营销策略——瞄准市场,先声夺人;企业在成长期的主要目的是尽可能维持高速的市场增长率,因此可以采取各种市场推广策略;成熟产品是企业理想的产品,是企业利润的主要来源。因此,延长产品的成熟期是该阶段的主要任务;处于衰退期的产品常采取立刻放弃策略、逐步放弃策略和自然淘汰策略,但有的企业也常常运用一些方法延长其衰退期。如唐山自行车总厂,其生产的"燕山牌"加重自行车在各城市滞销后,该厂采取撤出城市、转战农村的策略,为该厂产品重新找到了出路。

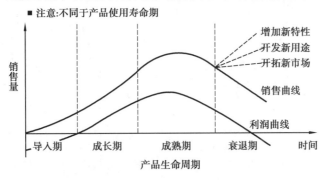

图 6.10 不同时期营销策略

①导入期:新产品投入市场,便进入了引入期。此时顾客对产品还不了解,除了少数追求新奇的顾客外,几乎没有人实际购买该产品。在此阶段产品生产批量小,制造成本高,广告费用大,产品销售价格偏高,销售量极为有限,企业通常不能获利。

②成长期:当产品进入引入期,销售取得成功之后,便进入了成长期。这是需求增长阶段,需求量和销售额迅速上升,生产成本大幅度下降,利润迅速增长。

③成熟期:经过成长期之后,随着购买产品的人数增多,市场需求趋于饱和,产品便进入了成熟期阶段。此时,销售增长速度缓慢直至转而下降,由于竞争的加剧,导致广告费用再度提高,利润下降。

④衰退期:随着科技的发展、新产品和替代品的出现以及消费习惯的改变等原因,产品的销售量和利润持续下降,产品从而进入了衰退期。产品的需求量和销售量迅速下降,同时市场上出现替代品和新产品,使顾客的消费习惯发生改变。此时成本较高的企业就会由于无利可图而陆续停止生产,该类产品的生命周期也就陆续结束,以致最后完全撤出市场。

典型产品的生命周期各个阶段的特点及应采取的营销策略见表6.2。

表 6.2　典型产品生命周期、特点及营销策略

产品生命、周期	市场特点	相应的营销策略
产品开发期:产品正在开发,销售为零		通过市场调研,争取找到好的新产品构思,审慎投资生产设备,致力开发少而精的花色品种
导入期:产品刚投放市场	①绝大多数消费者没意识到该产品 ②知道的人购买欲望强,不大在乎价格 ③产品存在潜在的竞争对手 ④企业想提高产品声誉	快速撤取策略(高价商促销),即产品一投入市场便定高价并大力采用促销活动加以配合
	①市场规模有限 ②大多数消费者对产品有所了解 ③购买者对价格不敏感 ④潜在的竞争对手少	缓慢撤取策略(高价低促销),即高价格、低促销的方式推出产品
	①市场规模大 ②消费者对该产品知晓甚少 ③购买者对价格敏感 ④潜在竞争对手多且竞争激烈	快速渗透策略(低价高促销),即采用定价低、高促销活动来大力推出新产品
	①市场容量大 ②产品为市场所知 ③用户对价格较敏感 ④有相当的潜在竞争者	缓慢渗透策略(低价低促销),即采用定价低、低宣传推广活动推出新产品
成长期:指产品销量急剧上升,产品打开销路的阶段	①产品广为人知,销量上升 ②成本下降,利润高 ③竞争对手逐渐加入,竞争趋于激烈	①加强促销 ②改进产品品质,增加花色品种 ③扩展新市场 ④进一步开发新的流通渠道 ⑤调整售价
成熟期:指产品迅速普及的阶段,此阶段的产量和销量最大且持续增长	①成熟期一般持续的时间长,可分为3个阶段: a.成长中的成熟——总销售额缓慢上升 b.稳定中的成熟——销售额最高,市场趋于饱和 c.衰退中的成熟——销售额开始下降 ②产品消费面大,销售与利润均最高,企业的经济收入主要靠成熟阶段 ③潜在顾客减少,认名牌购买者多 ④市场竞争激烈,各种品牌同类产品增加	①提升产品生命周期策略 a.加强售后服务 b.促使现有消费者对产品做更多的用途,推动对本产品的使用率 c.吸引新的使用者 d.找寻基本原料的新用途 ②适应性改变策略 a.改良品质 b.增加产品特征 c.提高产品外形美 ③再循环策略 a.降价 b.改进包装 c.千方百计为消费者服务 d.加强广告宣传

续表

产品生命、周期	市场特点	相应的营销策略
衰退期:销量每况愈下,开始衰退	①产量和销量急剧下降,新产品逐渐替代旧产品 ②价格下降,成本上升,并终日无可图而退出市场 ③促销手段已不起作用	①对产品质量好,市场占有率相对稳定的企业可采用保留策略,直至产品完全衰退 ②对某些产品、企业的财力、物力进行集中、准备转型 ③淘汰、放弃该产品

产品生命周期是一个很重要的概念,它和企业制订产品策略以及营销策略有着直接的联系。管理者要想使他的产品有一个较长的销售周期,以便赚到足够的利润来补偿在推出该产品时所做出的一切努力和经受的一切风险,就必须认真研究和运用产品的生命周期理论,此外,产品生命周期也是营销人员用来描述产品和市场运作方法的有力工具。但是,在开发市场营销战略的过程中,产品生命周期却显得有点力不从心,因为战略既是产品生命周期的原因又是其结果,产品现状可以使人想到最好的营销战略,此外,在预测产品性能时产品生命周期的运用也受到限制。

6.2.3　国际产品生命周期

上述产品生命周期的一般理论是从企业角度研究产品在市场上的销售情况,对企业从事市场营销有重要意义,但若站在国际市场的角度看,由于各国(地区)科技、经济发展的不平衡,影响产品生命周期的因素不同,产品生命周期在不同技术水平的国家里,发生的时间和过程是不一样的,其间存在一个较大的差距和时差,正是这一时差,同一产品在不同国家(地区)很可能处于生命周期的不同阶段——表现为不同国家在技术上的差距,它反映了同一产品在不同国家市场上的竞争地位的差异,从而决定了国际贸易和国际投资的变化。针对这种经济现象,美国经济学家费农1966年首先提出了国际产品生命周期亦即国际产品贸易周期(International Product Trade Cycle)理论。

该理论认为,在国际贸易中,如果不存在严重的壁垒(至少前半期不存在),则许多产品的生命周期会经历以下3个阶段(见图6.11)。

新产品(New Product)阶段——在新产品阶段,创新国利用其拥有的垄断技术优势,开发新产品,由于产品尚未完全成型,技术上未加完善,加之,竞争者少,市场竞争不激烈,替代产品少,产品附加值高,国内市场就能满足其摄取高额利润的要求等,产品极少出口到其他国家,绝大部分产品都在国内销售。例如,某发达国家A国的企业耗费巨资首先开发、创造了某种新产品,投放本国市场,并在导入期后期,凭借对技术的垄断,以较高价格将该产品出口到具备销售该产品的市场条件的其他发达国家,即把新产品导入了国际市场。这是一国出口垄断阶段。

成熟产品(Maturing Product)阶段——由于创新国技术垄断和市场寡占地位的打破,竞争者增加,市场竞争激烈,替代产品增多,产品的附加值不断走低,企业越来越重视产品成本的下降,较低的成本开始处于越来越有利的地位,且创新国和一般发达国家市场开始出现饱和,为降低成本,提高经济效益,抑制国内外竞争者,企业纷纷到发展中国家投资建厂,逐步

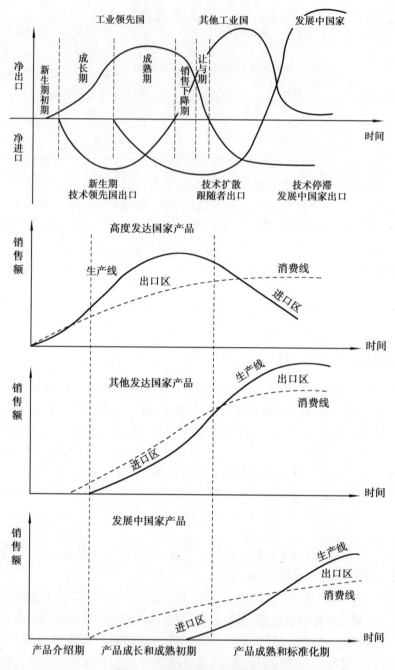

图 6.11　国际产品生命周期循环图

放弃国内生产。

　　该产品在其他发达国家销路良好,这些国家的企业也纷纷仿制或研制该产品以替代进口,成为 A 国原创者的竞争者。到了后期,这些竞争者研发的该产品往往拥有成本、价格优势且更适合本国需要,为了提高市场占有率,像 A 国这样的跨国公司开始从成本出发,在有较大需求的国家和地区设立工厂,转而到发展中国家寻找市场,而这些发达国家的企业也开始向发展中国家出口该产品,推行国际化生产战略,以满足当地消费者的需要,最大限度地获取利润。这是多国生产、出口阶段。

标准化产品(Standardized Product)阶段——产品的生产技术、生产规模及产品本身已经完全成熟,这时对生产者技能的要求不高,原来新产品企业的垄断技术优势已经消失,成本、价格因素已经成为决定性的因素,这时发展中国家已经具备明显的成本因素优势,创新国和一般发达国家为进一步降低生产成本,开始大量地在发展中国家投资建厂,再将产品远销至别国和第三国市场。

随着生产技术提高、生产规模扩大,产品不断完善,形成标准化生产。越来越多的国家包括发展中国家也逐步引进发达国家的技术,以较低的成本生产出标准化产品投放市场。由于技术在各国扩散、普及,A国原创者的技术优势逐渐丧失,国际市场竞争日益加剧,A国原创者便逐步退出本国已趋于饱和的该产品市场,将资金和精力转移到开发更新的技术和产品上。于是其他发达国家以及发展中国家就相继乘虚而入,向A国出口该产品,而A国则从最初的出口国变成了最终的进口国,把生产直接给那些更具有成本优势的企业OEM或ODM,然后再贴自己的牌,利用自己的品牌影响,直接投放市场。这是全球竞争、(向原创国)"反向出口"阶段。对于A国原创者而言,该产品的生命周期至此已告终止,但在其他国家产品的生命周期仍在继续。

从国际产品生命周期理论图(图6.11)可清晰地看出这种变化:

- 新产品的发展国(高度发达国家):最先的出口国——后为该产品进口国
- 发达国家:最先的进口国——后为该产品出口国
- 发展中国家:开始是进口国——后为上面两类国家的出口国

产品生命周期理论是作为国际贸易理论分支之一的直接投资理论而存在的,它反映了国际企业从最发达国家到一般发达国家,再到发展中国家的直接投资过程。国际营销者要利用产品在不同市场所处的不同阶段,不断调整市场结构,及时转移目标市场,有计划地开拓新市场,以延长产品的生命周期,长久占领国际市场;拥有技术原创优势的企业在出口后期应转为对外直接投资,发展当地化生产,巩固国际竞争地位;发展中国家的营销者则应充分利用本国的低成本等优势参与国际竞争,对于像处于发展中国家的我国企业而言,走的都是小企业——一般国际化企业——国际一流企业集团的道路,其生产战略也是从第三阶段逐步上升的。

6.3　国际市场产品决策

国际企业各自设计出适销对路的产品以满足市场的需要,由于产品设计的成功与否直接关系到营销活动的成败与企业的兴衰,因而产品策略的设计和选择是国际营销产品策略中极其重要的一个组成部分。

6.3.1　国际产品的设计策略

国际企业的产品包括在国内市场销售的产品(内销品)和在国外市场销售的产品(外销品),因此企业在制订产品组合策略时,必然面临着是采用外销品与内销品相同的产品标准化、统一化策略,还是采用外销品与内销品不同、在不同国家销售的产品也不同的产品差异化、多样化策略的选择。也就是面临着两种选择:一是产品标准化、统一化策略;二是产品差异化、多样化策略。

1) 标准化策略

国际产品的标准化,就是向国际市场推销的产品与国内推销的产品相同,国际企业产品标准化的策略主要出于以下几个因素的考虑:

①实现生产的规模经济;

②提高产品研发的效益;

③实现营销活动的规模效益;

④适应消费者的流动性;

⑤树立原产国形象;

⑥技术的要求。

我们可以发现产品的标准化优势在于向世界推销同样的产品,由于产品单一,容易保证质量,能大批量生产,降低生产和销售成本,实现规模效益。例如,可口可乐、雀巢公司在世界各地都销售一样的产品。当今世界旅游业发展迅猛,旅游者也是不可忽视的消费群体,产品实现标准化有益于他们识别、寻找。例如,吉列刀具、柯达胶卷、希尔顿饭店的成功便证明了这一点。还有些产品有浓郁的民族特色,这些产品的标准化代表优质,例如,中国的丝绸、美国的牛仔裤。对于一些高科技产品或一些工业化产品由于技术或使用的要求也会采取标准化策略。

[问题]

举例说明企业采用标准化策略的好处与不足,并分析哪些产品适宜采用标准化策略?

2) 差异化策略

标准化策略强调了不同国家消费者之间相同的一面,而事实上由于各国地理环境、气候、社会文化、风俗习惯的不同,对产品有不同的需求,所以更多的企业采用差异化策略,就是把整个市场细分为若干子市场,针对不同的子市场,设计不同的产品,采用不同的营销策略以满足不同的消费需求。

标准化策略,虽然可以降低成本,却不一定能增加收益,关键要看市场的需求情况;差异化策略虽然成本上升,却可以满足更多消费者的需求,换来更高的收益。国际企业考虑采用差异化策略主要出于下列因素的考虑:

①产品使用条件的要求;

②目标市场的要求;

③政府的限制;

④企业子公司的经济需要。

应该说同类产品提供给消费者的基本效用是大致相同的,但由于自然环境的不同,有些产品对气候差异敏感,这时销售到不同地方的产品必须加以改变。例如,销往寒冷地区的汽车应装有发热装置,而销往热带的车应有制冷装置。除了气候问题,有些产品还受消费习惯的影响。例如,法国人不喜欢四门汽车,而德国人则选择双门小汽车。同时由于各国国情不同,政府的政策也不同。例如,欧洲一些国家根据发动机的功率征税,这样对欧洲的小汽车设计便要考虑这一点。还有些跨国公司在世界各地都有子公司,为了最大限度占领市场,都采用产品当地化的策略,也就不可能全球统一。

 [问题]

举例说明企业采用差异化策略的原因以及该策略的特点,并说明采用该策略对企业有什么要求?

企业在进行这两种策略的选择时,除了要考虑宏观和微观的环境因素如市场需求、法规政策、技术标准、竞争状况、营销支持系统(配套设施)发展状况、地理条件等,并根据企业营销目标和资源情况,估算成本、利润、权衡得失外,还要考虑产品的性质、使用条件、方式和产品生命周期阶段等。如,工业用品一般比消费品更适宜采用标准化,而在消费品中,非耐用品比耐用品需要更多的差异化。

3)几种常见的产品设计策略

在国际营销实践中,产品设计策略是与推广产品的宣传策略相辅相成的。美国的国际营销专家沃伦·基岗(Warren Keegan)提出了5种产品—宣传结合策略(见表6.3)。

表6.3　产品-宣传结合策略

	产品不变	产品改变	
宣传不变	产品不变、宣传不变 (直接延伸)	产品改变、宣传不变 (产品适应)	开发 新产品
宣传改变	产品不变、宣传改变 (宣传适应)	产品改变、宣传改变 (双重适应)	

(1)直接延伸:产品和宣传不变

当本国产品能被海外市场消费者接受时,企业便可采用直接延伸策略。例如,可口可乐、三五香烟、牛仔裤、工业通用机械等都采用了这种策略。其优势在于节约研发费用,降低了成本,扩大了销量,一般具有独特风格的产品或国际上通用的产品都可采用该策略。

(2)宣传适应:产品不变,宣传改变

当产品在各国推广时,用途不变,针对市场改变宣传策略。例如,我国的茶叶出口到欧洲,可根据市场宣传其降胆固醇、健身等特点,这样可以吸引国外客户,并为老产品开发了新用途。

(3)产品适应:产品改变,宣传不变

为了适应国外目标市场的需求,有些商品在原来的基础上适当地进行改进,而其推销和宣传不做变动。例如,美国通用食品公司在英国市场上推销速溶咖啡时,根据当地习惯,加入牛奶;但在法国市场上,则销售不加牛奶或糖的浓咖啡。

（4）双重适应：产品、宣传都改变

在不同国家，当产品的用途和使用条件不同时，为适应国外市场的需要，对产品和宣传都做改变。

（5）开发新产品

开发新产品是几种策略里投资风险最大的一种，但其针对性强、适应性好，易被国外市场接受。如我国一些船厂就针对欧美市场专门设计、生产家用小游艇，获得了良好的经济效益。

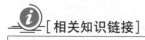 ［相关知识链接］

国际产品质量保证

国际产品走入市场竞争时，质量是很关键的因素，在美国有专门的产品责任法来保障消费者利益。所谓质量保证就是企业对其所提供的有关产品特性或功能方面的承诺，它有两个基本功能：

◆销售功能（因提供质量保证促使消费者做出购买决策）

◆保障功能（不仅保障消费者利益，也可避免销售后的争端）

国际营销人员在研究质量保证时，须做出两个决策：

采用质量保证标准化的策略
- 国际市场对此产品的需求高度国际化
- 产品本身的移动性的要求（例如汽车）
- 产品本身特性的要求（例如药物）
- 企业的自身特征（产品品种单一）

采用质量保证当地化的策略
- 产品品种繁多
- 质量保证标准化不能为企业带来明显利益，且耗费太多
- 各地产品使用条件不一样

6.3.2　国际产品的品牌策略

对于消费者来说，品牌是识别商品的一个最重要的标志。现代营销学认为，品牌策略是整个产品策略的重要组成部分，好的品牌可以增长企业产品的价值，建立稳定的客户群，有助于强化企业形象，是企业的一种无形资产。每个企业都希望在国际市场上创出名牌。

1）品牌、商标的含义、分类

品牌（Brand）是一种名称、术语、标记、符号或图案设计，或者是这些因素的综合运用，被生产企业或商业经销单位用来确认其产品，并用以区别其他类似产品。

品牌名称（Brand Name）是指品牌中可以被辨认，能用言语称呼的部分，如七喜、雪碧、可口可乐等都是品牌名称。

品牌标志（Brand Mark）是指品牌中可以被辨认，但不能用言语称呼的部分，包括符号、图案或专门设计的颜色、字体等。

商标(Trade Mark)是经有关政府机关注册登记并受法律保护的一个品牌或一个品牌的一部分。它可以表示商品的出处,保护商品的质量,便于广告宣传,创立名牌。一般常见的有以下几种分类:

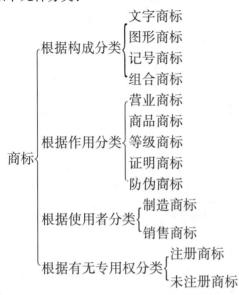

[问题]

> 1.根据上面商标的分类,找出相应的例子加以说明。
>
> 2.查找并比较分析近5年世界排名前10的品牌变化情况。

2) 品牌、商标设计原则

品牌、商标是辨别商品的主要依据,在设计时应注意以下原则:

(1)设计应简单明了,便于识别、记忆

简单的品牌要容易发音、各国通用,便于宣传,便于企业传播,这样有利于企业减少宣传成本,更便于消费者识别、记忆。

(2)设计应新颖,有艺术感染力

有可能的话,品牌的设计要力求独特性,避免一般化,这样才容易让企业的品牌脱颖而出,易于消费者记忆。

(3)配合当地风俗法律习惯和情趣爱好,适应消费者的心理要求

推向国际市场的品牌应特别注意是否适应进口国的文化传统和背景,否则会令企业陷入困境。例如,鹿在中国一般都被看做快乐、活泼、健康的象征,但在巴西等地是"同性恋"的俗称。

(4)品牌富有提示性和启发性

品牌名称应向消费者提示产品所具有的某种效用,能令消费者联想到产品特性。例如,小汽车"奔驰""宝马"的品牌令大家联想到汽车的速度与质地;自行车的"凤凰""飞鸽"也

富有提示与启发性。分组讨论,每组举出至少10个符合上述设计原则的知名品牌、商标。

3) 品牌策略

(1) 品牌决策的过程

确定产品的品牌策略需要有以下步骤(见图6.12):

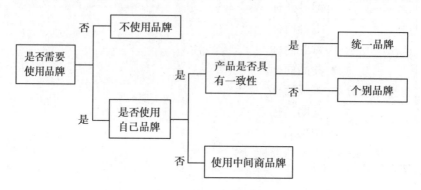

图6.12　品牌决策的步骤

首先,应考虑国际营销的产品是否需要品牌,对于难以保证统一质量的,或消费者不需要进行辨认,或不需要推广的产品,通常就不使用品牌。大部分农业产品、工业原材料等往往不用品牌。随着国际营销活动的发展和竞争的需要,越来越多的企业开始重视品牌的建设。

其次,企业要在自己品牌和中间商品牌中做出选择,若选择自己品牌,要考虑推广自己品牌的高昂的费用,自己的品牌是否有竞争力等问题,有些发达国家的大零售商拒绝使用制造企业的品牌,除非该产品有极好的声誉;若选择中间商品牌,则应考虑企业获得的销售收入要减少,使用中间商的品牌也不利于企业主动开拓国际市场,不利于建立消费者偏好。

最后,要对统一品牌和个别品牌做出选择。使用统一品牌,企业便于规划自己的营销活动,可以利用已有品牌的知名度有效推销新产品,但是,统一品牌的整体性也使其具有"一荣俱荣,一损全损"的特点;使用个别品牌,便于针对国际市场因地制宜,制订灵活的营销计划,也便于和竞争对手相区别。

(2) 一般商品的品牌策略

品牌策略是产品策略中十分重要的,一般常见的有:

①制造商品牌策略:指生产产品的企业用自己企业经过注册的品牌来命名和显示自己的产品,可分为:

a.多产品统一品牌策略(例如飞利浦,所有产品使用一个品牌);

b.多产品多品牌策略(例如P&G公司不同洗发品使用不同品牌);

c.分类家族品牌策略(企业产品中不同的产品族使用不同的品牌)。

②中间商品牌策略:企业制造的产品用批发商或零售商所注册的品牌来命名或展示。如世界著名的希尔斯连锁商店90%以上的商品都是自己的品牌。

③混合品牌策略:产品既使用制造商的品牌,又使用零售商的某个品牌。

④无品牌策略:针对社会低收入群体的商品,只标明生产厂家、地址及产品名称,不使用

品牌。

⑤品牌延伸策略:企业利用已成功的品牌来推出改良或全新产品。

⑥品牌重新定位策略:企业对现有品牌重新定位。

(3)国际营销的品牌策略

在国际市场上,究竟使用制造商品牌还是中间商品牌取决于许多因素,一般而言,实力雄厚的制造商都保持自己的品牌,而实力较弱,没有名气的企业常使用中间商品牌,因而上面介绍的品牌的一般策略对国际企业而言要慎重考虑。

国际品牌的统分决策是营销人员面临的又一难题,一般有两种选择:

①个别品牌策略:不同地方不同产品采用不同品牌,例如宝洁公司。

②全球统一品牌策略:对于一般标准化的产品,全球使用同一品牌,例如日本东芝、三洋等。

4)国际品牌的保护

品牌是一个企业的一笔无形资产,各企业在树立自己的品牌形象上花费了大量的心血和资金,所以在国际市场上保护自己的商标和品牌就显得十分重要。

企业首先应在本国和目标市场依法申请注册自己的商标,不同的国家有不同的法律规定,应事先调查清楚,然后要利用法律保护自己的知识产权。在过去许多企业没有法律意识,好不容易把自己的品牌在他国打开市场,自己的品牌却被别人抢先注册,企业不得不更改品牌名称或花巨资从别人手里买回被抢注的商标使用权。同时,目前假冒伪劣商品泛滥,只有注册了才可能利用法律手段保护自己。

其次,尽管企业注册商标的注册费用都不高昂,但加上各种法律咨询费,也将是一笔大的开支,因而企业应有专门部门对本企业品牌进行管理,尤其是多品牌的大企业,对在全球各地的注册时间、到期时间、应实行保护的品牌、应淘汰的品牌都要心中有数,注意比较成本和利益,以期最大限度地管理好本企业品牌这一无形资产。

6.3.3 包装策略

1)包装的定义、作用及分类

包装指为产品设计的容器或包裹物。商品包装是商品生产的延续,除了极少数商品没有必要包装外,大多数商品只有经过包装才能进入流通领域。随着人们消费水平的提高,包装已成为自我宣传、提高商品竞争力的一个有力武器。包装不仅可以保护商品,使商品便于消费,而且可以美化商品,达到促进销售、增加利润的目的。

根据包装在流通过程中起的作用不同,可以分为运输包装和销售包装两种。前者的主要作用在于保护商品和防止出现货损货差,后者除起保护商品的作用外,还有促销的功能。

2)包装策略

在国际市场上,包装已成为连接企业与潜在消费者的纽带,如若着眼于包装的促销作用,可以选用以下几种策略:

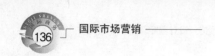
（1）类似包装策略

所有产品选用相同的图案、颜色,相似的造型和包装材料,便于节约成本,树立企业形象。

（2）配套包装策略

按人们消费习惯,将多种有关联的商品组合装在一个包装物中。

（3）再使用包装策略

在包装物设计时,使包装物不但能包装商品,还能在用完后移作他用,以此给消费者一点额外利益。

（4）附赠品包装策略

在商品包装里面附有赠品彩券或实物赠品,借以吸引消费者购买或重复购买。

（5）改变包装策略

为了克服现有包装的缺点,或为了吸引新顾客而废弃旧包装,改用新包装。

（6）中性包装策略

为避免关税壁垒或应进口商要求,在包装上不注明生产国别和企业名称。

[问题]

> 针对以上包装策略,各举例说明。

3）包装设计原则

国际企业的包装设计要注意以下原则:

（1）要符合市场的要求及消费者习惯

包装设计应符合目标市场国消费者的市场需求,在文字、图案上力求与当地的文化背景相适应。

（2）要符合装运、流通的要求

国际产品包装应保证货物在长途运输中便于搬运,不出现破损,不被偷盗,并尽可能降低运输费用。

（3）要符合当地包装法规、政府规定的要求

国际生态环境保护意识越来越强,包装材料用后的处理、利用问题也引起了国际上广泛的关注,许多政府制订了相应的法规。例如,德国自 1991 年 12 月 1 日起,禁止使用一切由聚氯乙烯或聚苯乙烯泡沫塑料制成的包装物。

不少国家对包装上的标贴及计量单位都有要求,营销人员也应注意了解目标国市场的要求。

（4）符合中间商的要求

国际产品要通过各种渠道分销,必须采用良好、适中包装,以便于中间商储运、促销。

6.4　新产品的开发

由于现代市场营销环境变化很大,消费者的品位、科技的发展和市场竞争也都持续变化,因而企业必须持续地开发新产品以适应当今市场的需要。同时,知识经济时代的新特点,也给产品创新提出了新的要求,企业如果能够掌握产品开拓规律,正确把握市场,从产品开发的可能性入手,研究产品开发的规律,并给予形式化的表达,并研制出适销对路的新产品,企业才能立于不败之地。

6.4.1　新产品的概念以及分类

新产品是指在结构、性能、质地等某一方面或几方面具有新的改进的产品,即不仅仅指技术新产品,还包括市场新产品。凡是产品整体概念中任何一部分的创新、变革、改进,能给买方、使用者带来某种新的感受、满足和利益(即顾客能确认它与其他产品有所不同)的相对或绝对新的商品,都属于新产品之列。

1) 新产品的分类

新产品的类型按产品变革程度、新颖度可大致分为以下4类:

①完全新产品——即原创、首创产品(Original Product),是新发明、创造的产品,指在原理、结构、性能、材质、技术特征等其中某一方面或几方面有重大的新突破、飞跃,构成科技史上的"革命"(Revolution)的产品,具有独创性、先进性和实用性。例如1925年发明的电视机。

②换代新产品——是对原有产品进行局部"革新"(Improvement),部分采用新结构或新材质,使功能、性能有显著改变、提高,实现升级换代的产品。例如电视机从黑白电视到彩色电视(20世纪50年代),从模拟电视到数字电视(20世纪90年代)。

③改进型新产品——是对原有产品进行"小改小革"(Modification),在结构、性能、材质、规格、款式、包装等其中某一方面有一定改变或改进的产品,是基本型的变型或改良型。例如电视机的式样从卧式变为立式,从圆角变为直角平面。

④仿制新产品——是对市场上已有的畅销产品在不侵犯他人知识产权的条件下进行模仿,稍加改变或不做改变,打出本企业品牌第一次投产上市的产品。

2) 获取新产品的途径

企业可通过两条途径获得新产品:第一种是通过收购,即购买整家企业、专利或生产他人的许可;另外一种是和科研机构合作或利用自己的力量开发新产品。新产品开发方式即开发途径一般有4种:一是企业自行(自主、独立)开发,二是与其他企业或科研机构合作(协作、联合)开发,三是技术引进(包括购买企业、专利、专有技术、特许权等),四是技术引进与创新相结合。必要、择优的技术引进是赶先进的快捷方式,省时、省力、省钱,起点高,但毕竟不是长远之计,根本的还是要培植自主的技术开发能力,把技术创新、进步建立在自身技术

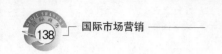

开发力量的基础上,形成自主创新的技术进步机制。

6.4.2 新产品开发要注意的地方

在进行新产品开发时要进行市场分析,也就是对新产品开发所面临的整个市场环境进行全面的和简要的分析。这一过程必须考虑企业内外两方面的因素,归纳起来有以下几个方面:

1)进行市场环境分析

进行市场环境分析包括以下方面:
①目前企业有的技术条件。
②需求条件。这一分析包括以下因素:顾客对产品期望的功能、顾客的消费心理和动机、顾客的消费习惯、市场的消费水平。
③环境约束条件。这一条件可以归纳为 4 类:经济环境,自然环境,社会文化环境和政治法律环境。
④可行性研究。其涉及的范围因产品类型及过程复杂程度不同而有所不同。一般说来,可行性研究包括两方面:详细的需要分析,即分析新产品生产过程或系统运行和保养的要求,这包括过程的任务和范围、性能参数、运行的部署、运行的生命周期、使用要求、效率因素、环境的限定。
⑤初步的过程分析,在确定了过程的运行和保养要求之后,要使系统发挥作用,必须进一步根据所规定的系统运行和保养的要求,给主要的设备、软件和后勤支持提出具体的目标,目标可以是定量的,也可以是定性的。

2)采取新产品开发策略时应注意的地方

企业在市场分析的基础上就可以制订开发策略,而采取正确的新产品开发策略或产品构思方式是使新产品开发获得成功的前提条件之一,一般而言新产品开发策略按出发的侧重点不同,要注意以下几方面:

(1)从消费者需求出发

研究产品开发规律,必须从研究消费者的需要开始,因为消费者购买产品是为了满足自己的需要,而不是需要产品本身。哪个企业能够发现未被满足的需要、可以提升的需要和可以延续的需要,往往可以先知先觉,为人之所不为,把握商机,把握市场。由于消费者的需要与产品的功能是对应的,因此,可以提供从需要出发创造新产品的形式化思路,便于产品开发人员构思新产品。

(2)从挖掘产品功能出发,在现有基础上赋予产品新的功能

通过分析产品的可开发性,研究产品开发的规律,并根据产品的共轭性,给出完整产品的概念。通过对产品的可开发性的分析,可以充分考虑产品与技术、社会、经济、环保及时间等的变化关系,形成创新产品的形式化方法。

(3)从提高产品的竞争力出发

在开发新产品时,就为产品的销售对象创造一个更加合理的使用方式,着力形成产品的

差异化特征,通过差异化获取和同类商品相比的竞争优势,以便更好地开拓市场,扩大产品销售份额。

6.4.3 新产品开发可以选择的策略

新产品开发战略的选择要根据产品的竞争领域、新产品开发的目标及企业的资源以及企业要实现目标综合考虑而得。几种典型的新产品开发战略如下:

1) 冒险策略

冒险策略是具有高风险性的新产品策略,通常是在企业面临巨大的市场压力时为之,企业常常会孤注一掷地调动其所有资源投入新产品开发,风险大,回报大。该策略的产品竞争领域是产品最终用途和技术的结合,企业希望在技术上有较大的发展甚至是一种技术突破;新产品开发的目标是迅速提高市场占有率,成为该新产品市场的领先者;创新的技术来源采用自主开发、联合开发或技术引进的方式。实施该新产品战略的企业须具备领先的技术、巨大的资金实力、强有力的营销运作能力。中小企业显然不适合运用此新产品开发策略。

2) 进取策略

进取新产品策略是由以下要素组合而成:竞争领域在于产品的最终用途和技术方面,新产品开发的目标是通过新产品市场占有率的提高使企业获得较快的发展;创新程度较高,开发方式通常是自主开发;以一定的企业资源进行新产品开发,不会因此而影响企业现有的生产状况。新产品创意可来源于对现有产品用途、功能、工艺、营销策略等的改进,改进型新产品、降低成本型新产品、形成系列型新产品、重新定位型新产品都可成为其选择。也不排除具有较大技术创新的新产品开发。该新产品策略的风险相对要小。

3) 跟随策略

紧跟策略是指企业紧跟本行业实力强大的竞争者,迅速仿制竞争者已成功上市的新产品,来维持企业的生存和发展。许多中小企业在发展之初常采用该策略。该策略的特点是:产品的竞争领域是由竞争对手所选定的产品或产品的最终用途决定的,本企业无法也无须选定;企业新产品开发的目标是维持或提高市场占有率;仿制新产品的创新程度不高;产品进入市场的时机选择具有灵活性;开发方式多为自主开发或委托开发;研究开发费用小,但市场营销风险相对要大。实施该新产品策略的关键是紧跟要及时,全面、快速和准确地获得竞争者有关新产品开发的信息是仿制新产品开发战略成功的前提;其次,对竞争者的新产品进行模仿式改进会使其新产品更具竞争力;强有力的市场营销运作是该战略的保障;最后,中小企业在引用该策略时要注意知识产权的问题,不要还没有"跟随"成功,就引来"侵权"官司。

4) 保持策略

保持或维持企业现有的市场地位,有这种目标的企业会选择该策略。该策略的产品竞争领域是市场上的新产品;新产品开发的目标是维持或适当扩大市场占有率,以维持企业的生存;多采用模仿型新产品开发模式;以自主开发为主,也可采用技术引进方式;产品进入市场的时机通常要滞后;新产品开发的频率不高;成熟产业或夕阳产业中的中小企业常采用此战略。

上面的策略企业在应用时要灵活选择,特别是中小企业,一般情况以选择跟随和保持策略为主,但是在目前电子商务的新经济时代,电子商务的媒介给更多的中小企业带来了很多新的机会,冒险与进取策略在这个时代也成了中小企业把握机会的好策略。

6.4.4 新产品的开发程序

开发新产品是一项艰难的工作,不仅需要投入大量资金,而且过程复杂、成功率低,具有很大的风险性。因此,企业的新产品开发应该按照一定的程序进行。新产品开发的基本步骤(见图6.13):

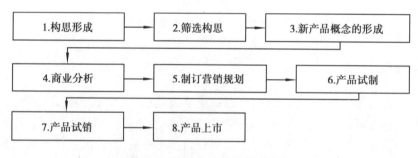

图 6.13 新产品开发的基本步骤

1) 构思形成

构思形成也就是寻找创意,所谓创意,就是开发新产品的构想。在这个阶段中,企业应注意搜集各方面的有关信息。虽然不是所有的设想或创意都可以转变成实际的产品,但寻求尽可能多的创意可为新产品开发提高较多的思路和机会。新产品创意的来源主要有顾客、经销商、科研机构、竞争对手、广告代理商、市场研究公司、有关的报刊媒介、企业内部员工等方面。一般来说,企业应主要靠激发内部人员的热情来寻求创意。为建立各种激励性制度,对提高创意的职工给予奖励。

2) 筛选构思

筛选构思,也就是要甄别创意,就是对取得的构思或创意加以评估,研究其可行性,并筛选出可行性较高的创意。创意甄别的目的就是淘汰那些不可行或可行性较低的创意,使公司有限资源集中于成功机会较大的创意上。甄别创意时,一般要考虑以下因素:一是环境条件,涉及市场的规模与构成、产品的竞争程度与前景、国家的法律与政策规定等方面;二是企业的战略任务、发展目标和长远利益,涉及企业的战略任务、利润目标、销售目标、形象目标等方面;三是企业的开发与实施能力,包括经营管理能力、人力资源、资金能力、技术能力、销售能力等方面。在甄别创意的过程中,企业要尽量避免"误舍"与"误用"。误舍就是将有发展前景、适销对路的新产品构思舍弃；误用则是将没有什么发展前景的产品构思付诸实施。这两种失误都会给企业造成重大损失。

3）形成产品概念

产品创意，是企业从自身角度考虑的它可能向市场提供的产品的构想，是抽象的、模糊的、未成型的产品构思。经过甄别后保留下来的产品创意，必须经过进一步开发、完善才能形成产品概念。产品概念则是企业从消费者的角度对特定创意所做的详尽的描述，是具体化、明确化、已经成型的产品构思。从产品创意到产品概念一般要经过两个步骤：第一个步骤是产品设计，任务是将产品创意用文字、图形、模型等明确地表现为产品的几种设计方案；第二个步骤是产品鉴定，任务是结合市场定位对每一个产品的几种设计方案进行认真评价修改，通过产品概念的市场试验了解顾客的反应，进一步完善设计方案后加以定型。

4）商业分析

在新产品概念形成，定位工作完成后，新产品开发部门应做一商业分析：考察、估算新产品的预计销量、成本及利润，确认其商业价值是否满足企业的目标，以便确定是否开发。营业分析具体包含两个步骤——预测新产品的销售情况；推算新产品的成本和利润率。

5）初拟营销规划

产品概念形成后，企业的有关人员应该拟定一个新产品的营销规划草案。新产品的营销规划草案由3个部分组成：第一，说明目标市场的规模、结构、行为、新产品的市场定位，未来几年的销售额、市场占有率、利润率等。第二，略述新产品的计划价格、分销渠道、促销方式以及第一年的市场营销预算。第三，阐述新产品的远景发展情况并提出设想，如长期销售额和利润额目标、产品生命周期不同阶段的营销组合策略等。

6）产品试制

通过商业分析后，研究开发部门、工程技术部门就可以进入研究试制阶段，只有通过研究试制阶段才能把抽象的产品概念转化为实体形态的产品模型或样品。在产品概念转化为产品模型或样品后，还要对其进行严格的"功能试验"和"消费者试验"。功能试验是在实验室和现场进行的，主要测试新产品的功能性与安全性是否达到了规定的质量标准。消费者试验是把一些样品交给消费者试用以征求他们对新产品的意见，目的是发现新产品使用中的问题并进行必要的改进。只有通过试验过程才能真正检验新产品概念在技术上和商业上是否可行。如果不可行，这项新产品的开发工作就要中止，所耗费的资金也将全部付诸东流。

7）产品试销

所谓试销，就是企业将新产品与品牌、包装和初步市场营销方案组合起来，然后把新产品小批量投入市场，以检验新产品是否真正受市场欢迎的过程。试销的目的主要有3个：

第一，了解消费者和经销商对新产品的反应，如果反应不佳可以停止投产，以减少盲目大批量上市造成的损失。

第二,通过试销搜集信息,为下一步的营销活动提供依据,以提高市场营销决策的合理性。

第三,在试销的过程中,可以发现新产品存在的问题,以便加以改进。

市场试销的规模主要取决于两个方面:

①投资费用和风险的高低。新产品的投资费用和风险高,试验的规模就应大一些,反之就可以小一些。

②市场试验费用的多少和需要时间的长短。新产品的市场试验费用越多、时间越长,市场试验的规模就应越小一些,反之就可以大一些。一般来说,市场试验费用不宜在新产品开发投资总额中占太大比例。

应注意的是并非所有新产品都必须经过试销,如果企业已经通过各种方式搜集到了消费者和经销商的意见,并已经根据这些意见对新产品和营销组合方案进行了改进,而且对新产品的市场潜力有比较准确地把握,就可以不经试销直接大量投放市场。

[讨论]

1.为你喜爱的快餐店想出至少10个新产品构思,在这些构思中,你们认为哪一个可能会成功?为什么?

2.新产品的试销结果往往比这一产品正式进入市场后的业绩要好,试分析这一现象。

8) 正式上市

新产品试销成功后,就可以进入批量生产,全面推向市场了。在这一阶段,企业将要投入大量的资金用于生产条件的配置和市场营销的需要,对此企业必须慎重地进行决策并全面加强管理工作,以确保新产品经营成功。

[本单元重点]

产品在营销中的含义

产品的分类及组合

国际产品的生命周期

国际产品策略

[实训项目]

1.上网或查阅有关资料,分析华为集团是如何实施全球国际产品策略的,并总结跨国营销中实施产品策略应注意的问题。

2.搜集KFC(肯德基)的有关资料,分析该集团在开拓中国市场时实施了怎样的产品策略?该产品策略和竞争对手麦当劳的产品策略区别在哪里?并分析其成功之处。

单元7
国际营销定价策略

【学习目标】

本单元主要介绍了国际市场定价的基本概念、定价程序、影响定价的因素、国际营销定价方法，以及国际营销定价策略。学完本单元后，你应该具备以下能力：

①熟悉国际营销产品定价的影响因素及常见的定价方法；

②能区别不同定价策略；

③建立国际营销中定价和成本、市场定位的内在联系。

【教学建议】

①以生动有趣的案例引入教学,重点帮助学生了解国际营销定价的影响因素,能建立成本意识、市场意识,理解定价除了成本之外的要考虑产品在目标客户中定位等多种因素,同时帮助学生熟悉国际市场常用的定价策略。

②建议结合具体案例和时代背景,最好整个单元能有对现有跨国公司定价的实例分析。

【学习建议】

①事先能仔细阅读教材,要理解国际定价中受影响的主要因素,熟悉常见的定价方法和定价策略,也建议比较一下同类产品的跨国公司在中国市场定价的差异和区别,进一步思考国际定价策略的具体应用。

②了解当前的电子商务的发展情况,思考一下对国际营销定价的影响和意义。

[导入案例]

奥迪 A6 汽车的定价策略

作为国内中高档车标杆的奥迪,其换代车型 A6 系列——新奥迪 A6,在 6 月 16 日正式公布售价,除了核心配置和美国版有差异外,国产的新奥迪 A6-3.0 高出了美国版逾 20 万元。据业内资深人士分析,德国大众旗下的奥迪品牌在主力车型上的过高定价一旦失误,很可能将加速大众汽车在华市场份额下滑,同时导致中国中高档车市重新洗牌。一汽—大众正式公布了全新奥迪 A6-2.4 L 和 A6-3.0 L 共 6 款车型的价格和详细装备表。

其中 A6-2.4 L 三款车型的厂家指导价格区间为 46.22 万~57.02 万元;A6-3.0 L 三款车型的价格区间为 56.18 万~64.96 万元。这 6 款车型已于 6 月 22 日正式上市销售。

据了解,自 1999 年投产以来,上一代国产奥迪 A6 经历了五次升级,在不到 5 年的时间里销量超过 20 多万辆,在国内豪华车市场多年来可谓是"一枝独秀",直到去年市场份额仍维持在 60% 左右。

按照这个价格,新奥迪 A6 的最高价格已经打破了目前国产豪华轿车最贵的一款宝马530i。国产宝马 5 系目前的价格是 53 万~61 万元,市场报价还可以更低;日产的价格是24.98 万~34.98 万元;丰田的报价是 32.8 万~48 万元,新奥迪 A6 等于"让出"了原来销量最大的价格区间。

奥迪美国官方网站上写到,美国市场上目前新奥迪 A6 只有 3.2 L 和 4.2 L 两个排量,其价格分别为 4.262 万美元和 5.222 万美元。这样,美国版的 3.2 L 折合人民币为 35 万元,国内版本竟高出了 21 万~29.96 万元。

"和美国版的新奥迪 A6 相比,在核心配置方面,国内版的新奥迪 A6 发动机不是 FSI 的,而且不带全时四驱,变速箱还不是 Tiptronic,且价格也贵出很多。"业内人士这样分析道。一位不愿意透露姓名的分析师说,如果市场证明新奥迪 A6 在定价上出现失误,很可能将加速大众汽车在华市场份额下滑,同时导致中国中高档车市的重新洗牌。

某机构全球中国首席汽车分析师则认为,从目前奥迪 A6 的定价来看,肯定是改变老 A6 的产品定位了,这将使得原来老 A6 在 30 万~40 万元的区间被竞争对手们蚕食,假如奥迪今年内没有弥补这个价格区间的车型,那么今年要想达到去年 5 万多辆的销量,几乎不可能。

其实,奥迪采取高价策略,已经不是第一次了。以前奥迪 A4 也采用的是高价入市策略,这样,可以使汽车厂商在短时间内获取大量利润。等过一段时间,竞争对手的车上市,消费者的热情也消退大半,奥迪再降价刺激市场,扩大市场占有率,从而提升销量。对高档豪华轿车来说,顾客多是高收入人群、政府和企事业单位,对价格并不是太敏感,他们主要看重的是品牌。

奥迪 A6 采取高价入市的定价策略,由于奥迪在中国有多年的先入优势,品牌在消费者心目中的地位较高,经销商的实力也比较雄厚,因此该定价策略很可能成功。但是信息越来越透明,消费者也日趋理性,同质化产品也逐渐增多,国内比美国还高的高定价策略是否能持续呢? 值得拭目以待。

资料来源:https://wenku.baidu.com/view/58e7e5e8760bf78a6529647d27284b73f2423686.html

从上面的案例我们可以看出定价对于企业营销的重要意义,合理定价是企业在国际市场顺利销售产品,取得预定营销目标的关键因素。国际市场定价是国际营销组合四大要素之一。合理定价是企业在国际市场顺利销售产品,取得预定营销目标的关键因素。价格是企业在国际市场竞争的有力武器,这种竞争手段的作用最为直接和迅速。适当的价格竞争,可以提高企业的市场竞争力。因此,企业在国际市场上的定价决策至关重要。

7.1 影响国际定价的主要因素

国际营销环境复杂多变,这给国际企业对在海外销售的产品定价增加了许多困难,其价格的构成更加复杂,影响其变动的因素也更多,有企业内部因素,也有企业外部因素;有主观的因素,也有客观的因素。概括起来,大体上可以有产品成本因素、企业和产品因素、市场因素、竞争因素和环境因素等多个方面。

7.1.1 国际市场价格的影响因素

在国际市场上,许多产品由产地卖到另外的国家和地区,其价格会上升很多,这就是所谓的国际价格的升降现象。这通常是由于该种产品在分销过程中渠道延长,被征收关税、需承担运输成本和保险费用以及汇率变动所致。

仔细分析,不难看到影响国际定价的因素远比国内定价多,除需求因素、成本因素、生产因素以外,还要考虑东道国关税税率,消费税税率,外汇汇率浮动,国外中间商毛利,国外信贷资金成本,即利率情况,运输与保险费用,国外通货膨胀率,母国与东道国政府的干预以及国际协定的约束。在短期内,我们可以将商品价值与货币价值视为不变,这时,影响商品实际定价的因素有:

1) 产品成本因素

成本是指商品到达最终消费者之前所需要的一切费用,包括与国际营销有关的一切生产、销售、管理成本。其中,生产成本包括原材料成本、员工工资、设备投资等,销售成本包括运输、保险、广告等,此外还有中间商成本、信贷成本、汇率变动或通货膨胀带来的成本等,要

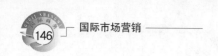

仔细分析成本现状。

　　价格、成本和销量之间有着密切联系，产品成本是定价的最低经济界限。按量本利盈亏分析法，一定时期内总的价格水平必须超过盈亏平衡点的产销数量，这时候才有利润。只有在市场情况恶劣，作为短期权宜之计，可以把售价降到比变动成本稍高一点卖出。企业要想降低价格，就要尽力降低成本，可以通过扩大规模、改进技术、在全球市场整合资源等方式降低成本，以达到降价的目的。但是成本只是说明商品到达消费者之前的一切费用，并不代表目标市场可以接受的价格。

2）市场因素

（1）供求关系

　　需求是消费者对某一商品效用和价值的认可，消费者需求受支付能力、爱好、习惯以及市场情况等多种因素影响，需求可以说是对商品定价的一个重要影响因素。在实际生活中，购买者的消费心理对企业定价也有很大的影响。例如消费者在专业知识不足或者资料掌握不多的情况下，常常以价格作为衡量质量的标准，企业定价高有时反而会增加需求。定价时，同时要注意价格弹性，所谓价格弹性，是指价格变动引起的需求量的变化程度，即需求的灵敏度。当某种产品具有弹性时，降低其价格可以扩大销售量，从而可以增加收入；反之，当某种商品是非弹性的，适当提高价格会带来收入的增加。

（2）竞争因素

　　虽然企业在现代经营活动中一般采用非价格竞争，即相对的稳定商品价格，而以降低成本、提高质量、提供服务、加强销售和推广方式来增强竞争力，但是也不能完全忽视竞争对手的价格。除了在完全垄断的市场条件下，都要考虑竞争者所采取的价格策略，然后采取应对措施。

3）企业定价目标

　　企业定价目标即定价所要达到的目的。公司定价的主要目标有：追求最大的利润；保持或者扩大市场占有率；稳定价格水平；保持与销售渠道的良好的关系；适应或者防止竞争，创名牌等。定价目标不同必然会影响价格的选择。

4）宏观环境

　　国家政策、法律法规等宏观环境对公司的定价影响表现在许多方面，国家的价格政策、金融政策、税收政策、产业政策等都会直接影响企业的定价。

　　上面是影响商品定价的主要因素，在国际市场上还有汇率波动、通货膨胀或紧缩、新出台的产业政策等，都可能影响企业的定价。对于新产品，考虑的因素可能更多，国际商品在制订新产品的基础价格时，还要考虑相关的细分市场、顾客或最终用户需求的多样化、竞争者对新产品的定价可能采取的行动或反应、成本因素、市场营销渠道策略等，此外，还必须考虑其他产品的单位成本或销售额。

7.2　国际定价的基本方法

国际企业做出定价决策前,要首先确定定价目标:是以获取最大利润为目标,还是以获取较高的投资回报为目标;是为了维持或提高市场份额,还是为了应付或防止市场竞争,抑或为了支持价格的稳定。一个有实力的跨国企业在进入一个新兴的富有潜力的海外市场时,大多会以获得较高的市场占有率为目标,因此在短期内,其价格或收益可能不能覆盖成本。国际企业定价决策一般有3种做法:第一种是母公司总部定价;第二种是东道国子公司独立定价;第三种是总部与子公司共同定价。最常见的是第三种,使母公司既对子公司的定价保持一定的控制,子公司又可有一定的自主权以使价格适应当地市场环境。

这里我们介绍几种最基本的定价方法:

1)成本加成定价法

成本导向定价法就是在定价时,首先考虑收回企业在生产经营中的全部成本,然后再考虑取得一定的利润,即在总成本的基础上加上一定利润,以此作为产品价格。公式为:单位产品价格＝单位产品总成本×(1+加成率)。

这种方法简单方便,企业只要根据会计记录就可以定价。其缺点是没有考虑市场上需求一方的利益,是典型的生产者导向观念的产物。一般来说,高级消费品或者生产批量较小的产品,其加成比例可以高一点;生活必需品或者大批量生产的产品加成比例应该低一些。在实际操作中,企业必须根据市场形势的变化,调整成本加成的比率。

2)需求导向定价法

需求导向定价法强调从客户需求出发,以消费者需求为定价依据,对不同类型的消费者和市场制定不同的价格,使公司有机会在市场稳定发展,是一种市场导向的定价观。可以采取区别需求定价法,在特定的条件下,一种产品可以按照不同的价格出售。这种区别可以以顾客群的差异为基础的差别定价;以数量差异为基础的差别定价;以产品的外观、式样、花色等差异为基础的差别定价;以地域差异为基础的差别定价;以时间差异为基础的差别定价等。

需求导向定价法主要有感受价值定价法和价值定价法两种:

①感受价值定价法(Perceived-Value Pricing)主要依据购买者感受的价值,而非产品的成本来定价。"感受价值"又称理解价值、认知价值、察觉价值,它是指消费者对商品价值的主观判断或者说是消费者观念上对商品价值的理解、感受。一种商品,除了它的成本价值,还有它的感受价值。感受价值是有弹性的,是消费者的一种感知和享受。该定价法的关键在于利用市场营销组合中的非价格变数在购买者心目中增强感受价值,然后制订这一感受价值的相应价格。例如同样一件饮料,在不同的消费环境就有不同的定价。采用感受价值定价法时,只有企业定的价格高于购买者感受价值,消费者才愿意购买。感受价值定价法如果运用得当,会给企业带来许多好处,可提高企业或产品的身价,增加企业的收益。但是,这种定价方法要正确地运用,关键是要找到比较准确的感受价值,否则,定价过高或过低都会给企业造成损失。企业在定价前认真做好营销调研工作,将自己的产品与竞争者的产品仔

细比较,同时企业必须清楚购买者对不同竞争者产品赋予什么样的价值,从而对感受价值做出准确估测。

②价值定价法是企业依据消费者能够接受的最终价格,计算自己从事经营的成本和利润后,逆向推算出产品的批发价和零售价。这种定价方法不以实际成本为主要依据,而是以市场需求为定价出发点,力求使价格为消费者所接受。一般在分销渠道和零售商多采取这种方法。

3) 竞争导向定价法

竞争导向定价法是一种以竞争者的价格为基础,根据竞争双方的力量等情况,企业制订比竞争者的价格或高或低的价格,或相同的价格,以达到增加利润,扩大销售量或者提高市场占有率目标的定价方法。常用的有:

①随行就市定价法。随行就市定价法就是企业使自己的商品价格跟上同行业的平均水平。在竞争激烈而产品需求弹性较小或者供需基本平衡的市场上,这是一种比较稳妥的定价方法。这样做,既减少了风险,又大体反映了该商品的社会必要劳动时间,从而获得平均利润,或者经过降低成本的努力,获得超额利润。

②追随领导企业定价法。即有些拥有较丰富的后备资源的企业,为了应付或者避免竞争,或者为了稳定市场以利于长期经营,采用以同行业中影响最大的企业的价格为标准,来制定本企业的商品价格。

③投标定价法。购买者在报上刊登广告或发出函件,说明拟采购商品的品种、规格、数量等具体要求,邀请供应商在规定的期限内投标。政府采购机构在规定的时期内开标,选择报价最低的、最有利的供应商成交,签订采购合同。某供货企业如果想做这笔生意,就要在规定的期限内填写标单,上面填明可供应商品的名称、品种、规格、价格、数量、交货日期等,密封送给招标人(即政府采购机构),这叫做投标。这种价格是供货企业根据对竞争者的报价的估计制订的,而不是按照供货企业自己的成本费用或市场需求来制订的。供货企业的目的在于赢得合同,所以它的报价应低于竞争对手的报价。这种定价方法叫做投标定价法。一般而言,投标的价格主要以竞争者可能的递价为转移。递价低于竞争者,可以增加中标的机会,然而企业的报价不能低于边际成本,否则将不能保证适当的利润。因此,投标企业通常需要计算"期望利润",以期望利润最高的价格作为递价的依据。

4) 目标收益定价法

目标收益定价法与成本导向定价法的主要区别在于:第一,前者是根据预计的销售量倒推出成本;后者却不管销售量如何,先确定成本;第二,前者的收益率是企业按照需要和可能自行制订的;后者是按照行业的习惯标准制订的。目标收益定价法常用的有收支平衡定价法和投资收益定价法。

①收支平衡定价法。收支平衡定价法是根据企业的生产数量,并能保证取得一定利润的前提下制定价格的方法。该方法是根据盈亏平衡点公式计算出平衡点的价格,这是企业产品不亏损的最低价格,即保本价格。不同预期的销售量,对应着不同的收支平衡价格。企业可以根据这一标准,结合预期的产品赢利,选择适当的定价。

②投资收益率定价法。投资收益率定价法是先按照企业的投资总额确定一个资金利润

率,然后按照资金利润率计算目标利润额。再根据总成本和计划销售量及目标利润算出产品的价格。这种方法有利于保证实现既定的资金利润率,但是这种方法只有市场占有率很高的企业才会采用,对于大型的公用事业单位更为适合。

7.3　企业国际定价的策略选择

在激烈的国际市场竞争中,定价策略是企业争夺市场的重要武器,是企业营销组合策略的重要组成部分。企业必须善于根据市场环境、产品特点、产品生命周期、消费心理和需求特点等因素,同时结合企业的定价目标,正确选择定价策略,争取顺利实现营销目标。定价策略很多,用以新产品定价的撇脂法和渗透法;用以折让策略的数量折扣法、现金折扣法、职能折扣法和季节折扣法;用以地理定价的 FOB 法、CIF 法、区域运送法、补贴运费法;用以心理定价策略的非整数定价法、整数定价法、声望定价法、单位标价法等,无论如何、国际企业定价的最终目的还是为了寻求利润的最大化,长期的亏本买卖肯定是不做的。企业要更好地实现目标,就应该根据不同的产品和市场情况,采用灵活多变的定价策略和技巧。

7.3.1　产品生命周期定价策略

根据产品从投入市场到退出市场的不同阶段而采取的相应定价策略,又称"阶段定价策略"。即在对"商品经济生命周期"分析的基础上,依据商品生命周期不同阶段的特点而制定和调整价格。其特点是:把产品从投入市场到退出市场看作是一个总的过程(寿命周期),并将其分为 4 个阶段:导入期、发展期、成熟期、衰退期。在导入期,产品作为新产品投入市场,定价策略可以在撇脂定价策略、渗透定价策略、满意定价策略中做出选择。在发展期,产品已为较多消费者所了解,竞争者还较少,已取得了一定的市场份额,这时的定价策略,在于实现企业试制这种产品时的预定目标利润。成熟期,是竞争最为激烈的阶段,为抵制竞争者,保持市场占有份额或继续扩大市场占有份额,这时的定价策略,应服从于竞争策略。产品进入衰退期后,换代产品已出现,这时的定价策略,可在维持价格或驱逐价格之间进行选择。

企业应根据产品所处生命周期的不同阶段,灵活地制定价格。投入期的新产品的合理价格应该是最能吸引中间商,又最能吸引最终用户的价格。企业定价应该以产品的直接生产和销售成本为依据。特别要注意产品将进入长期的预期成本。

1) 产品导入期

①撇脂定价法。撇脂定价法又称高价法,即将产品的价格定得较高,尽可能在产品寿命初期,在竞争者研制出相似的产品以前,尽快收回投资,并且取得相当的利润。然后随着时间的推移,再逐步降低价格使新产品进入弹性大的市场。使用这种策略必须具备以下市场条件:一是产品的质量与高价格相符;二是要有足够多的顾客能接受这种高价并愿意购买;三是竞争者在短期内很难进入该产品市场;四是企业的生产能力有限,难以应付市场需求,可以用高价限制市场需求。以行业而言,那些竞争较弱的行业、或者行业正处于启动期的时候,普遍使用撇脂定价法。

②渗透定价法。渗透定价法又称为低价法,它采用低价策略,将产品的价格尽量定得低一些,以达到打进市场或者扩大市场占有率,巩固市场地位的目的。一些资金比较雄厚的大企业往往采用这种定价方法。采取这种策略的市场条件是:一是市场规模较大,存在较大的潜在竞争者;二是产品无明显特色,需求弹性大,低价会刺激需求增长;三是大批量销售会使成本显著下降,企业总利润增加。这是一种长期价格策略,虽然开始时企业所创利润较低,但从长期来看,企业能够获得较高的利润。这种策略的缺点,一是大量的投入资金且回收慢,如果产品不能打开市场,或遇到强大的竞争对手,会产生亏损;二是低价还会影响产品的品牌形象和企业的声誉。

③满意价值定价法。满意价值定价法又称为薄利多销定价法。所谓"满意",就是确定的价格使生产者和消费者双方都感到满意从而能接受的价格。具体地说,企业新产品刚投放市场时,利润很少或者有少量亏损的方法;市场销路打开后,很快就能转亏为盈。该价格的定位一般在上述两种定价法的价格之间。这种价格策略稳妥,风险小,一般会使企业收回成本和取得适当赢利。但这也是一种保守策略,可能失去了获得高利的机会。

2) 成长期

在成长期,产品逐渐形成了市场价格。成长期初期市场价格变动幅度较大,末期则变动较小。对于早期推出新产品的企业来说,如果在试销初期采用撇脂定价法,则此时可以分数次陆续降低售价。如果在市场试销初期采用渗透定价法,则在成长期可以继续运用该方法。对于在成长期新进入市场的企业来说,则应该注意保持原创新者的定价策略,一般来说,采用低于创新者价格的策略为宜。

3) 成熟期

成熟期的定价目标应该是选择导致最大贡献的价格方案,这一阶段应该尽量避免价格竞争,更多地采用非价格竞争方式。当然,在必要时也可以采用降价策略,但是必须遵循需求弹性的原理,主要是对那些需求价格弹性大的商品和市场,这样做收效大。

4) 衰退期

在产品衰退时期,竞争已经迫使市场价格不断降低到接近于产品的变动成本,只有在成熟期不断降低成本的那些企业才能维持下来。这时,只要企业有剩余生产能力,应该以变动成本作为价格的最低限度。同时,企业应该注意及时退出这一产品市场。

[案例分析]

苹果公司的 iPod 成功使用了撇脂定价法

苹果公司的 iPod 产品是最近 4 年来最成功的消费类数码产品,一推出就获得成功,第一款 iPod 零售价高达 399 美元,即使对于美国人来说,也是属于高价位产品,但是有很多"苹果迷"既有钱又愿意花钱,所以还是纷纷购买。苹果的撇脂定价取得了成功。但是苹果认为还可以"撇到更多的脂",于是不到半年又推出了一款容量更大的 iPod,当然价格也更高,定价 499 美元,仍然卖得很好。苹果的撇脂定价大获成功。

作为对比，索尼公司的 MP3 也采用撇脂定价法，但是却没有获得成功。索尼失败的第一个原因是产品的品质和上市速度。索尼最近几年在推出新产品时步履蹒跚，当 iPod mini 在市场上热卖两年之后，索尼才推出了针对这款产品的 A1000，可是此时苹果公司却已经停止生产 iPod mini，推出了一款新产品 iPod nano，苹果保持了产品的差别化优势，而索尼则总是在产品上落后一大步。此外，苹果推出的产品马上就可以在市场上买到，而索尼还只是预告，新产品正式上市还要再等两个月。速度的差距，使苹果在长时间内享受到了撇脂定价的厚利，而索尼的产品虽然定价同样高，但是由于销量太小而只"撇"到了非常少的"脂"。

索尼失败的第二个原因是外形，苹果 iPod 的外形已经成为工业设计的经典之作，而一向以"微型化"著称的索尼公司的 MP3，这次明显落于下风，单纯从产品的尺寸看，索尼的产品比苹果 nano 足足厚了两倍，如表 7.1 所示。外形的差距与产品的市场份额的差距同样大。

表 7.1　苹果、索尼产品尺寸比较

产　品	高/mm	宽/mm	厚/mm
苹果 IPod nano	90	40.6	6.9
索尼 A1000	88.1	55.0	18.7

索尼失败的第三个原因是产品数量。苹果公司每次只推出一款产品、几种规格，但每次都是精品，都非常畅销；而索尼每次都推出 3 款以上产品，给人的感觉好像是自认质量稍逊、要靠数量制胜。但是过多的新产品不仅增加了采购、生产、渠道的成本，而且也使消费者困惑。

索尼失败的第四个原因是索尼公司整体产品表现不佳，索尼的品牌价值已经严重贬值，在这种时候再使用撇脂定价，效果自然会打折扣。

分析案例，讨论什么条件下企业采用撇脂定价法容易成功。

资料来源：http：// marketing.asiaec.com/celue/jiage/575040.html

7.3.2　折扣定价策略

企业为了鼓励顾客及早付清货款、大量购买、淡季购买，可以酌情降低其基本价格，按照原定的价格少收一定比例或者一定数量的货款，这种价格调整叫做价格折扣。价格折扣策略主要有以下几种：

①现金折扣策略，又称为付款期折扣。在允许买主延期付款的情况下，如果买主提前交付现金，可以按照原价给予一定的折扣。这有利于鼓励顾客提前付款。

②数量折扣策略。这主要是根据中间商和用户的购买数量，采用不同的价格折扣，以鼓励大量订货或者一次性多购买某种产品，具体可用非累进折扣和累进折扣等方法。

③功能折扣策略。这主要是为了调动中间商的积极性，折扣的大小，是根据中间商在市场营销中担负的不同业务功能，从而会给予不同的价格折扣，如推广折扣、运费折扣、交易折扣等。

④季节性折扣策略。这主要适用于某些商品在市场销售中有旺季和淡季区别的情况，利用季节价差，鼓励中间商在淡季大量订货。

⑤价格折让。价格折让包括抵换折让(Trade-in Allowance)和促销折让两种。抵换折让是指顾客在购买新产品时,将自己用旧的产品卖给厂商作为新产品的减价;促销折让则是针对愿意配合公司做产品促销活动的经销商所给予的一种价格折扣或酬劳。现在消费者的消费行为变得越发理性,这就要求商家避免花哨的促销,更多地考虑消费者的需求。消费者在选购产品时越来越没有耐心跟一些商家玩价格游戏,如"买一送几""套餐"之类,而更乐意接受直接的降价销售。

企业在应用折扣定价策略时,要考虑一些因素,例如竞争对手和联合竞争的实力,市场中同行业竞争对手的实力强弱会威胁到折扣的成效,一旦竞相折价,要么两败俱伤,要么被迫退出竞争市场;二是折扣的成本均衡性,销售中的折价并不是简单地遵循单位价格随订购数量的上升而下降这一规律。还应该考虑企业流动资金的成本、金融市场汇率变化、消费者对折扣的疑虑等因素。目前在我国折扣在经销方式中的运用非常普及,有些跨国公司不注意在地区影响范围内消除折扣的差异性,以致市场内同一厂商的同种商品折扣标准混乱,消费者或用户难以确定应该选择哪一种价格,结果折扣差异性在自己市场内形成了冲抵,影响了经销总目标的实现。

7.3.3　心理定价策略

心理定价策略是指企业在定价时,考虑消费者购买时的心理因素,有意地将产品价格定得高些或低些,以诱导消费者的购买来扩大市场销售量的一种定价策略,它是定价的科学和艺术的结合。企业根据适当的定价方法确定基本价格,但这个价格并不一定能符合消费者的心理,那么就应针对不同的消费心理,对基本价格进行修改,从而制订出不但令企业满意,而且让消费者易于接受的合理价格。因此了解消费者的心理,灵活地运用心理定价策略在企业定价中就显得尤为重要。当然,不同的企业,不同的消费者群,应该有不同的心理定价策略。

1)尾数定价策略

尾数定价是指在商品定价时,取尾数而不取整数的定价方法,使消费者购买时在心理上产生更便宜的感觉。采用尾数定价的产品能让消费者产生一种感觉,认为这种商品的价格是商家经过认真的成本核算制定的,可信度较高;同时容易给消费者留下一种数字中意的感觉,在不同的国家、地区或不同的消费群体中,由于民族风俗习惯、文化传统和信仰的影响,往往存在对某些数字的偏爱或忌讳,例如我国人民一般喜欢"7"和"6",认为"7"代表发财,"6"代表六六大顺,吉祥如意;美国人则讨厌"5"和"13",认为这些数字不吉利。该策略适用于非名牌和中低档产品。

2)声望定价策略

声望定价指在定价时,把在顾客中有声望的商店、企业的商品价格定得比一般的商品要高,是根据消费者对某些商品某些商店或企业的信任心理而使用的价格策略。与尾数定价策略迎合消费者的求廉心理相反,声望定价策略迎合了消费者的高价显示心理。这是消费者受相关群体、所属阶层、地位、身份等外部刺激影响而对某些特殊商品愿意花高价购买的心理反应,以达到显示身份、地位、实现自我价值的目的,主要适用于名牌企业,名牌商店和名牌产品。由于声望和信用高,用户也愿意支付较高的价格购买公司的产品,但是,滥用此法,可能会失去市场。

3)招徕定价策略

招徕定价策略是指多品种经营的企业中,对某些商品定价很低,以吸引顾客,目的是招徕顾客购买低价商品时,也购买其他商品,从而带动其他商品的销售。如常见的大减价和大拍卖,就属于这种策略。该策略主要适用于竞争较为激烈的产品。但是采用该架价策略时,要注意选择消费者常用的商品,而且降价幅度要大、降价品数量要适量,否则要么达不到预期效果,要么会降低企业利润,甚至损害企业的形象。

4)投标价格策略

投标价格策略也称为密封定价策略。采用这种策略的企业在事先不规定具体价格,采用投标的方式,由用户相互提出价格,然后由企业从中选出较为理想的价格成交。这种策略一般适用于承包工程,或者是某些特殊商品,如古玩文物和工艺美术珍品等。

5)参照定价策略

参照定价策略是指对一个将要陈列在一个更高价格的同一商标或竞争商标产品旁边的特殊产品确定一个适中的,而不是低廉的价格。比如,商店出售进口和国产的同类产品时,可以把国产的定价高,当顾客发现进口的比国产的还便宜,便竞相购买;后来店老板又把国产的降价回原来的价位上,顾客发现原来要价很高的玩具现在那么便宜,于是一购而空。

7.3.4 差别定价策略

差别定价策略是实际中应用较典型的定价策略之一,也称为歧视性定价(Price Discrimination),是对企业生产的同一种产品根据市场的不同、顾客的不同而采用不同的价格。实行差别定价,要注意前提是市场能够细分,而且细分后的市场对同一类产品的需求程度不同。常用的有以下几种:

①产地价格策略,又称为离岸价格策略。交易在产地交货,交货后,用户负担一切运输费用及保险费用,常用于市场供应较为紧张或运输费用较大的商品。

②销售地价格策略,又称为到岸价格策略。商品在销售地点交易,一切运输费用及保险费用均由生产公司负担。常用于打开销路,或者运输费用较小的商品。

③地域性价格策略。这使生产商和批发商,根据不同地区的用户,采取不同的价格策略,在同一地区内实行统一的价格。

国际企业对其产品在国际市场上销售,应保持其统一价格,还是针对不同国家市场制订差别价格,这是一个非常值得研究的问题,与企业的管理水平、产品特性、区域市场特征等各种因素缠绕在一起。企业必须综合考虑自己的特点,再决策到底是统一定价还是差别定价。采取统一定价比较容易管理,也有助于国际企业及其产品在世界市场上建立统一形象,便于企业总部控制企业全球的营销活动,统一定价带来的价格透明,也使消费者减少了上当的机会,在信息不对称的情况下,买的总是没有卖的精,所以消费者也很乐于接受统一定价。然而各国的制造成本、竞争价格、税率都不尽相同,消费水平更有差异,要在环境差别明显的各国市场的统一价格销售产品常常是不切实际的,在很多时候我们要根据具体情况采取差别定价的策略。

 [案例分析]

亚马逊公司差别定价

1994 年,当时在华尔街管理着一家对冲基金的杰夫·贝佐斯(Jeff Bezos)在西雅图创建了亚马逊公司,该公司从 1995 年 7 月开始正式营业,1997 年 5 月股票公开发行上市,从 1996 年夏天开始,亚马逊极其成功地实施了联属网络营销战略,在数十万家联属网站的支持下,亚马逊迅速崛起成为网上销售的第一品牌,到 1999 年 10 月,亚马逊的市值达到了 270 亿美元,超过了西尔斯(Sears Roebuck&Co.)和卡玛特(Kmart)两大零售巨人的市值之和。亚马逊的成功可以用以下数字来说明:根据 Media Metrix 的统计资料,亚马逊在 2000 年 2 月在访问量最大的网站中排名第 7,共吸引了 1 450 万名独立的访问者,亚马逊还是排名进入前 10 名的唯一一个纯粹的电子商务网站;根据 PC Data Online 的数据,亚马逊是 2000 年 3 月最热门的网上零售目的地,共有 1 470 万独立访问者,独立的消费者也达到了 120 万人。亚马逊当月完成的销售额相当于排名第二位的 CDNow 和排名第三位的 Ticketmaster 完成的销售额的总和。在 2000 年,亚马逊已经成为互联网上最大的图书、唱片和影视碟片的零售商,亚马逊经营的其他商品类别还包括玩具、电器、家居用品、软件、游戏等,品种达 1 700 万种之多,此外,亚马逊还提供在线拍卖业务和免费的电子贺卡服务。

但是,亚马逊的经营也暴露出不小的问题。虽然亚马逊的业务在快速扩张,亏损额却也在不断增加,在 2000 年头一个季度中,亚马逊完成的销售额为 5.74 亿美元,较前一年同期增长 95%,第二季度的销售额为 5.77 亿,较前一年同期增长了 74%。但是,亚马逊第一季度的总亏损达到了 1.22 亿美元,相当于每股亏损 0.35 美元,而前一年同期的总亏损仅为 3 600 万美元,相当于每股亏损为 0.12 美元,亚马逊 2000 年第二季度的主营业务亏损仍达 7 900 万美元。

亚马逊公司的经营危机也反映在它股票的市场表现上。亚马逊的股票价格自 1999 年 12 月 10 日创下历史高点 106.677 5 美元后开始持续下跌,到 2000 年 7 月 10 日,亚马逊的股票价格已经跌至 30.437 美元。在业务扩张方面,亚马逊也开始遭遇到了一些老牌门户网站——如美国在线、雅虎等——的有力竞争,在这一背景下,亚马逊迫切需要实现赢利,而最可靠的赢利项目是它经营最久的图书、音乐唱片和影视碟片,实际上,在 2000 年第二季度亚马逊就已经从这 3 种商品上获得了 1 000 万美元的营业利润。

亚马逊公司的差别定价试验:

作为一个缺少行业背景的新兴的网络零售商,亚马逊不具有巴诺(Barnes & Noble)公司那样卓越的物流能力,也不具备像雅虎等门户网站那样大的访问流量,亚马逊最有价值的资产就是它拥有的 2 300 万注册用户,亚马逊必须设法从这些注册用户身上实现尽可能多的利润。因为网上销售并不能增加市场对产品的总的需求量,为提高在主营产品上的赢利,亚马逊在2000年9月中旬开始了著名的差别定价试验。亚马逊选择了67种DVD碟片进行动态定价试验,试验当中,亚马逊根据潜在客户的人口统计资料、在亚马逊的购物历史、上网行为以及上网使用的软件系统确定对这67种碟片的报价水平。例如,名为《泰特斯》(Titus)的碟片对新顾客的报价为22.74美元,而对那些对该碟片表现出兴趣的老顾客的报价则为26.24美元。通过这一定价策略,部分顾客付出了比其他顾客更高的价格,亚马逊因此提高了销售的毛利率,但是好景不长,这一差别定价策略实施不到一个月,就有细心的消费者发现了这一秘密,通过在名为DVDTalk(www.dvdtalk.com)的音乐爱好者社区的交流,成百上千的DVD消费者知道了此事,那些付出高价的顾客当然怨声载道,纷纷在网上以激烈的言辞对亚马逊的做法进行口诛笔伐,有人甚至公开表示以后绝不会在亚马逊购买任何东西。更不巧的是,由于亚马逊前不久才公布了它对消费者在网站上的购物习惯和行为进行了跟踪和记录,因此,这次事件曝光后,消费者和媒体开始怀疑亚马逊是否利用其搜集的消费者资料作为其价格调整的依据,这样的猜测让亚马逊的价格事件与敏感的网络隐私问题联系在了一起。

为挽回日益凸显的不利影响,亚马逊的首席执行官贝佐斯只好亲自出马做危机公关,他指出亚马逊的价格调整是随机进行的,与消费者是谁没有关系,价格试验的目的仅仅是为测试消费者对不同折扣的反应,亚马逊"无论是过去、现在或未来,都不会利用消费者的人口资料进行动态定价。"贝佐斯为这次的事件给消费者造成的困扰向消费者公开表示了道歉。不仅如此,亚马逊还试图用实际行动挽回人心,亚马逊答应给所有在价格测试期间购买这67部DVD的消费者以最大的折扣,据不完全统计,至少有6 796名没有以最低折扣价购得DVD的顾客,已经获得了亚马逊退还的差价。

至此,亚马逊价格试验以完全失败而告终,亚马逊不仅在经济上蒙受了损失,而且它的声誉也受到了严重的损害。

阅读案例,分析亚马逊公司实施差别定价失败的原因是什么?该案例给你什么启示?

资料来源:刘向晖,中国企业培训网,http://www.1mkt.net/html/netanli/130957570.htm

7.3.5　调价策略

当企业的内部环境或外部环境发生变化时,企业必须调整价格,以适应激烈的市场竞争。

1)主动降价

在经济全球化的推动下,市场竞争已经从国内竞争扩展到国际竞争,企业由于诸多因素的交织作用,有时不仅会提高产品价格,也会降低产品价格。降价往往会造成同业者的不满,引发价格竞争,但在某些情况下,仍需降价:一是企业生产能力过剩,产品积压,虽运用各种营销手段(如改进产品、努力促销等),仍难以打开销路;二是面临着激烈的价格竞争,企业市场占有率下降,为了击败竞争者,扩大市场份额,必须降价;三是企业的产品成本比竞争者低但销路不好,需要通过降价来提高市场占有率,同时使成本由于销量和产量增加而进一步降低,形成良性循环。

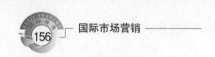

2) 提高价格

由于国际市场供求关系及竞争状况的变化,产品价格在不断地变动,或者是价格提高,或者是价格下降。企业提高产品价格,有可能引起消费者和国外中间商的不满,甚至本公司的销售人员也会表示异议。但是,一个成功的提价策略可以使企业的利润大大增加。产品价格提高,除了追求更高利润外,还有一些其他导致企业不断提高产品价格的因素,例如市场供不应求,企业无法满足顾客对其产品的全部需求时,只有提高价格以平衡供求,增加收入;通货膨胀期间物价上涨,使企业成本费用上升时,必须提高产品销价,以平衡收支,保证赢利;改善和提高产品形象等。

企业在提价时,应注意通过各种传播媒介沟通信息,向买方说明情况,争取买方的理解,并帮助买方解决因提价而产生的一些问题。

3) 企业对竞争者降价竞销的对策

在国际市场营销实践中,企业会出于对竞争者价格或产品的考虑而调价,企业面对竞争对手降价竞销时,可选择以下几种对策:一是维持原价不变;二是维持原价,同时改进产品质量或增加服务项目,加强广告宣传等;三是降价,同时努力保持产品质量和服务水平稳定不变;四是提价,当同行业主导企业提价时,为了避免与其抵触所造成的损失,必须考虑随之提价。当企业产品在与竞争产品的抗衡过程中,已在顾客心理上确立了某种差别优势时,企业可以考虑利用自己的独特优势提价,但提价幅度必须是顾客能够承受,且能够维系顾客忠诚的,如提价幅度过大,差别优势就可能丧失,顾客将依据价格另选品牌,转向竞争产品。在提价的同时应推出某些新品牌,以围攻竞争对手的降价品牌;五是推出更廉价的产品进行反击。

7.4　国际产品定价程序

假定企业已知道新产品的成本状况,那么是否应采取成本加成方式定价;新产品的认知价值与竞争者产品相比较孰优孰劣;是否需要调查了解顾客或最终用户所愿支付的价格水平……一般企业的定价程序可以分为 6 个步骤,即确定企业定价目标、测定市场需求、估算商品成本、分析竞争状况、选择定价方法、确定最后价格。这个定价程序包括如下步骤:

1) 确定企业定价目标

在前面我们已经学习过,企业的定价目标是不同的,有的是为了拓展新市场;有的是为了利润最大化;有的是为了提高市场占有率;有的是为了应对竞争者……确认定价目标是定价的首要任务。

2) 评估市场需求

通过市场细分,识别目标市场需求,确认潜在用户及其需要。

3) 估算商品成本

设计一个应用于各个细分市场的系统,确定每个市场部分的边际成本和特殊成本。

4) 分析竞争状况

估计可能的竞争对手。
①了解竞争对手的价格水平;
②分析竞争对手的优势与劣势。

5) 选择定价方法

①确认顾客或用户的需求内容;
②确定产品的价格水平;
③决定在不同产品之间的价格和功能的差异程度;
④探讨价格变化的影响,并决定不同市场条件下最有利的定价方法。

6) 定价

①确认可行的定价方案。
a.估计期望价格水平和推出时机的销售额;
b.估计产品的直接成本;
c.识别产品改变时成本的差异程度。
②估计不同销量水平下生产和市场营销的直接和间接成本。
③计算不同销量水平下每个细分市场的期望利润。
④确定最后价格。

 [讨论]

Windows 正变得越来越便宜还是越来越贵

最简短的答案为:都不是。大概来讲,微软的产品价格多年来保持不变。

但深入的答案要更复杂些。其中有很多涉及因素,比如其他 PC 部件的成本,Windows 是否随机捆绑销售等。

微软总经理 Brad Brooks 认为,Windows 是一件便宜货,他的理由是,这种操作系统的功能越来越多,但价格保持不变。

Brooks 说:"如果你将它的成本和 PC 的使用寿命相比,你就会计算出,它的成本比你家庭同期花在牛奶上的钱还要低。"

现在,Windows Vista 在商店中销售已有一个多月了,因此,检查一下它的库存情况,从价值的角度上讲很有意义。

除了有更便宜的感觉外,Windows 中的东西也前所未有的多。Vista 的一些程序用户原来是要额外付钱才能获得的。它有反间谍软件,语音识别软件,Virtual PC 虚拟机软件,全部都是免费提供的。并且,微软一直将价格保持稳定,而通货膨胀使得 Windows 的价格实际上是在降低。举个例,1997 年,升级到 Windows 97 的费用是 109 美元,但是,按照联邦储备局 2007 年公布的通货膨胀值来计算,这笔成本为 137 美元。目前,升级到 Vista 家用版的价格为 99 美元。

另外一方面,由于其他电脑部件价格已经降低,Windows 在一台 PC 当中所占据的成本已经提高。例如,根据 NPD 集团的数字,1997 年,一台典型的台式电脑的成本在 1 100 美元左右,现在只有 650 美元。

- 相对值

NPD 分析师 Stephen Baker 认为,PC 其他部件价格的跌幅超过 Windows 的事实并不意味着购买这种操作系统不划算。

Baker 说:"Windows 的成本似乎在上升,尤其是与 PC 的总体成本以及其他 PC 部件相比时更是如此,但这种上升只是表面的。就像硬件,我们需要考虑升级到一个新的操作系统所需要的硬件成本增加值。"

过去 10 年,Windows 已经整合了许多功能,像刻录音乐 CD,制作电影,录制电视节目,编辑相片等。这些功能应用并不是单独提供的,而是捆绑在各个新的 Windows 当中。

Baker 说:"和计算硬件的成本相比,计算这些要困难得多,但我认为,操作系统的价值是提高了。"

但,微软并没有拱手奉上全部的价值。微软推出了一些价格比较高的个人用户操作系统,比如 Windows XP 媒体中心版,Windows Vista 家用高级版以及 Windows Vista 最终版本。因此,虽然入门级别的操作系统价格保持稳定,但用户要获得更多功能版本的操作系统,他们得花更多的钱。

微软公司一名分析师 Michael Cherry 指出,很多人实际上并没有感觉他们为 Vista 付了钱,因为 Vista 是随机捆绑销售的。

Cherry 说:"你不可能不选择操作系统,"(戴尔的 N 系列电脑中,有 3 种是没有操作系统的,但如果用户想要安装操作系统,Windows 并不在可选之列。)

- 隐藏的成本

这意味着,很大程度上,消费者对 Windows 价格的感受是受整个电脑的总体价格影响的。只要电脑的整体价格仍然在下降,用户很可能会忘记电脑内部的部件成本实际上是在降低。

另外值得指出的一个事实是,和用户相比,电脑制造商们买到的 Windows 拷贝价格要低得多。

Current Analysis 公司的研究主任 Samir Bhavnani 说:"从个人用户的角度上讲,与两年前相比,他们获得折扣更大了。"

然而,Vista 似乎在更高端的电脑上才能工作得更好。Vista 可能会驱动 PC 平均价格的提高,或者至少阻止它的价格下滑,去年第四季度,和之前的季度相比,500 美元以下的笔记本电脑销量正在增长。今年二月,随着 Vista 的上市,500 美元的电脑销量开始急剧下降。

Bhavnani 认为,没有很多的用户觉得 Windows 太贵。他说,如果一种新汽车多年来保持一样的价格,马力又在不断增加,那么它也不算很昂贵。

NPD 的分析师 Chris Swenson 说,越来越多的人将开始注意到,Windows 的价格当中包括了全部升级以及反盗版的机制成本。

　　需要注意的是,很多人实际上去商店购买的是升级版本。NPD 的统计显示,到目前为止,盒装 Vista 的销售量远远比不上 Windows XP 的初期销量。

　　Cherry 预计,大部分的人将购买和 Windows XP 版本对应的 Vista,但一部分人会去购买更高级的版本,这些人会付更多的钱。比如,Vista 最终版,其升级版的价格为 259 美元,完全版为 399 美元。

　　Cherry 说:"这很贵。"

　　阅读以上文字,你认为微软公司对于 Windows 系统是如何定价的? 你认为 Windows 未来的发展趋势是什么?

资料来源:http://www.enet.com.cn/article/2007/0301/A200703014592442.html

7.5　转移定价

　　跨国公司的商品销售通常分为两部分:一部分销售给公司集团外的经营实体,另一部分销往跨国公司集团内部的成员公司。当跨国公司集团内部的一个所属公司将其有形或无形的产出,包括产品、劳务、资金或技术等,销售给其内部的另一所属公司时,所采用的销售价格就是"转移价格"(transfer price,简称 TP)。跨国公司常把制订转移价格作为一项战略工具,因为它可以不受市场供需关系的直接影响,也不完全决定于产品本身的价值量,通过制订转移价格跨国公司可以达到转移资金、降低实际赋税,实现整体利益最大化目的。

　　所谓转移价格,也即"转移定价",指跨国公司内部母公司与子公司、子公司与子公司之间进行商品、劳务或技术交易时所采用的内部价格,它不受国际市场供求关系的影响,只服从于跨国公司的全球战略目标和跨国公司全球利益最大化目标。举例来说,当子公司所在国相对母公司所在国为高税率国家时,母公司就会为该子公司制订"高进低出"的转移价格策略,即该子公司以高标价买进母公司的产品,而以低标价卖出,这样该子公司账面利润降低,减少在该国的赋税;反之,当子公司所在国相对母公司所在国为低税率国家时,则采用"低进高出"的策略。这两种做法人为改变了跨国公司的利润分布,即提高在低税率国家所属公司的利润,降低在高税率国家所属公司的利润。

　　在实践中,相当多的外商投资企业通过"高进低出""低进高出"甚至"主观列支",可以达到调节利润、逃避税收、享受优惠、优化资产配置、减少和避免各类风险,进而达到对公司进行战略性总体调控的目的。当然有些国家政府针对国际企业的这一策略,制定了相应的法律、法规,以要求国际企业制定内部转移价格时能遵守公平交易的原则,挽回或保护其正当的国家利益。

7.5.1　转移定价的常见方式

　　跨国公司采用转移定价常见有 4 种方式:

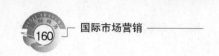

1）实物交易中的转移定价

实物交易中的转移定价具体包括产品、设备、原材料、零部件购销、投入资产估价等业务中实行的转移定价，这是目前转移定价最重要，也是使用最频繁的一种方式。其主要手段是采取"高进低出"或"低进高出"，借此转移利润或逃避税收。

2）货币、证券交易中的转移定价

这主要是指跨国公司关联企业间货币、证券借贷业务中采用的转移定价，通过自行提高或降低利率，在跨国公司内部重新分配利润。贷款利息作为费用可免除所得税，纳税时应予以扣除，借此大量转移利润，还同时享受"开始获利年度"的税收时间优惠待遇，推迟纳税时间。

3）劳务、租赁中的转移定价

劳务、租赁中的转移定价存在于境内外关联企业之间相互提供的劳务和租赁服务中，他们高报或少报甚至不报服务费用。更有甚者，有的竟将境外企业发生的庞大管理费用摊销到境内公司，以此转移利润，逃避税收。

4）无形资产的转移定价

这主要指获得专有技术、注册商标、专利等无形资产过程中的转移定价。跨国公司企业间通过签订许可证合同或技术援助、咨询合同等，以提高约定的支付价格，转移利润。对关联企业间的非专利技术和注册商标使用权的转让，由于其价格的确定存在着极大的困难，很多国家没有收费的明确规定，而且由于其专有性，无可比市场价格，其价格的确定更是难以掌握。

7.5.2　转移价格的价格制定

转移价格的决策机制通常有 3 种类型，一种是由公司总部单独决策的"本国中心机制"；一种是由海外子公司分散决策的"多中心机制"；一种是由母公司和子公司共同决策的"全球中心机制"。制订方法主要有以成本为基础的转移定价、以市场为基础的转移定价、协商价格和双重价格。

1）以成本为基础的转移定价

这是以产品或劳务的成本为基础制订内部转移价格。一般来说，以成本为基础的定价易于操纵，便于计量。但由于对责任中心只计算变动成本，不能刺激转让单位进行成本控制，不利于促进资源的最优配置。

2）以市场为基础的转移定价

按公司与外部世界同类产品交易的价格决定转移价格，这是以市场价格为基础制订内部转移价格。这种方法建立在已确立的市场价格基础上，为所交换的商品或者劳务价值提供客观尺度，便于评价子公司的经营业绩。在中间产品存在完全竞争市场的情况下，且各部门相互独立，市场价格减去对外的销售费用，被视为最理想的转移价格。

3) 以协商价格为基础的转移定价

如果中间产品存在非完全竞争的外部市场,可以采用协商价格,即双方就转移中间产品的数量、质量、时间和价格进行协商所确定的为双方所接受的价格。协商价格有一定弹性,可以照顾双方利益并得到双方认可。

4) 双重价格法

这是对同一中间产品分别用两种标准对转入、转出产品计价,以使双方都有动机买卖。这种方法可以激励双方充分发挥积极性和主动性,对双方都有利,但对整个集团可能不利。

总之,跨国企业在进行转移价格时,既要合理合法的实现节税,又要避免滑入偷税的误区,对多税种、多税率间的税种结构、整体和局部、眼前利益和长远利益的关系综合考虑,实现企业经济利益的最大化。

［相关知识链接］

转移定价,业内心照不宣的秘密

有资料显示,2004年度外资企业自报亏损额高达1 200亿元,60%在华外商直接投资企业自称亏损。面对这一难以置信的"巨亏"事实,安体富教授道出了早已是行业内心照不宣的秘密——"转移价格"。打个比方:假设一家美国企业来华投资设厂后,以10美元的价格从其母公司进口原材料,在中国又追加投资2美元,则其成本应为12美元。但是在华子公司以11.5美元的价格把产品返销给其母公司,从账面看这家美商在华投资企业就是亏损的,而其母公司很可能以14美元的价格把产品转手销售给其他消费者,这样利润就被截留在国外了。

一位在跨国公司北京总部担任会计师的女士透露,外企通过转移价格逃税占到避税总金额的60%以上。另一位知情人士透露,其他避税的手法还有利用无形资产的特殊性,让国内企业在需要使用跨国公司的技术、专利、商标时,支付巨额的特许使用费。同时,外资企业母公司拼命压低其劳务成本,子公司则向其支付高额的劳务费用,利用利率来实现价格转移,大面积地"制造亏损"。苏州近一万家外商投资企业中,亏损面竟达到70%。

预约定价反避税最有效

从世界范围来看,预约定价(APA)被认为是解决转移定价反避税的最有效方式。APA机制就是由纳税人与税务机关就有关关联交易的转移定价方法事先签订的协议,用以解决和确定在未来年度关联交易所涉及的税收问题。最核心的原则就是企业通过与税务机关进行协商讨论,预先确定税务机构和企业双方同意的关联交易定价原则,即将转移定价的事后税务审计变为事前约定。作为国际通行的纳税方式,预约定价使得政府部门的漏征税风险与审查成本减轻,跨国公司也可以减低被稽查后双重征税的成本。在事前约定和事后稽查的利益博弈中,跨国公司往往选择前者,从而实现税务机关和跨国公司的双赢。

对于转移定价问题,专家建议还可以从以下几个方面来完善:一是提高合资、合作企业中中方的自我保护能力。在与外商成立合资、合作企业前,中方应通过结构上的优化组合,使自己掌握对外购销,控制营运企业的运营。另外,引进专有技术、商标使用权的转让价值应经过中国权威部门鉴定;二是加强税收征收管理。税收征管应建立纳税人申报、税务代理和税收稽查三位一体的模式,可以适当借鉴国外的规定,切实制定反转移定价税法;三是加强会计师事务所和海关的作用。中国会计制度要与国际惯例接轨,熟悉跨国企业的财务会计做账方法,建立和健全严格的审计制度。加强海关对外企进出口货物的监督管理。发现价格严重偏离正常交易价格时,可要求对进出口货物重新估价和征税。四是注意多方面的配合、掌握信息。国内各部门应进行有效配合。海关、税务、外经贸、工商、审计等部门应注意相互通气,相互间协调工作,积极搜集国际市场价格的情报,形成一个反对跨国公司滥用转移定价的网络。

资料来源:http://zhidao.baidu.com/question/2010750.html

[本单元重点]
影响国际定价的主要因素
国际定价的基本方法
国际定价策略

[实训项目]

1.选取你们有兴趣的某个同类产品(比如蓝牙音响),浏览亚马逊网站、淘宝网站、速卖通网站、网易考拉网站等5家以上平台,比较其定价情况,并分析理由。

2.自己查阅资料,分析"特斯拉""保时捷"在中国市场的定价策略。

单元8
国际营销渠道策略

【学习目标】

本单元主要介绍了国际销售渠道的概念、分类,以及国际分销渠道的策略和企业进入国际市场的渠道选择,最后介绍了如何管理国际分销渠道。学完本章后,你应该具备以下能力:

①熟悉国际销售渠道的概念、分类;

②掌握企业进入国际市场的基本方式、方法,能区别其差异,并能针对企业实际情况进行分析,做出渠道选择决策;

③了解分销渠道管理决策,包括选择、激励、评价分销渠道成员。

【教学建议】

销售渠道在营销的实践中很重要,但是营销渠道的选择也很多难度。建议让学生分组选择一家中国企业国际化的历程来分析该企业国际化中销售渠道的模式和变化,通过讨论来学习企业国际化中可选择的渠道模式,同时熟悉国际化渠道模式的几种策略。

【学习建议】

去搜集一家已经成功国际化的中国企业的资料,了解其国际化的过程,进而总结该企业国际化的渠道变化及模式,通过对真实企业的分析思考的基础,熟悉国际营销渠道的分类、模式及各自特点,并掌握基本的渠道策略。同时,关注电商带来的国际营销渠道的变化,及电商在企业国际化渠道建设中的价值。

［导入案例］

宝洁公司无缝营销渠道策略

宝洁公司作为西方名牌进入中国内地市场,其成功是有目共睹的。尽管巨额广告投入是其取得成功的法宝之一,但许多外企营销人士认为,宝洁公司成功的真正秘密武器是在促销理念指导下的渠道运作综合管理体系,即 P&G 在中国内地实行的"无缝营销渠道模式"。所谓"无缝营销渠道"是指为了提高整条营销渠道的服务质量,从而为消费者创造更有价值的服务。营销渠道中的各成员组织打破原有的组织边界,在多层面基础上相互协作,就如同在一个企业的团队中一样工作的营销方法,这里既包括制造型企业与其经销商之间可能建立的合作关系,也包括批发商与零售商之间的联盟。

宝洁公司把握市场的发展趋势,实施"无缝营销渠道策略",主要包括 3 个方面的内容。

● 建立良好的协作关系,并根据各自优势进行合理分工

首先,宝洁公司在全国各地精心挑选实力雄厚的批发商,其要求是:必须符合一定规格、财务能力、商业信誉、销售额、仓储能力、运输能力和客户结构等指标。其中客户结构是指批发商必须具备一个较完善的、有一定广度和深度的客户网络,网络中包括一定数量和一定层次的二级批发商或零售商,并且能较完善地覆盖一个区域市场。

其次,利用渠道成员优势,进行合理分工,确立相对比较平衡的合作关系。宝洁公司对其经销商进行互补性基础上的定向整合,而非各自独立的内部优化,从而大大避免了重复无效的工作,降低了经营成本。宝洁公司每开发一个新的市场,一般只跟一个批发商展开合作(大城市一般为 2~3 家),并派驻一位厂方代表,全面开发管理该区域市场、经销商及经销商下属的销售队伍,其办公场所就设在经销商营业处,所以宝洁公司员工的口头语是"经销商即办事处"。宝洁公司以经销商为中心,视之为公司下属销售机构,负责一切终端铺货、陈列及促销工作,并组建宝洁公司产品专营小组,这样将终端市场控制权掌握在自己手中。

● 实行一体化营销改造

经销商是独立的经济主体,与宝洁公司有着不同的经济利益,甚至利益相悖,他们要求自主决定价格、延迟付款等。为了改变这种局面,宝洁公司对其经销商进行 P&G 式的改造,使经销商的营销职能部门有与 P&G 相似的组织机构与运作方式。

● 经销商的激励措施多样化

通过组建宝洁产品专营小组,宝洁公司基本掌控了终端网络。为了确保厂方代表对专

营小组成员的全面控制管理,专营小组成员的工资、奖金,甚至差旅费、电话费等全部由宝洁公司发放。厂方代表依据销售人员的业绩,以及市场抽查的结果,确定其奖金额度。同时,宝洁公司还要求经销商配备专职文员及仓库人员,其工资、奖金也由宝洁公司承担。

为提高专营小组的工作效率,宝洁公司不定期地派专业销售培训师来培训,内容涉及公司理念、产品特征、谈判技巧等多个方面。同时,厂方代表协助专营小组成员拜访客户,及时进行实地指导和培训。为改善卖场的商品陈列,宝洁公司一方面要求小组成员过与经销商建立良好关系,免费争取到产品的最佳陈列位与最多陈列面;另一方面给各大卖场提供专项陈列费、买位费,以及进场费,以确保大卖场中的最佳陈列。

虽然拓展零售商的职能主要由经销商承担,但零售商直接与消费者打交道,掌握着大量消费者需求的直接信息,宝洁公司并不放弃与零售商的合作,并采用教育零售商的方式来加强对他们的管理与影响。P&G不惜耗费大量的人力、物力、财力在各个销售区域雇佣当地人作为促销员,负责定期拜访零售商,利用促销品向零售商宣传其产品特点,传授销售技巧,以及POP张贴技巧,同时搜集宝洁产品的消费信息,并反馈给公司营销部门,从而可以与零售商保持密切关系,并共同分享信息。

资料来源:胡德华,夏风.国际市场营销实务[M].北京:清华大学出版社,2009:183-184.

宝洁公司正是成功的渠道策略,取得了营销的成功,可以说,分销渠道战略的制订与分销系统的设计常常直接影响跨国公司在目标市场的竞争力。一个企业产品再优异,是否能有效占领市场,还取决于产品是否能顺利、及时地送达消费者的手中,而这取决于一个企业销售渠道的建设。无论是何种产品,市场营销人员都必须设法通过销售渠道将商品送达消费者手中。一个企业只有有效地规划营销渠道,才能保证商品畅通地走向国际市场。

8.1　国际分销渠道的概念

8.1.1　分销渠道的含义和作用

1)分销渠道的概念

分销渠道(Channel of Distribution)也通常称为销售渠道或商品流通渠道,是指商品从生产领域进入消费领域的流通途径,它不仅是指商品实务形态的运动路线,还包括完成商品运动的交换结构与形式。从特定的商品生产者、企业角度而言,销售渠道就是产品从生产者向消费者、用户转移的途径、路线、通道。其起点是生产者,终点是消费者、用户,其间则往往通过中间环节即中间商,实现产品所有权的转移。

无论产品面对哪个国家,哪一类市场,也无论是消费品还是工业品,都必须通过一定的分销渠道将商品运达消费者手中。

2)分销渠道的意义

搞好商品的渠道建设,对于企业的经济效益有重大影响,良好、稳固的分销渠道网络是企业一种关键性的外部资源条件,是企业十分重要的无形资产和"生财之道"。渠道决策是营销组合 4P 中最具有长期性、相对稳定性的决策。

分销渠道其意义主要体现在以下几个方面:

①能够缩短商品的流通时间,加快企业的资金周转,加速社会再生产过程的完成。由于有了行之有效的分销渠道,产品可以较快且方便地进入国外市场传递到消费者手中,也方便消费者购买,产品流动的快捷也无形中加速了资金的流动,提高了经济效益。

②可以大大节约商品流通费用,降低交易成本。假设有 2 个厂商,每个厂商都和 10 个消费者交易,这总共发生 20 次交易,如果两个厂商都通过一家中间商转卖给消费者,这样每家厂商只和中间商交易一次,总交易次数将缩减为 10 次。现实情况中,消费者的数量不止 10 家。有了中间商,不仅大大减少了交易次数,简化了流通过程,也节省了各厂家的重复劳动,降低了流通费用。

③能够扩大产品销路,做到货畅其流,更好地促进生产和满足市场的需要。中间商是专门从事销售的专家,他们了解市场,通晓销售业务,能更有效地完成销售任务。同时,中间商能根据需要对各种花色品种进行搭配,便于顾客购买,能更好地满足市场需要。

④可以通过中间商连接生产者和消费者,及时反馈市场信息,使生产更合理。在没有中间商时,有可能消费者找不到所需商品,而生产者找不到市场,有了中间商的穿针引线,双方都得到满足。同时,中间商可以搜集和发布各单位市场研究和情报方面的信息,把信息及时反馈给生产者,这些信息对适应环境,进行计划和调整很有必要。

3)国际分销渠道的概念

国际分销渠道是指国际营销中商品的流通渠道。它是由生产商向国外消费者(用户)转移所经过的通道,也指生产商经过(或不经过)国际中间商转移到最终国外消费者(用户)的全部市场结构。国际分销渠道跟国内分销渠道相比区别之处不在于结构上的选择,而在那些影响渠道决策的市场因素的变化;同时,国际分销渠道由两部分构成,一是企业进入国际市场的渠道,即国家间渠道;二是各国国内的分销渠道。

8.1.2 国际分销渠道的模式

选择什么样的渠道在国外目标市场上销售商品,并不能仅由企业的主观愿望和自身条件决定,还要视各国现有的渠道模式来定。

1)国际分销渠道模式

进行国际市场营销,首先涉及从母国进入目标国的过程,然后才是在目标国国内市场分销渠道模式的选择。国际市场分销渠道模式具体见图 8.1:

从图 8.1 可以看出,国际分销渠道中的出口中间商和进口中间商包括许多不同性质的渠道参与,下图中第①种渠道结构是最短的国际分销结构,未经任何中间层次就完成了商品流通过程;第⑨种渠道结构是最长的国际分销结构,产品必须通过出口中间商、进口中间商、批发商、零售商等多个层次才能完成商品所有权的转移。出口生产企业的产品不通过出口中间商直接进入进口国的渠道形式可称为直接出口形式;通过出口中间商进入进口国的渠

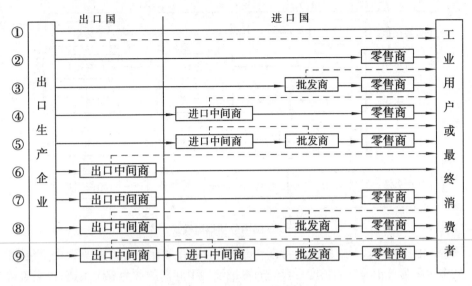

图8.1　国际市场分销渠道模式

注：虚线表示面向工业用户的分销渠道；实线表示面向最终消费者的分销渠道

道形式则称为间接出口形式。因此，①至⑤种渠道结构是直接出口形式，⑥至⑨种是间接出口形式。

　　跨国公司的产品分销的原理与上述内容是一致的，这时可把出口国视为跨国公司母国或生产产品的东道国，进口国则是第三国或跨国公司的母国。如果跨国公司同时在东道国生产和销售产品，就不存在跨越国界分销产品的问题，但它同样属于国际营销的范畴，只不过是通过技术、服务、资本的输出带动产品输出的方式来进行国际营销活动。

　　可见，国际分销渠道也有很多方式可以选择，企业要根据自己的具体情况进行分析、取舍。国际分销渠道的结构包括企业进入国际市场的渠道即国家间渠道和各国国内的分销渠道两部分。对于产品出口的企业而言，其国际分销渠道通常可分为3个环节：一是出口国国内渠道，二是出口国的出口商与进口国的进口商之间的渠道，三是进口国国内渠道。

2) 各国国内分销渠道模式

　　各国现有的渠道模式都各不相同，常见的消费品的分销渠道有以下几种基本模式（见图8.2）：

　　工业品的分销渠道模式和消费者分销渠道模式相比，缺少了零售商的环节，这是因为生产资料的品种、规格、型号复杂，技术性强，需要生产企业提供各种技术服务，并且对批发商也有相应的要求。

　　从图8.2中我们可以看出公司外部可利用的各种中间商可以分为两大类，一类是自营中间商，也就是批发商和零售商，他们买断销售的商品，获得货物所有权，通过赚取差价获利；另一类是代理中间商，他们直接代表委托人，而不是自主经营，主要通过完成生产商规定的一定销量，通过提成获利。在对国内和国外中间商分析时，要区分这两种情况。在实际的国际营销中，那些分工明确、性质单一的实体并不多见，有很多公司既经营出口又经营进口，既是代理中间商又是自营中间商，有的还承担运输工作，对这类公司分类比较困难。

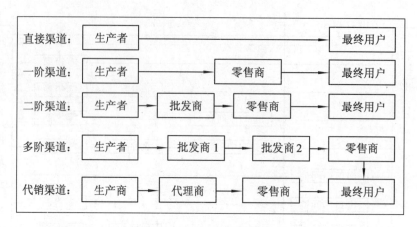

图 8.2　国内分销渠道模式

从图 8.2 中我们可以看到各种渠道的中间商的层次有多有少,我们把渠道中所包含的中间商层次的多少称为分销渠道的长度。我们通常把没有中间商的称为零阶渠道,也叫直接渠道;有一个中间商的称为一阶渠道,有两个中间商成为二阶渠道,两个以上中间商的成为多阶渠道。我们可以看出其中"直接渠道"整个渠道没有中间层次,它指企业直接面向消费者销售,图 8.2 中其他的渠道都称为间接营销渠道,中间商层次少的称为短渠道,层次多的称为长渠道,例如电视机、照相机、轮胎、家具、家电等常采用一阶渠道;生产食物、药品、五金及其他产品的小制造商常采用二阶渠道;肉类加工业常采用多阶渠道。有一些销售渠道还有更多的中间层,但不多见,从生产商的角度看,中间商越多,销售渠道就越长,也就越难控制。总之,渠道长短的策略要根据产品的特点、企业自身的条件以及目标市场的情况具体分析。

分销渠道的各个层次上有不同数量的中间商,我们把各个层次上渠道成员的数量称为分销渠道的宽度,同一层次中间商数量多,我们称为宽渠道,反之称为窄渠道。使用较宽的销售渠道,可以覆盖较大的市场,有利于扩大销售;使用较窄的渠道,则利于提高中间商的积极性。渠道宽度的选择也要根据产品特点、企业条件以及竞争情况具体分析。

[讨论]

> 讨论、比较几种渠道模式的优劣,并举例说明。

8.2　国际分销渠道策略

企业进行国际市场营销时,面临着选择怎样的渠道模式,通常在以下几个方面要做出决策。

8.2.1　渠道模式的标准化与地区化的决策

渠道模式的标准化是指企业在国外不同市场上采取相同的渠道模式;地区化则根据各地区的不同情况,采取不同的渠道模式。

国际企业一般喜欢用标准化策略,可产生规模效益,且可吸取以往经验。但事实上由于各国的市场特性,诸如消费者地理分布、数量、购买习惯的不同,各国的渠道结构不尽相同,同时由于竞争对手的渠道策略也各不相同,所以企业一般采取地区化渠道模式。

8.2.2　渠道的长度决策

分销渠道的长短通常按经过的流通环节或层次的多少划分,长短只是相对而言。渠道越短,分销效率及控制程度就越高,可节约中间成本,但是企业的决策必须考虑许多因素,如产品特点、市场状况、生产情况等综合考虑。我们前面已经学习过,直接(Direct)渠道最短,相比较而言间接(Indirect)渠道则长一些。

直接渠道的好处是销售及时,商品损耗少,资金回收快;便于按需供货、提供各种服务;能直接了解市场信息,密切产需关系,有利于改进经营管理,以需定产;便于控制产品售价,独占销售利润,提高竞争能力。但直接渠道需占用较多资金、人力,管理不易,还要承担全部市场风险。

间接渠道的好处就是中间商对生产者的作用,它能大大减少生产者的资金、人力占用,分散市场风险;降低交易成本;能缩短产需之间的时空距离,通过中间商的桥梁纽带作用,既有利于消费者寻找、选择商品,也有利于生产者开辟市场,扩大产品销路,调节、平衡市场供求,协调生产与消费。但间接渠道延长了产品流通时间,增加了流通费用,提高了产品售价;不便于提供全面、细致的服务;还容易导致工商之间的矛盾冲突。

我们要注意到互联网的出现,第一次使以有限的成本接触到每一个最终客户成为可能,这种全新的、互动的模式打破了传统意义的销售渠道。传统意义上的直销是指生产厂家直接将产品销售给消费者,如安利化妆品公司、戴尔电脑公司等。而此处的通路直销是指厂家或经销商绕过一批甚至两批中间环节,直接供货给零售终端,而并非直接向最终消费者销售。网络营销的出现"消除了中间商",使产品可以直接面向最终消费者。例如一个传统的钢铁贸易公司如果到互联网上看一下就会发现有一个"电子钢铁"(e-steel),它是一个虚拟的市场,世界上任何地方的钢铁供应商或需求者都可以在上面见面、谈判、签订合同。这样的例子在互联网层出不穷,互联网的介入为市场创造了透明度、降低了交换成本,现有的企业都应重视互联网的价值并考虑如何利用互联网重新定义自己的业务和自己的销售渠道,使传统的业务能借助网络技术开拓出更广阔的前景。

 [问题]

举例说明哪些产品适用于短渠道,哪些产品适用于长渠道。电子商务的出现怎样改变了分销渠道的长度? 企业应如何调整自己的渠道决策?

8.2.3　渠道的宽度决策

渠道的宽度取决于渠道的每个层次(环节)中使用同种类型中间商数目的多少。制造商选择较多的同类型中间商(如批发商或零售商)经销产品,则这种产品的分销渠道谓之宽渠道,反之,则为窄渠道。一般可分为以下3种策略:

1) 密集型分销策略(Intensive Distribution)

密集型分销策略也叫广泛性分销(Extensive Distribution)、多家分销,是指企业尽可能利用大量的、符合最低信用标准的分销商参与其产品的销售,密集分销意味着渠道成员之间的激烈竞争和很高的产品市场覆盖率,最适用于便利品。它通过最大限度地便利消费者而推动销售的提升,产品的分销越密集,销售的潜力也就越大。

在这种情况下,企业往往必须实行广而密的铺货,使产品尽量地接近目标市场的消费者,迅速扩大产品销路,便利购买,及时销售产品。而其不足之处在于,在密集分销中生产企业对经销商提供的服务是有限的,同时在某一市场区域内,经销商之间的竞争会造成销售努力的浪费。由于密集分销加剧了经销商之间的竞争,他们对于生产企业的忠诚度便降低了,价格竞争更加激烈。生产商必须负责对经销商的培训并对分销商支持系统、交易沟通网络等进行评价以便及时发现其中的障碍。

2) 选择性分销策略(Selective Distribution)

生产企业在特定的市场,通过少数几个精心挑选的、最合适的分销商来销售本企业的产品。在这种策略下,其分销机构成员在一家以上,但又不是让所有愿意经销的分销机构都来经营某一种特定产品,一些已建立信誉的企业或一些新兴企业,都利用选择分销战略来吸引分销机构的加入,以期获得足够的市场覆盖面,并与从中挑选出来的分销机构建立起良好的合作关系,与密集分销策略相比,采用这种策略具有较强的控制力,成本也较低,因此这是一种常见的形式。

选择分销中的常见问题是如何确定经销商区域重叠、交叉的程度。选择分销中区域重叠的量决定着在某一给定区域内选择分销与独家分销和密集分销所接近的程度。虽然市场重叠率高会方便顾客的选购,但也会在零售商之间造成冲突;低重叠率会增加经销商的忠诚度,但也降低了顾客的方便性。

3) 独家分销策略(Exclusive Distribution)

独家分销策略即生产企业在一定地区、一定时间只选择一家中间商销售自己的产品。独家分销的特点是市场覆盖面较小、竞争程度低。一般情况下,只有当公司想要与中间商建立长久而密切的关系时才会使用独家分销。因为它比其他任何形式的分销更需要企业与经销商之间的联合与合作,其成功是相互依存的。它比较适用于服务要求较高的专业产品。

独家分销使经销商们避免了与其他竞争对手作战的风险,还可以使经销商无所顾忌地增加销售开支和人员以扩大自己的业务,不必担心生产企业会另寻高就。而且,采用这种策略,生产商能在中间商的销售价格、促销活动、信用和各种服务方面有较强的控制力,采用独家分销的生产商还期望通过这种形式取得经销商强有力的销售支持。独家分销的不足之处主要是由于缺乏竞争会导致经销商力量减弱,而且对顾客来说也不方便。另外独家分销会使经销商们认为他们可以支配顾客,因为在市场上他们占据了垄断地位。

采用独家分销,通常双方要签订协议,在一定的地区、时间内,规定经销商不得再经销其他竞争者的产品;生产商也不得再找其他中间商经销该产品。

8.2.4　渠道的组织策略决策

渠道的组织策略面临两种决策,一种是独营渠道策略,一种是联营渠道策略。独营渠道是传统的渠道组织形式,生产者与中间商彼此独立,各自经营,松散合作,关系主要是磋商交易条件,生产者虽可利用中间商的仓储条件,得到中间商的资金支持,但难以有效地控制中间商,可能因中间商矛盾影响渠道的正常运行。

联营渠道是现代发展起来的工商联营、联销的渠道组织形式,可对分销全过程负全责,进行事实上的系统控制,比较稳定。其具体形式可分为3类:垂直、纵向联合组织(Vertical Marketing System,VMS),水平、横向联合组织(Horizontal Marketing System,HMS),集团性联合组织。

垂直联合组织由一个渠道成员统一拥有或控制,可细分为以下3种:

①法人、公司型(Corporate VMS)——由一个渠道成员拥有和统一管理,或由生产者建立前向一体化的工商联合组织,或由零售商建立后向一体化的商工联合组织;

②契约、合同型(Contract or Contractual VMS)——包括制造商特许经营、批发商自愿连锁、零售商合作连锁;

③管理型(Administrative or Administered VMS)——业务指导、管理协作,包括厂店挂钩、引厂进店等。

水平联合组织可分为短期和长期联合;松散和紧密联合;集团性联合组织即企业集团。

8.2.5　影响国际分销渠道决策的因素

进入国际市场的各种渠道,各有优缺点,该选用哪种好呢? 关键根据自己的情况具体分析运用。畅通高效的分销渠道模式,不仅要让消费者在适当的地点、时间以合理的价格买到满意的商品,而且应努力提高企业的分销效率,争取降低分销费用,以尽可能低的分销成本,获得最大的经济效益,赢得竞争的时间和价格优势。根据实践经验,一般要考虑以下因素:

(1)市场因素

①目标市场数目及市场状况;

②潜在顾客的地理分布及数量;

③当地可用的渠道结构;

④用户的购买习惯。

(2)商品因素

①产品的单位价值;

②产品的标准化程度;

③产品的自身特点。

(3)企业自身因素

①企业经营目标;

②企业自身条件(规模、资金、人员等)。

（4）中间商因素

①中间商的营销功能、配合程度；

②渠道的现代化程度；

③渠道成本。

[问题]

> 本书简单介绍了影响国际分销渠道决策的因素，根据上面框中给的小标题，查阅相关资料，举例说明以上内容。

8.3 企业进入国际市场的渠道选择

前面讲了国际分销渠道的两个阶段是国际间渠道和各国国内的分销渠道，企业进入国际市场时，首先要选择一定的国际间渠道，也就是出口企业选定了目标市场后，下一步就要解决运用什么样的渠道进入目标市场的问题。

企业进入国际市场的方式概括如下：

```
                                  ┌ 直接卖给用户
                      ┌ 直接出口 ┤ 利用国外代理商、经销商
                      │          │ 设计驻外办事处
                      │          └ 设立营销分公司
进入国际市场的渠道 ┤ 间接出口（利用出口商、出口代理商及外国驻本国采购机构）
                      │          ┌ 组装业务
                      │          │ 合同制造
                      └ 国外生产 ┤ 许可证贸易
                                 │ 海外合资经营
                                 └ 海外独资生产
```

下面我们比较一下这 3 种方式（见表 8.1）（前面第 5 单元已对该问题有说明，我们这里仅仅从另一个角度总结一下）：

表 8.1 进入国际市场渠道类型比较

进入国际市场渠道类型	利	弊
直接出口	1.对海外营销活动有控制权 2.能迅速了解海外市场，有助于积累经验、树立形象 3.少一些中间环节，可降低成本	1.建立渠道 2.对企业的营销能力要求高

续表

进入国际市场渠道类型		利	弊
间接出口		1.可借助其他机构的渠道为自己服务 2.不必管销售、可集中力量搞生产	1.无法迅速了解海外市场的信息 2.无法控制市场 3.无法积累国际营销经验 4.多一个环节多一份成本
国外生产	组装:由企业在本国生产的零件运往国外,由当地组装为成品	1.节省运费 2.回避高额的制成品的关税 3.投资少、成本优	
	合同制造:企业通过合同委托国外市场当地制造商按企业要求代为生产某产品	1.投资少、风险小 2.市场、技术控制在本企业	1.合同中止,合作伙伴可成为竞争对手 2.产品质量不易控制 3.一部分利润给合作者
	许可贸易:由国际企业与国外企业签订协议,授权国外厂商可使用其有商业价值的权利或技术,然后收取一定许可费	1.投资小、风险小 2.可避开关税、节省运费 3.减少当地政府干涉风险 4.不必投入大量资金便可了解市场	1.许可费取决于国外厂商(被许可方)经营好坏 2.生产质量难以保证 3.协议终止,被许可方可能成为竞争对手
	合资:国际企业与国外一个或几个企业共同投资,在国外联合生产经营的方式	1.投资小、风险小、利润高 2.易控制生产、营销 3.市场信息灵,经验积累快 4.可利用东道国企业优势减少和当地政府的摩擦	合资各方在经营目标、利润分配等方面易产生分歧
	独资:企业在国外单独投资控制一个企业	1.利润独享 2.避免合资各方的纠纷 3.完全控制企业	1.投资大、风险大 2.没有当地合作者的帮助,不易受当地政府欢迎

那么企业应选择哪一种方式较好呢?关键要看企业的经营目标、国外市场情况、产品的特征、企业的规模实力、企业的资源及灵活度等各方面因素,然后选择适合自己的进入国际市场的方式(可参照前面章节的内容)。

 [案例分析]

Cisco 在中国的销售渠道建设

Cisco 公司于 1994 年开始在北京设立办事处,从事 Cisco 在中国市场的销售工作,到 1996 年 5 月,又在广州、上海、成都设立了代表处,努力开拓国际市场,几乎参与了国内所有大型网络项目的建设。1998 年 7 月 18 日,Cisco 系统(中国)网络技术有限公司正式成立,是 Cisco 公司在中国的全资子公司,公司当时拥有 300 余人,销售收入 18 亿元,人均销售额约 1 000 万元,税前毛利率达到 65%。Cisco 公司之所以取得如此优秀的业绩,原因之一就是该公司富有特色的代理渠道体系建设。在渠道建设方面,他们坚持下面几个特点:

● 以客户为导向的灵活的渠道建设原则

Cisco 中国公司的管理原则是透明、公平、多劳多得和创造健康的市场环境,Cisco 充分利用当地 IT 企业的销售渠道,使自己的产品能够在最短的时间内,以最小的成本到达最终用户的手中。为使用户获得最大的利益,只要有可能,Cisco 会向用户提供多种销售方式以供选择,这是 Cisco 渠道建设的一个重要原则。

● 集成体系和分销体系有机结合的渠道总体规划

Cisco 代理渠道分为两条主线,一条是面向产品的分销代理线(Cisco—总分销商—二级产品分销商—用户),一条是面向项目的系统集成代理线。

● 等级严格、规范化的认证体系

Cisco 在中国的认证体系分为 5 级(全球分为 6 级,最顶层为全球合作伙伴),每一级都有严格、规范的认证条件,对其认证代理商技术工程师的数量、年营业额、服务质量均有严格的认证标准,并从不轻易放弃。

● 与渠道规划密切配合的内部组织设计

与 Cisco 中国公司总体渠道规划相适应,合作伙伴事业部(主要负责渠道的管理和运作)下设两个主要的渠道管理部门,一个主要针对产品分销代理商,另一个主要负责系统集成代理商,从而对不同性质的代理商实施不同的管理政策。同时,该部门还加强和电信事业部和企业事业部的配合,针对这两大类行业客户群给予更大程度的市场支持,创造更大的市场拉力,帮助渠道创造更好的成绩。合作伙伴事业部根据中国内地的区域性分布不同,分别设立了各个不同的区域经理,再往下每个区域经理又管辖几个分销经理,由分销经理管理 Cisco 下级的销售人员,然后由销售人员去面对下面 Cisco 的各级代理商,为代理商提供各种服务。可以看出,Cisco 进行了等级分明的管理,各级人员的职责非常明确,有利于划清权利与责任,使管理透明而有序。

可以说 Cisco 在中国销售渠道的建设贴近市场需求,代理体系的建设在业界最优,其完善的渠道规划、严格规范的代理认证体系保证其实现巨大的利润。

阅读该案例,分析 Cisco 在中国销售渠道的建设中有哪些成功经验?

8.4 国际分销渠道管理

国际企业决定销售渠道和分配策略之后,即可进入实施阶段,这时必须选择好渠道成员,让他们在当地市场为自己销售商品。渠道成员就是指中间商,在前面我们已经学习了中间商一般分为自营中间商(Distributor,有的书上也叫经销商)和代理中间商(Agent Middlemen)两种类型,此外还可分为批发商和零售商——批发商(Wholesaler)是主要从事批发业务(Wholesaling)的商业企业和商人,它(他)向生产者或其他批发商购进商品,转卖给零售商或其他生产者、其他批发商,有批发站、采购供应站、批发商店、批发公司、批发市场、货栈、商品批发集散中心、商品交易所等具体形式。零售商(Retailer)是主要从事零售业务(Retailing)的商业企业和商人,它(他)将商品转卖给最终消费者,用于生活消费和其他非生产性、非商业性消费,有专业店(Specialty Store)、百货店(Department Store)、超级市场(Supermarket）、便利店（Convenience Store，CVS）、仓储式商店（Warehouse Store，WS）、购物中心（Shopping Center）等形式。

经验证明,拥有一个好的中间商往往比拥有一个好的市场更为重要,善于物色、选择、管理和运用中间商是一个国际企业能否顺利开展业务的关键。

8.4.1　寻找中间商

寻找中间商之前,首先要研究目标市场,预设投入该市场的产品结构,确知产品在行业中的差异性和优劣地位等,明确在该市场的销售渠道方式、布点密度的基本方法,进入该市场的时机、市场期望目标等。确定标准时,企业重点考虑经营额、财力、管理的稳定性和管理能力以及业务性质和信誉,重点放在中间商实际或潜在的营业额上。一般打算在国外发展的企业可利用驻外机构、贸促会、企业名录、航运公司、博览会等途径寻找中间商。企业在寻找中间商的过程中,要注意遵守各国的法律规定。

8.4.2　选择中间商

物色到国外中间商后,还面临一个选择的问题。选择中间商要考虑多方面因素,国外中间商直接影响企业产品在国际市场上的销售、信誉、经济利益和发展等。

在国际市场上企业选择中间商应注意以下问题:

①该中间商的经营范围和区域是否与本企业目标一致;

②中间商的经营能力、经营状况,他与代理企业的关系状况,他处理与客户间的关系能力和水平;

③中间商的经济实力、品质特征、信誉、资信情况等;

④中间商的市场经验以及开拓市场能力、网络渠道建设能力,对企业政策的执行能力及综合的市场策划能力;

⑤中间商的硬件设施、人员情况、管理情况等。

选择标准一般是:与本企业服务对象一致,对本企业产品熟悉,有长期合作的诚意;能对其实行有效的控制;经营多种商品尤其连带商品,而非单一、竞争性产品;位置适宜,网络健全,经验丰富,实力强,信誉好,能及时提供市场信息。

中间商一经选定,企业应说服中间商经营自己的产品,并签订一个切实可行的分销协议。一般都先签一年,中间商合同执行令人满意,则考虑合同延期。并且双方可在第一年合作的基础上,订出更为翔实、可行的协议。在运用中间商推销自己产品的过程中,企业要注意渠道的延续性,发展和培养一个得力的渠道成员,常常需要几年时间,因此要仔细考察上面所涉及的问题,全面细致地慎重选择。

8.4.3　管理渠道成员

选定中间商后,一定要有合适、合理的管理方法,应以协议、合同形式明确双方的责、权、利,要制订对中间商监控的标准,设立专门的监督机构,定期或不定期地对中间商的工作绩效进行检查,及时利用定额、报表等多种方式对中间商进行评估、考核。

　　要善于运用激励手段,对中间商"软硬兼施"地持续进行激励,如:订的目标要适宜;要考虑中间商中、短期利益;对中间商的成果要有必要、合理的精神与物质奖励;帮助中间商培训人员;在广告、公关等方面支持中间商;充分发挥中间商的资源,与中间商建立长远的战略伙伴关系。总之,要充分利用中间商的资源,发挥其潜力,要尽量避免激励不足和激励过分两种情况。

　　要及时、妥善处理同一渠道内纵向、横向的矛盾冲突和不同渠道之间的矛盾冲突,善于对各个中间商进行协调,使它(他)们能一方面开展正当竞争,一方面彼此配合、合作,更好地为实现本企业的目标服务。要争取同中间商建立长远合作的战略伙伴关系,尽量保持分销渠道的相对稳定性和延续性,但是当某个或某些中间商不能合格地履行自己的职责时,或者市场形势发生变化,企业改用别的渠道将更为有利时,企业应着眼于全局与未来,慎重地按法律程序与不适当的中间商中止关系,或对渠道进行适时、适当的修正、调整、改进。

8.4.4　对分销渠道的控制

　　由于企业与中间商在国际渠道中所有权分离、地理与文化分离、法规不同等多方面因素,国际营销渠道的控制有很多困难,但是企业还是必须做一些工作以控制营销渠道。一般可从这几方面入手:

　　①无论是内部渠道成员还是外部中间商,都应有一个明确的营销目标。

　　②对渠道系统要实施总体控制,重点是定价毛利率、物流费用。

　　③对中间商要加强控制,设立专门的监督机构,健全档案,能及时利用定额、报表等多种方式对中间商进行评估。

　　④能对渠道成员进行协调,使他们能彼此配合,更好地为实现渠道目标服务。

　　⑤能及时根据市场环境的变化对渠道系统加以修正及改进。

8.4.5　中止与中间商的关系

　　当中间商不能合格的履行自己的职责,或市场形势发生变化,企业改用另一种渠道方式更有利时,企业面临着与中间商中止关系的难题。企业面临这种情况时,应先向当地的法律界人士咨询,着眼于全局与未来,按法律程序解决问题。

[讨论]

宝洁公司定价策略

　　作为庞大的消费品生产商,宝洁公司与零售商和批发商却从来没有处好过关系。相反,许多年来宝洁公司素有运用高压的手段来行使自己的市场权力的名声,没有足够地去重视转售商的想法。1992年初,宝洁公司与这些转售商的关系明显恶化。驻步购物连锁店(Stop & Shop)在东北部有119家杂货店,它的董事长气愤地说:"我们认为宝洁公司像绝大多数独裁者那样完蛋。"在有几百英里以外明尼苏达州国际瀑布城,保罗贝克(Paul-beck)的超值(Super Value)公司的副经理也持这种看法:"我们应该取消它那些蹩脚货,如一半的汰渍洗衣粉，然后说'现在来看看是谁把你放上货架，又是谁会把你给取下来。'"

引起这些强烈指责的原因是宝洁公司采取了新的"价值定价"政策。根据这个新计划，公司开始取消大多过去曾提供给转售商的较大促销折扣。同时，公司还把这些产品的每日批发价目表价格削减10%～25%。宝洁公司认为价格涨落和促销运动已失去了控制。在前10年中，贸易折扣平均增长3倍多。制造商的营销资金中有44%用于贸易促销，而再早10年只有24%。

制造商变得依赖于价格导向型贸易促销方法来使它们的品牌不同于竞争品牌以及刺激短期销售量的增长。反过来，批发和零售连锁店也纷纷因时而异，等待制造商的"好交易"。许多批发商和零售商实行"超商购买"，即在制造商价格促销期间囤积居奇，进货数量大大超过其销售能力，然后在促销结束之后立即以较高的价格卖给消费者。这种超前购买使制造商的生产成本居高不下，并且大大降低了促销运动的效率。宝洁公司的工厂为了能和由此导致的巨大需求变动保持一致不得不随时做出调整。同时，超级市场需要更多的购买者来找到最好的价格，还需要额外的仓库来存储"便宜"货。宝洁公司声称只有30%的贸易促销资金确实以低价的形式抵达消费者手中，而有35%流失于低效率，另外的35%落到了零售商的腰包里。行业"促销病"还传染给了消费者。疯狂涨落的零售价教会消费者购买减价品，而不是教会他们评价每种品牌的优点，因此腐蚀了消费者对品牌的忠诚。

通过价值定价，宝洁公司试图重新恢复价值以及品牌的完整性，并开始断绝商业和消费者对折扣定价的依赖性。但是，这种战略导致了宝洁公司销售渠道内的剧烈冲突。折扣是许多零售商和批发商的"面包和黄油"，它们采用以特殊低价从宝洁公司购来的产品做每周减价销售，以便吸引关心价值的消费者走进商店或超市。另外，零售商和批发商还依赖折扣进行超前购买，从而赢取高额利润。并且，尽管卖给转售商的产品平均成本没有变，但是转售商却丢失了它们控制的而不是宝洁公司控制的促销资金。因此，新的系统使宝洁公司对它的产品如何营销具有更大的控制权，但减少了零售商和批发商定价的灵活性。

宝洁公司的这一战略很危险。它使一些重要的销售商店与公司处于对立面，并使竞争者有机会利用宝洁公司的促销禁令大肆宣扬自己的特价。宝洁公司有它巨大的市场影响力为依靠，并且认为零售商承担不起减少某些广告做得很凶的有力品牌，如汰渍洗衣粉、佳洁士牙膏、福尔杰咖啡、潘婷洗发水和象牙肥皂。但是，宝洁公司的规模和力量也遭到了严峻的考验。一些较大的连锁店，如A&P、平安（Safeway）和瑞特安（Rite Aid）药店，开始精选宝洁公司的产品，去除了一些不重要的品牌，如普莱尔（Prell）和格利姆（Gleem）。中西部的批发商"注册杂货商联合会"，在宝洁经营的300多种宝洁产品中取消了大约50种。其他无数的连锁店正考虑把宝洁品牌从抢眼的好位置放到不显眼的货架上，同时用更有利润的私牌或竞争者品牌代替宝洁的位置。全国最大的批发商超值公司也经营零售店，它在一些宝洁产品上增设附加费，并且减少订货，来弥补它所说的利润损失。

　　尽管引来如此剧烈的反应,宝洁公司还是坚持自己大胆的新定价方法。公司认为价值定价以其较低和更稳定的成本和价格将有利于各方,即生产商、转售商和消费者。许多转售商甚至还有竞争者在旁边冷笑,认为宝洁公司将重新采用价格促销手段。宝洁公司说,许多最大的零售商,尤其是那些已采用每日低价策略的大众综合产品经销商如沃尔玛公司,喜爱这一新系列,而且事实上还提倡这一方法。

　　宝洁公司在修正被扭曲的商业定价系统过程中的挣扎证明了销售渠道中合作与冲突的巨大力量。很显然,为了各方的利益,宝洁公司和它的转售商应紧密地合作,营销产品,赚取利润。但是,渠道经常不通畅,冲突和权力之争有时会激化。近几年,由于越来越多的产品竞争有限的超市货架,以及零售商凭借扫描器提供的市场信息获得了更大的决定力量,平均渠道的权力已经转移给了零售商(或许这样说有些过分)。采取新定价政策的宝洁公司看起来是想夺回一部分失去的市场控制权。但是赌注是很大的;新计划要么是使宝洁公司彻底修理了批发商和零售商做生意的方法,要么便会减少宝洁公司的市场份额,逼它撤退。在短期内,这一冲突会使各方均有所失损。从长期来看,这一种冲突或许有利于该渠道,帮助它成长和完善。

　　阅读以上文字,讨论从宝洁公司的做法中受到什么启发?

资料来源:http://www.after6.cn/redirect.php? fid=22&tid=11&goto=nextoldset

[案例分析]

宝洁公司的经销商策略

　　宝洁正在中国推行其新的经销商策略,虽然该公司新闻发言人否认对山东经销商的大换血是全国行动的预演,但考虑到宝洁向来“全国一盘棋”的工作风格,业内人士认为,其在全国范围实施经销商新政策只是时间问题。

　　记者对其经销商进行调查后获悉,其山东闪电更换经销商一事绝非孤立事件,早在此次整改前,宝洁对广东经销商队伍的调整已从今年初开始,整改中已呈现精简数量、提高门槛的特色。

　　● 缩减广东分销商

　　在宝洁中国总部所在地广东,据当地经销商介绍,这次调整最明显的结果就是,广东经销商数量大幅削减。据知情人士透露,宝洁进入中国市场时执行的是市场细耕策略,“最小的目标可能是一家小卖部”。曾任宝洁(中国)客户生意发展部副总监的孔雷在接受记者采访时表示,多年来,宝洁在中国选择经销商的策略和标准变动了很多次。刚进入中国时,宝洁选择经销商标准并不是太严格;1886—1887年时,宝洁开始执行以分销为主要目的的拓展计划,增加了很多小经销商,甚至在一个城市用很多经销商,目的是铺到尽量多的店;但这个任务完成后,宝洁经销商策略在1888年时开始收紧,之后一直处于回收状态,而且要求经销商规模大且操作正规。

　　一位广东的宝洁前经销商称,最多时,其在广东几乎是一个城市建一个经销商。2000年时,宝洁曾高调地向全国1 000家经销商和分销商颁发“合作伙伴”牌匾,并向每个合作商家赠送一台戴尔电脑。

而经过最新一轮调整,现时广东仅剩下几家经销商,其中包括佛山美雅、花都丰禾、汕头红苹果、中山万荣等。按这个比例统计,宝洁目前全国经销商仅有百余家。而原来数目巨大的分销商队伍更是淡出了宝洁的营销框架。

　　广东一位宝洁前粤北地区经销商与宝洁的合作关系维持了10年,今年3月被"涮"了下来。该公司负责人称:"宝洁对此解释是,公司销售政策有调整,今后一个省大致就分几个片区,目标是建立几个经销商就够了。"

　　●提高保证金至600万元

　　除减少经销商数量,宝洁对经销商要求也越来越高。

　　一位与宝洁合作多年的前经销商就是因于宝洁去年底新设立的"600万元"保证金基准线而退出的。"以前只要房产证作抵押,现在的巨额保证金令人望而却步。除此以外,招标的形式更大大增加了竞争成本。"

　　提高门槛,是宝洁经销商新策略的另一个重要表现形式。"虽然宝洁现在盘子很大,但其要求经销商每年业绩增幅还是很高,所以现在的经销商已经没有办法完成这个要求,而这次宝洁新选的估计都会是盘子非常大的经销商,比如说现在在山东找的新经销商,都是汽车商、房地产商等,这些公司实力雄厚。"

　　与山东外行经销商加盟不同,现时广东宝洁经销商队伍中能留下来的大都是为宝洁打拼多年的"老臣子"。但据一知情人士称,原来每个商家的客户除了宝洁,可能还有跟宝洁有竞争性的联合利华、雕牌等。但由于宝洁在新的销售团队中强化了专业化,今后这些商家都被要求要把宝洁产品做成更大比例。而这也正是宝洁提出的专营化要求。

　　此外,宝洁还特别强调经销商能与其策略一致。据分析,原来做房产、汽车的公司,在做日化产品的时候,它的策略会很容易跟宝洁保持一致。这就相当于说,经销商的主要任务是出钱,具体经营则由宝洁来做。

　　至于有人表示宝洁转换为跨行业经销商存在风险,深知宝洁工作方式的孔雷认为,对这方面的忧虑大可不必,他说:"宝洁对通路一直管得非常死,说是经销商的通路,但实际上宝洁的人都在里面耕耘,所以变换一个经销商,对终端来讲,只是货源发生变化而已。"

　　试分析为何宝洁公司在中国对分销商的策略发生变化? 变化的原因是什么?

8.5　国际分销的后勤管理

8.5.1　分销的物流管理的含义、内容与要求

　　商品流通过程不仅包含商流、货币流、信息流,还包含物流。物流(Flow of Physical Product)即商品实体(实物)的流转、运动,包括空间位移和内外特性变化(或保持)的过程,它与商流相配合,是实现商流目的的保证。在国际营销里我们说的物流管理主要指的是实体分配(Physical Distribution)或者叫营销后勤(Marketing Logistics)管理,(有些书上也叫物流)是指计划、执行和控制从起点到消费点的材料、最终产品及相关信息的实体流动,以便在满足顾客要求的同时赚取利润。它主要包括6个方面的要素:包装、运输、装卸搬运、仓储、库存管理和订单处理。其中运输、仓储、库存管理这几项的费用最高。

国际实体分配由于跨越国界、路程远、时间间隔长、情况复杂、不可测的风险大、管理难度高,国际营销人员应注意利用国际物流的服务组织(运输公司、货运服务公司、报关行、仓储服务公司、出口包装服务公司……)、自由贸易区、现代化的储运技术(集装箱运输、巨型油轮……)等多种方式建立一个高效的物流网络,争取以最少的成本提供目标水准的顾客服务。企业必须为每一个细分市场设定一个合适的服务水准,通常,至少应提供和竞争者一样的服务水准。但是,企业的目标是利润最大化而不是销售最大化,因此,企业必须权衡提供较高水准服务所得的利益与所用的成本孰轻孰重。实体分配合理的目标便是通过有效的选择,适当兼顾最佳顾客服务与最低分配成本。具体要求如下:

①把各项实体分配费用作为整体,在不降低服务的前提下,力求降低总费用水平。

②把全部的市场营销活动当做一个整体,在处理每一个具体业务时都应注意节约实体分配的费用。

③必须善于权衡各项分配费用及其效果,不能使消费者受益的费用应坚决压缩。

8.5.2　物流管理的后勤职能

企业在设定好后勤目标的前提下,根据该目标设计一个能实现目标的成本最小化的后勤系统。主要的后勤职能包括:

1)订单处理

订货有许多方法,可邮寄、电话约定、通过推销员、用电脑或用 EDI 方式,总之,企业一收到订单,必须迅速处理。相关仓库收到指令后装货并发运商品。目前,大多数企业都用电脑系统处理订单,加速了订货—发货—结账这个过程。

2)仓储

每个企业在货物出售前必须储存货物,企业必须确定需要多少仓库,什么类型的仓库以及它们应设置在什么地方。企业使用的仓库越多,货物就能越快的交给顾客。但是,较多的仓库意味着较高的仓储成本。因此,企业必须使顾客服务水平和销售成本达到平衡。

3)存货

存货水平也会影响顾客的满意程度。存货水平的主要目标是在存货的多与寡之间保持平衡。存货太多会导致不必要的存货管理成本和存货废弃;存货太少会导致脱销、昂贵的紧急运输或生产以及顾客的不满意。在做存货决策时,管理部门必须在较多存货的成本和由此产生的销售和利润之间做出权衡。

4)运输

营销人员需要关心企业的运输决策,选择何种运输工具会影响产品定价、交货情况和货物到达目的地的情况,所有这些都关系到顾客的满意度。目前常见的运输方式有铁路、卡车、水运、管道、空运等,营销人员要注意根据实际情况做出合理选择。

[讨论]

销售通路的变革通路创新

　　一个行业商品或服务的价格构成中分销渠道通常占15%～40%，这个数字反映出渠道变革对提高企业竞争力和利润率的潜力。

　　中国企业在分销渠道管理上最大的失误在于片面关注渠道的分销能力而严重忽视分销费用的管理。技术的发展正不断加速渠道的演进，物流领域也涌现出大量革新，同时各行业也出现了许多新兴的分销渠道，为企业削减成本和迅速占领特定的细分市场创造了机会，但尽管面临种种机遇，企业的表现却多不理想。

　　造成这种情况有多方面原因。首先，企业普遍使用外部渠道，与最终用户很少有直接接触，依赖外部分销渠道来传递市场信息，这使企业寄希望于分销商来发现和利用新渠道。但是，由于新兴渠道往往倾向于直接与生产企业打交道，这必然导致分销商对新兴渠道的排斥。其次，由于和传统分销商种种关系的制约和影响，许多企业不愿或难以退出获利性不佳的渠道，甩掉业绩不好的分销商。最后，渠道变革的最大障碍往往在企业内部，企业往往专注于对分销渠道的控制和管理而忽视与消费者保持接触的重要性，不能及时、全面、准确地了解消费者的感受和意见，甚至不能准确地掌握消费者的购买习惯。对于希望发现和利用渠道机遇的企业，达到目的的唯一方法就是加强与最终用户的接触，发现他们的购买习惯。

　　●变革的信号

　　不满意的最终用户：不合格的分销渠道会使越来越多的最终用户不满意，让最终用户满意是对分销渠道的基本要求。

　　有许多未被使用的分销渠道：消费群体众多且消费水平不一，使任何单一的渠道都难以达到理想的效果，企业如果放弃一种分销渠道，就有可能丢失一个细分市场，造成市场覆盖下的空白。多渠道策略是提升业绩和降低费用的好办法，新的分销渠道可以重新定义分销成本和服务标准。

　　持续上升的渠道费用："再穷不能穷渠道"是许多企业持有的认识，似乎已将渠道费用的持续攀升视为正常现象，因而对成本费用的管控挖潜仅集中于企业内部，不知通过降低渠道费用提高经济效益。忽视渠道成本意味着企业没有全面考虑整个系统的竞争性，其实，渠道改善带来的收益往往大大超过企业内部的成本压缩。对大多数企业，尤其是规模较大的企业来说，当前最重要的不是如何满足日益上涨的渠道费用，而是如何通过渠道创新大幅度降低渠道费用。

　　不思进取的分销商：在许多成熟行业，那些不愿主动适应新市场、不思进取的分销商会成为企业的最大障碍。分销商不能全力扩大销量，企业的任何努力都将付诸东流。

　　客户关系管理方法落后：信息技术的发展为管理分销商的进销调存提供了便利高效的手段，但许多企业还在使用虽然重要但并不到位的"走动式"的人员管理。利用电子信息交换系统和顾客快速反馈系统帮助分销商管理业务，不但有助于企业降低成本，而且可以密切厂商关系，提高渠道效率。

　　●变革的途径

　　渠道策略和渠道管理：

①以顾客满意度为主要目标,将注意力从分销商转移到顾客。

许多企业忽视了"只有顾客满意,企业才能取得良好业绩"这样一个简单道理,将分销商的需求置于顾客需求之上。顾客满意度决定顾客忠诚度,只要顾客忠诚度高,企业进行渠道整合变革就具备了良好的基础保障。

②重新审查、制订渠道策略和战略。

渠道应该满足顾客需求和经济性两方面的要求,企业应关注渠道的运作是否高效,应从主要目标顾客群的角度评价渠道的表现和业绩。

对大多数企业来说,透彻地研究现有及潜在的渠道,尽可能跳出单一渠道的束缚,采用合理的多渠道策略,是有效提高市场占有率和销售业绩的首要手段。

企业进行渠道变革最直接的担心是产生渠道冲突,即价格竞争和窜货。这里要强调的是,同品牌价格竞争和窜货首先是管理问题,然后才是渠道问题。分销和销售是两个概念,对分销环节要慎重把握,对销售(零售)环节则可全面介入。不能因为担心冲突就放弃具有细分价值的渠道。

渠道冲突有多种表现形式,有些只是竞争中的一点摩擦,有时这样的摩擦会对那些不积极或运作不经济的分销商具有制约作用,从而对企业有利。如企业自办专卖店,不仅不会影响分销秩序,还能提高品牌形象和知名度,反过来可以帮助分销渠道提高业绩。产生危害的冲突是一种渠道瞄准另一种渠道的目标顾客,这会造成分销商的报复或放弃企业产品,因此,企业在整合渠道时必须采取措施防止这类渠道冲突,如不同渠道提供不同的品种或品牌,明确各渠道的销售领域,加强或改变分销渠道的价值定位或通过年终政策予以控制等。

有冲突就有解决的办法,关键在于确定冲突的根源及潜在隐患。渠道冲突在更多的时候是妨碍企业渠道变革的一种心理障碍。

③保持渠道政策与企业目标的一致。重新考虑奖励机制和政策,支持业绩目标(如销售增长或顾客满意度)的激励机制相对容易考核和管理,同时考核分销商对其下游分销商的管理以及下游分销商的满意度也非常关键。企业制定政策和激励机制的前提是必须清楚需要渠道做什么以及怎么做,常犯的错误是:忽视淡旺季差别;忽视品种赢利能力差异;忽视对新品推广的引导;缺乏战略考虑,造成后续资源不足或自身巨大的经济压力;不能充分整合利用企业全部营销资源,过分依赖"激励"。

客户关系管理:

中国企业推行客户关系管理(CRM)最大的问题是不知道如何运用客户资料为管理和营销服务,而且大多数企业连客户档案都难以建立,因此企业目前最重要的是建立健全以分销商为主体的客户关系管理系统,并在此基础上逐步建立真正意义上的 CRM 系统。

①对现有总经销商进行分类管理。首先,根据其态度和能力将总经销商分为可用的和不可用的,对后者坚决淘汰。淘汰分销商可能在短期内对销量产生影响,但没有健康的分销渠道就不可能有健康的企业。其次,将可用的总经销商分为必须培训的和必须改造的,对于前者要求无条件接受培训,反之予以淘汰;对于后者的工作重点是帮助他们建立业务队伍,提升其管理和信息功能。同时如有需要,可依据经营能力重新确定其业务区域或细分市场。

当前,对经销商的培训具有迫切而现实的意义,系统、专业的培训是提升企业分销渠道能力最重要的手段。

②重新确定客户档案的内容和作用。将客户档案作为对客户、对市场的管理手段和管理工具,客户档案的内容要从客户资料、客户信用情况扩展到客户销售情况、客户价格管理情况、客户费用和利润管理情况、区域竞争对手资料、消费者意见反馈、下游分销商意见、客户策略等,全面、系统、专业化地对客户进行全方位的管理。

此外,应将客户档案从总经销商扩大到所有分销商,建立全面的分销商和零售商档案,从上游到下游逐步完善,使企业的管理幅度逐步向最终用户延伸。

③运用现代信息技术建立客户、市场信息处理系统。企业必须首先完成信息的搜集工作,其中的信息并不都是有用或可用的,需要予以甄别、提炼,形成有价值的客户知识和市场知识。只有建立起企业内部的知识管理系统,才能真正地、最大限度地发挥信息对营销和竞争的作用。大规模销售的企业如果不运用现代信息技术建立完善的信息系统,保持渠道的通畅和高效几乎是不可想象的。

业务员:

渠道变革的任何措施最终都必须通过业务员来推动和操作,业务员的个人技能和准确的市场洞察力是不能取代的。渠道变革的成败在很大程度上取决于业务员对此的认识和态度,以及是否具备变革所需的个人技能。

①对业务员进行系统的专业培训。有效的培训必须注意以下问题:使业务员认识到培训的必要性,真正进入培训状态;加强培训的针对性,控制功利性;形成系统的培训体系,保证培训持续进行;将培训效果考核与个人收入、升迁相结合。

②重新定义业务员的作用。变革的销售渠道以专业营销和体系营销为基础,业务员的工作核心是扎实的市场营销基础工作而不再是销售量,因此要改变对业务员以个体推销为基础的作用认识,对业务员的考核首先是营销过程中的行动要点,其次才是销售量。

对于业务员最关键的是使他们职业化和专业化,这也是中国企业与西方企业最大的区别所在。

阅读以上文章,谈谈你对当今中国市场渠道变革的认识。

资料来源:http://q1571.bokee.com/

[本单元重点]

什么是国际分销渠道

国际分销渠道策略

国际分销渠道的选择

[实训项目]

1.查阅相关资料,分析中国市场上跨国汽车公司的渠道策略,并比较通用汽车公司、德国大众公司、日本丰田公司的渠道策略。

2.查阅相关资料,分析海尔集团在海外实施的渠道策略。

3.对上面2个问题的结论进行比较,分析其异同,然后总结一下跨国营销中制订渠道策略应注意的问题。

单元9
国际市场促销策略

【学习目标】

本单元主要介绍了国际市场营销的促销策略,具体介绍了人员推销、广告、营业推广、国际公共关系4种促销方式。学完本章后,你应该具备以下能力:

①能恰当进行产品推销。

②会设计营业推广方案。

③能分析广告创意方案。

④能设计公共关系方案。

【教学建议】

本单元内容完全可以采取项目驱动的教学模式,可以不用讲任何理论知识,提前布置学生4个关于人员推销、广告、营业推广、公共关系的实训项目,让学生通过自学相关知识和查阅资料,完成项目,例如学生自己搜集自己满意或者不满意的广告,然后分析一个好的广告该有什么特征等,然后通过项目的检查和汇报,通过大家讨论、交流、纠错,进一步帮助学生理解应用该章内容。

【学习建议】

本单元内容并不繁杂,建议在完成项目之前,能静心阅读相关内容,然后完成老师布置项目,要尽可能用理论知识和大量查阅资料解决老师布置任务。

[导入案例]

2019年"双十一"淘宝直播带动成交额近200亿元

2019年11月12日,天猫方面发布数据显示,今年天猫"双十一"期间,超过50%的品牌商家抓住淘宝直播的新风口,"双十一"全天,淘宝直播带动成交额近200亿元。其中,亿元直播间超过10间,千万元直播间超过100间。"双十一"活动开始仅63分钟,淘宝直播带动的成交额就超过去年"双十一"全天,开播商家数和开播场次同比均翻倍。

直播几乎覆盖了美妆、服饰、食品、消费电子、母婴等所有行业,就连汽车销售也入驻了直播间。今年天猫"双十一"期间,美妆直播引导成交额已经占到行业整体成交额的16%,家装和消费电子直播引导成交额同比增长均超过400%。

对品牌商家来说,直播间相当于一个用户可随时体验的线上商店,是品牌展示以及与粉丝深度互动的重要渠道。直播技术使传统"货对人"的销售模式变成了"人对人",商家可以即时与用户互动、在线答疑、展示商品,甚至提供在线试用,线上的购物形式都非常丰富。包括宝洁、欧莱雅、雅萌、百丽、森马等在内的全球近百个品牌都派出了总裁亲自上阵直播。仅11月10日和11日,就有超过20位总裁来到自己品牌直播间亲自试用产品、发放福利,拉近了品牌与消费者的距离。

来到直播间的不只是明星网红、总裁高管,在天猫"双十一"期间,有超过15万场"村播"在全国各个贫困村和贫困县开播,近两万名农民、40多位县长和村长通过直播推介家乡特产,吆喝卖起了农货,5万件花生、4万件大米、3万件核桃在直播期间被"抢购"一空。

资料来源:http://www.cs.com.cn/cj/hyzx/201911/t20191112_5998512.html

支付宝助亚洲11国消费者在当地过上"双十一"

中国的"双十一"大规模网络促销活动(俗称"双十一"购物狂欢节)正走向全球化。支付宝11月8日宣布,今年不仅有200多个国家的消费者可通过全球速卖通、天猫海外等平台参与"双十一",而且亚洲11个国家的消费者可在当地通过本地版"天猫"或本地版"支付宝"应用程序参与中国的"双十一"购物节。

支付宝表示,作为阿里经济体的"小伙伴",今年海外版"天猫"——Lazada和Daraz做"双十一"活动就借鉴了不少中国消费者喜欢的方式。比如新加坡、马来西亚、印度尼西亚、菲律宾、泰国和越南这6个国家的消费者,可提前11天在东南亚电商平台Lazada上组团抢优惠券,还能看线上直播互动秀,并且参与"双十一"晚会等"红包雨"。而孟加拉国、巴基斯坦、缅甸、斯里兰卡、尼泊尔这5国的消费者,除了能首次看到属于自己的"双十一"晚会,还能体验"1卢比购物"、摇一摇等中国消费者熟悉的"双十一"特色活动。

数据显示,截至2019年6月,中国支付宝及9个他国本地版"支付宝"应用程序已合计服务全球用户超过12亿。

资料来源:http://news.eastday.com/eastday/13news/auto/news/finance/20191108/u7ai8905299.html

从上述报道我们可以看出,信息化时代商家的促销方式已经发生了很多改变。上述淘宝的"双十一直播"其实就是人员促销的一种模式,只不过在数字化时代有了新的形式;而支付宝在亚洲"双十一"的活动无疑是采用了营业推广的方式。总之,在新消费的机遇下,新的消费人群、新的消费供给、新的消费场景和行为都将成为新的特征。随着竞争的加剧,未来的企业如何适应目标市场的特点,如何结合数字化的形式、恰当应用促销策略组合,如何巧妙地创造差异化的竞争优势,都是企业必须要重视的方面。

9.1　国际市场促销策略概述

9.1.1　国际市场促销的概念与作用

1)促销的概念

对于促销的理解可以从狭义和广义两个角度来理解:

促销(Promotion)一词最早来源于拉丁语,原意是"前进"。从狭义上讲,营销界权威菲利浦·科特勒在其营销学的经典名著中曾对促销做了如下界定:促销就是刺激消费者或中间商迅速或大量购买某一特定产品的促销手段,包含各种短期的促销工具。从广义上看,促销包含的内容非常广,是指企业将产品和服务的信息传递给目标市场,并刺激消费者的购买欲望。

促销从其本质上是沟通,而一个完整、有效的沟通模式则必须清晰的回答5个问题:

①由谁说?

②对谁说?

③说什么?

④用什么渠道说?

⑤说的最终效果?

当然沟通的最终效果就是要树立企业产品或服务的品牌形象,提升企业销售的业绩,保证企业利润在长期利润最大化。选择什么渠道去说、说的内容、由谁去说,实质上是由对谁说而决定的。"对谁说"中的谁实质是沟通的对象,如何迎合这个对象以及迎合的程度将最终决定沟通的效果。因此"对谁说"中的谁,他具有何文化背景、信息获取渠道习惯等特点必须事先研究清楚。而国际促销则设计到国外的消费者,与国内消费者相比,其文化背景明显不同,因此在对上述问题进行设计时,更要仔细、认真、全方位进行研究。

2) 国际促销

国际促销和国内促销类似,只是国际促销面对的是国际市场,国际促销就是在国际营销活动中,通过人员推销和非人员推销的方式,传递商品或服务的存在及其性能、特征等信息,帮助顾客认识商品或服务所能带给他的利益,从而达到引起顾客注意、唤起需求、采取购买行为的目的。

国际促销策略主要有 4 种形式,包含人员推销和非人员推销两类,非人员推销又分为广告、营业推广和公共关系(见图 9.1)。

图 9.1　国际促销策略形式

3) 促销的作用

作为营销组合中的最后一个因素,促销发挥着非常重要的作用,主要体现在以下 4 个方面:

①传递信息,提供情报;

②突出特点,诱导需求;

③指导消费,扩大销售;

④形成偏爱,稳定销售。

9.1.2　国际促销组合与组合策略

1) 国际促销组合概念

国际促销组合是指从事国际营销的企业根据促销的需要,对广告、营业推广、公共关系与人员推销等各种促销方式进行适当选择和综合运用。由于各种促销工具具有不同的优势和特点,企业促销中,就应针对不同目标顾客、不同产品、不同竞争环境等,选择适合的促销手段,并将它们加以整合运用,以达到在促销预算约束下促销效率最大化。

表 9.1 就是对各种常见的促销手段的优劣势的分析表。

表 9.1　常见促销手段优劣势比较

促销手段	优　势	劣　势
人员推销	与顾客直接接触,可灵活地进行促销宣传,能立即得到顾客的反馈信息	市场覆盖面有限,推销成本较高;推销队伍的管理复杂

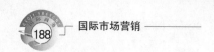

续表

促销手段	优　势	劣　势
广告	信息传播范围广,可以控制信息传播的内容、时间	对单个顾客的针对性不强;制作、发行总体费用较高
营业推广	激励零售商支持产品的销售,给顾客提供购买的刺激,提升短期销售量	过于频繁的营业推广会引起顾客的疑虑和反感,不利于提升品牌形象
公共关系	可信度高,易于被人们接受,有利于树立良好的企业形象	见效慢,间接促销

2) 国际促销组合策略

不同的促销组合形成不同的促销策略,诸如以人员推销为主的促销策略,以广告为主的促销策略。从促销活动运作的方向来分,主要有推式策略和拉式策略两种。

(1) 推式策略 (从上而下式策略) (Push Strategy)

推式策略中以人员推销为主,辅之以中间商营业推广,兼顾消费者的营业推广。把商品推向市场的促销策略,其目的是说服中间商与消费者购买企业产品,并层层渗透,最后到达消费者手中。这种策略一般适合于单位产品价值高、性能复杂,消费者或用户对产品不太了解或根本就不了解的情况。如一些专业性设备,专业性的销售、财务管理软件等的促销。也适合于新产品的市场开拓。

(2) 拉式策略 (从下而上式策略) (Pull Strategy)

拉式策略以广告促销为拳头产品,通过创意新、高投入、大规模的广告轰炸,直接诱发消费者的购买欲望,由消费者向零售商、零售商向批发商、批发商向制造商求购,由下至上,层层拉动购买。这种策略一般适用于单位价值低、市场需求量大、流通环节多,消费者或用户对产品非常了解和熟悉,市场比较成熟的情况。

在企业实际操作过程中,企业常常要根据具体情况,灵活地将两类策略有机地结合起来使用,如先推后拉,推拉结合或者先拉后推。

9.1.3　国际促销手段组合的影响因素

企业国际促销手段多种多样,且具有不同的特点和功效,因此需要对促销手段进行优化组合,从而选择最佳的促销组合策略。在具体进行选择何种手段时,需要考虑的主要因素包括促销目标、产品因素、产品生命周期、促销预算等。

1) 促销目标

企业在不同时期及不同的市场环境下有不同的具体的促销目标,目标不同,促销组合就会有差异。如果在一定时期内,企业的促销目标是在某一特定市场迅速增加销售量,扩大市场份额,则促销组合应更注重广告和营业推广,强调短期效益。如果企业目标是树立本企业在消费者心目中的良好形象,为其产品今后占领市场、赢得有利的竞争地位奠定基础,则促销组合应更注重公共宣传和辅之以必要的公益性广告,强调长期效益。

2) 产品类别

促销组合必须考虑产品因素。产品根据使用目的不同,可以分为消费品和生产资料用品,类型不同,促销手段的效果也不一样,如图 9.2 所示。

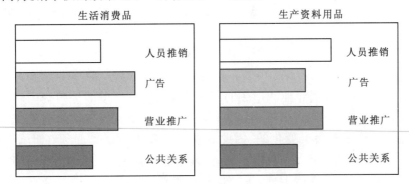

图 9.2 产品类别与促销手段效果的关系

对于消费者所用的消费品而言,首先是广告的促销效果最佳;其次是营业推广;再次是人员推销;最后是公共关系。而对于生产资料用品而言;首先是人员推销的效果最佳;其次是营业推广;再次是广告;最后是公共关系。

3) 消费者对于产品购买阶段的选择

消费者的购买一般要经过 4 个阶段,消费者购买阶段一般依次是四阶段:知晓、了解、信任和购买阶段。

①知晓阶段,促销组合的次序是:广告,营业推广,人员推销;

②了解阶段,促销组合的次序是:广告,人员推销;

③信任阶段,促销组合的次序是:人员推销,广告;

④购买阶段,促销组合的次序是:人员推销为主,营业推广为辅,广告可有可无。

4) 产品所处生命周期阶段

对处于生命周期不同阶段的产品,企业所面临的环境也不同,因此企业促销的目标和重点应有所不同,这就要求采取针对性的促销手段和沟通方式(见表9.2)。

表9.2 不同生命周期阶段促销

产品生命周期阶段	促销目标	促销主要手段
导入期	认识了解产品	广告、公共关系,辅以营业推广,人员推销
成长期	增进兴趣与偏爱	加强广告、人员推销,宣传产品特色,巩固、扩大市场
成熟期		加强公共关系,树立品牌形象
衰退期	促成信任购买	营业推广为主,辅以提示性广告、减价

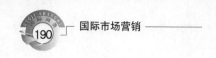

5) 市场环境

市场环境在这里主要包括两个方面的因素：一是消费者因素；二是竞争对手因素。消费者的特点在不同区域都会表现出独特的特点，因此在选择促销手段的时候，应考虑此特点；与此同时，竞争对手为了获取竞争的胜利，争取更多的目标顾客，因此在促销手段的选择方面经常会别出心裁，出其不意，为此企业也应根据竞争者的促销手段做出有效变化。

6) 企业促销

企业往往在年末会针对企业和市场的实际情况对下一年度的促销费用制订一个合理预算，预算就包括了在广告、人员推销、营业推广和公共关系等方面的支出规划。无特殊情况，促销费用预算是不会有变化的，因此企业的各项促销活动必须在此预算约束下进行。由于各种促销手段的特点和效果不同，因此企业所要花费的费用也会有高低之分，因此企业应在促销费用预算的限度内，选择促销效果尽可能好的促销组合方式。例如电视广告、大型展销会、派送赠品等手段则需支付较高费用；而邮寄广告、商场展销等手段相对花费较低。

9.2　国际市场人员推销策略

9.2.1　人员推销概念

根据美国市场营销协会定义委员会的解释，所谓人员推销，是指企业通过派出推销人员与一个或一个以上可能成为购买者的人交谈，做口头陈述，以推销商品，促进和扩大销售。其常见推销形式有：

①上门推销，最常见的人员推销形式，是由推销人员携带产品的样品、说明书、订单等走访顾客，推销产品。

②柜台销售，商场的营业员也是广义的推销员，他们接待上门的顾客，推销产品。

③会议推销，指利用各种会议向与会人员宣传和介绍产品，开展推销活动。如订货会、展销会、交易会等的产品推介。这种推销形式接触面广，成交额较大，推销效果较好。

9.2.2　人员推销的优缺点

人员推销作为最古老的促销手段，在当今社会应用领域仍十分广泛，不可代替。但是事物本身都存在着两面性，既有优点，同时也存在缺点，其优缺点见表9.3。

表 9.3　人员推销形式的优缺点

优　点	缺　点
●灵活性大，针对性强 由于推销人员亲临市场，及时了解顾客的反应和竞争者的情况，可以迅速反馈信息，提出有价值的意见，为企业研究市场、开发新产品创造良好的条件。 ●利于双向沟通 推销人员可当场对产品进行示范性使用，消除国际市场顾客由于对商品规格、性能、用途、语言文字等不了解，或者由于社会文化、价值观念、审美观、风俗习惯的差异而产生的各种怀疑。 ●利于发展与顾客长期关系 人员推销可以促进买卖双方的良好关系，进而建立深厚的友谊，通过友谊又可以争取更多的买主。	●市场覆盖面有限 推销人员不可能遍布国际市场，推销范围也不可能太大，往往只能做选择性和试点性的推销，有的效果不如非人员推销方式好。 ●推销成本较高 ●对推销人员素质要求较高 国际市场推销人员的素质要求很高，而高素质的推销人员又很难得到，不易培养。

 [问题]

举例说明人员推销的优缺点，并讨论如何提高国际人员推销的效率和效果。

9.2.3　推销人员任务

在推销的过程中，推销人员承担着以下几个方面的任务，这些任务完成得如何，直接决定了企业产品或服务能否得到消费者认同、企业能否在消费者心中留下美好印象等重大问题。其具体任务主要包括：

①寻找市场。推销人员应该寻求机会，发现潜在顾客，创造需求，开拓新的市场。

②传递信息。推销人员要及时向消费者传递产品和劳务信息，为消费者提供购买决策的参考资料。

③销售产品。销售产品是推销人员最当仁不让的任务，这也是推销人员最根本的任务。

④搜集情报。推销人员作为企业的眼睛和耳朵，在推销过程中还要承担搜集情报，反馈信息的任务，以便能够为企业带来最新的竞争态势和消费需求的变化等方面信息，便于企业进行科学决策。

⑤开展售前、售中、售后服务。当今企业的竞争不仅仅比的是哪家企业的产品质量好，同时更比的是谁的服务好。而服务本身则具有全过程的特点，既有售前，还有售中，同时也有售后，这些服务都缺一不可。

9.2.4　推销基本步骤

推销本身既是科学，又是艺术。说到科学就在于其推销的整个过程是有一种科学方式存在。一般而言，推销可以分为以下步骤，见图9.3。

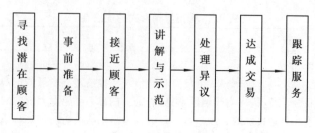

图9.3　推销基本步骤

1）寻求潜在顾客

顾客是企业的根本,推销人员的首要工作就是要寻求、发现潜在顾客,使潜在顾客成为企业现实顾客。其具体寻求方法有:地毯式访问法、连锁介绍法、中心开花法、个人观察法、广告开拓法、市场咨询法、资料查阅法等。

推销人员要及时对搜集到的潜在顾客的资料进行记录、归类、整理和更新,不断积累潜在顾客的资料,形成顾客资料库。

2）事前准备

当推销人员选择好要拜访的顾客后,就要做好相关准备,包括有关自己企业的产品、服务、价格等资料,对方企业的相关情况,以及要拜访的顾客的喜好、特点等。好比是打仗,就要打有准备的仗,这样对双方都有好处。总之,准备得越充分,推销成功的可能性就越大。

3）接近顾客

根据研究,人们接触的"第一印象"非常重要,它决定了以后的推销能否继续进行下去。因此推销人员应努力设计接近顾客的方式,以便能够给顾客留下美好的深刻印象。为此,推销人员应精心设计开场白,应设法从潜在顾客感兴趣的话题入手,顺利地打开推销的局面。此外,推销人员还应特别注意自己的服饰仪表、行为举止。其具体方法有产品接近法、利益接近法、问题接近法、馈赠接近法等。推销人员可以利用赠品来引起顾客注意和兴趣,进入面谈。

4）讲解和示范

推销工作的核心步骤就是讲解和示范。通过何种方式进行讲解,讲解何种内容都要推销人员精心设计和准备。在这里推销人员必须明确的是:推销的不是产品本身,而是产品带给顾客的利益;顾客不是为产品的特性所吸引,而是为产品能给他带来的利益所吸引。因此,推销中,推销员应以产品性能为依据,着重说明产品给顾客所带来的利益。

5）处理异议

在推销的过程中,推销人员将不可避免的遇到这样或那样的顾客异议,如何妥善处理顾客异议,打消顾客疑虑,同样需要高超的技巧。常见的顾客异议有:需求异议、财力异议、权力异议、产品异议、价格异议、货源异议,购买时间异议等。在此阶段,最忌讳的是断然否定顾客的意见,或与顾客发生争执,因为这样做的结果必然是推销的失败。推销工作的一条黄金法则:不与顾客争吵。

6)达成交易

在洽谈过程中,一旦顾客认可了企业的产品,推销人员就应及时把握机会,促成交易。常用的方法有:

①优点汇集成交法,即将产品的特色或优点重复再现,以促成交易。

②假定成交法,即在顾客认可产品后,就其感兴趣的问题,给予适当承诺,以促成销售。

③选择成交法,即向顾客提出几个购买方案,请顾客从中做出选择。

④优惠成交法,即通过给顾客一定的优惠条件,促使其做出购买决定。

7)跟踪服务

交易的达成并不意味着交易的结束,而是一个新的起点。为了能够让一个顾客成为企业长久客户,就需要跟踪客户使用产品和服务的情况,及时解决客户的问题,为顾客创造价值,努力使客户成为企业的终身客户。

9.2.5 国际人员推销组织结构模式

人员推销工作效率的高低,不仅取决于推销人员个人的工作积极性和工作能力,也取决于企业能否合理地组织推销队伍。企业推销人员的组织结构常见的有4种模式:

1)地区型结构模式

此种模式是指企业按区域分配推销人员,即由特定的推销人员负责特定地区所有产品的推销。这是最简单的一种组织形式。优点是推销人员责任明确;有利于推销人员熟悉当地的市场和顾客,掌握推销重点,并与顾客建立发展长期的关系;差旅费用相对较少。但其局限性是只适合于产品种类、技术较为单纯的企业。

2)产品型结构模式

此种模式是每个推销员负责一类或少数几类产品在各地的推销。这种结构较适用于种类多,且技术性强的产品推销。要求推销员对产品有深入的了解。

3)顾客型结构模式

此种模式是将顾客按职业、行业、规模等进行分类,据此分类配置销售队伍。这种结构能使推销人员深入了解各类顾客的需求状况及所需解决的问题,使推销工作更具针对性。

4)混合型结构模式

许多国际企业的经营范围和市场范围非常广,顾客又分散。因此完全按上述某种模式来进行操作,很难实现推销目标。为此,当企业在一个较大的区域内向许多不同类型的顾客推销多种产品时,通常要将上述方法结合起来使用,如可以按地区—顾客、产品—地区、产品—顾客等形式对推销人员进行矩阵式配置。一些大型的跨国公司往往常采用这种方式。

9.2.6 国际推销人员的管理

对于推销人员的管理主要涉及以下几个方面的问题,推销人员的选择、推销人员的培训、推销人员的激励与评估。

1)国际推销人员的选择

推销工作是非常辛苦,并具有很高的挑战性的工作,因此推销人员应具备以下几个方面的优秀素质:

①丰富的专业知识;

②坚韧的品质;

③拼搏的精神;

④很强的自信心、责任感和追求成功的欲望;

⑤较强的沟通能力;

⑥设身处地地为顾客着想;

⑦超强文化的适应能力;

⑧果断的决策力。

2)国际推销人员的培训

要想达到上述素质,一方面就是要招聘到高素质的人,同时还要提供针对性的培训,使其素质提高。在培训的过程中,需要就企业自身、产品知识、市场状况、法律常识、沟通技巧、社交礼仪、商业习俗等方面的知识进行培训。对于国际公司来讲,培训往往是由当地的子公司来完成,同时也可以采用专家移动培训。

3)推销人员的激励

激励是对人的鼓励,能使人保持高昂的士气和奋进的动力。由于推销人员的工作比较辛苦,更需要激励。如何设计对推销人员的激励机制,就至关重要。对于国际推销人员的激励可以包括物质激励和精神激励两个方面:物质激励通常指工资、佣金、补贴或奖金等直接报酬形式,而精神激励则包括晋升、进修或特权授予等多种形式。

4)推销人员的评估

对于推销人员评估,就是对推销的人员进行合理、科学的评价,也是激励的基础和前提。对于推销人员的业绩评估,往往可以采用定量的指标来进行评价,如下面 5 个指标均属于定量指标。

①销售数量指标;

②访问顾客的次数;

③增加新用户的数量(或市场占有率的提高);

④销售完成率=实际销售额/计划销售额;

⑤推销费用率=推销费用/总销售收入。

9.3　国际市场广告促销策略

毫不夸张地说,当今的都市人,都生活在广告的包围中。从早上起床听的广播、上班时候的候车厅和大巴,到路边楼上的招牌、报纸上的广告,以及在电视节目间的广告。这些都时时刻刻在给我们提供一些相关信息。

9.3.1　国际广告含义与特点

1)什么是广告和国际广告

"广告"二字,从中文字面上理解是"广而告之"。在西方,"广告"一词其实源于拉丁语(Advertere),意思是"诱导""注意",后来才演化成为英语中的Advertising(广告活动)和Advertisement(广告宣传品或广告物)。广告指法人、公民和其他经济组织,为推销商品、服务或观念,通过各种媒介和形式向公众发布的有关信息,以便唤起消费者注意,说服消费者使用的宣传式。因此大众传播媒介传播的经济信息和各种服务信息,报道商品、服务的经营者、提供者,凡收取费用或报酬的,均视为广告。

国际广告(International Advertisements)则是指为了配合国际营销活动,在目标市场国或地区所展开的广告。它是以本国的广告发展为母体,再进入世界市场的广告宣传,使出口产品能迅速地进入国际市场,为产品赢得声誉,扩大产品的销售,实现销售目标。

2)国际广告的特点

目前而言,广告是企业在营销中最普遍重视、应用最广的促销方式。作为广告本身具有传播的范围广、速度快、表现形式丰富多彩和广告的平均成本较低等特点。与国内广告相比,国际广告由于其诉求对象和目标市场是国际性的,广告代理是世界性的,因而有自身的一些特点。这是因为不同的国家和地区,有不同的社会制度、不同的政策法令、不同的消费水平和结构、不同的传统风俗与习惯、不同的自然环境、不同的宗教信仰,以及由此形成的不同的消费观念及市场特点。

(1)国际差异的普遍存在影响国际广告的设计

不同国家和地区之间,由于存在着民族、宗教、社会文化等方面的差异,因此在对广告内容的选择、广告语言的把握、广告媒体的组合等方面问题进行决策时,需要考虑差异性的存在。

(2)国际广告费用较高

国际市场的复杂性,决定了在进行广告设计前要进行充分、深入的市场研究和调查,因此需要花费较高的费用。

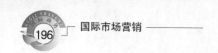

（3）国际广告对广告设计人员素质要求较高

要使国际广告具有冲击性和有效性，就需要国际广告的设计人员既具有丰富的创意能力、专业知识，同时还要具备针对目标市场国的人文环境和法律法规的深入把握，这样才能做到有的放矢。

当前，世界广告业发展出现一些新的趋势，例如高技术成果在广告中得到广泛运用，广告更加专业化、更加精美；企业更加注重树立企业和产品的形象，广告设计更加了解消费者的心理及需要，突出了民族风格，广告表现形式更为多样化和注重人情化……

9.3.2　国际广告的要素

一个完整的广告至少要包括以下 4 个方面的因素：

①广告主，即谁出资做广告；

②媒体，即信息的传媒媒介；

③信息，即信息的传播内容；

④受众，即信息传达的对象，是广告促销的目标。

[问题]

> 举例说明上面提到的广告的 4 个要素。

9.3.3　国际广告类型

国际广告划分标准的不同，就会有多种类型。在这里主要根据广告是以企业或组织，还是产品为广告宣传对象，可以把广告分为产品广告和组织广告。

1）产品广告（Product Advertising）

产品广告就是以某一具体产品或服务为中心的广告信息。这类广告又可分 3 类：

①通知性广告，或称报道性广告。主要用于产品的投入期，广告以介绍产品的用途、性能等为主，目的是激发顾客对产品的初始需求。

②劝告性广告，又称竞争性广告。主要用于产品的成长期，广告以突出产品特色，促使顾客形成品牌偏好，劝导顾客购买自己的产品为目标。

③提示性广告。适用于产品的成熟期或衰退期，广告的目的是提醒顾客，产生"惯性"需求。如现在可口可乐、百事可乐针对可乐的广告。

2）组织广告（Institutional Advertising）

它不针对某一具体的品牌，而是宣传某一组织或企业的活动、组织形象或观点、态度的广告信息，目的是提升企业的声誉与形象。具体又包括：

①企业形象广告：就是以企业形象作为广告的宣传重点的广告。

②倡议性广告：就是陈述企业对某一事件所持的态度，试图影响公众的观点。

③公益广告:指用来宣传公益事业或公共道德的广告。

9.3.4　国际广告媒体决策影响因素

究竟采用何种媒体进行传递,要综合考虑产品、消费者媒体接触习惯、销售范围、媒体影响力等因素,同时要考虑媒体自身优缺点,以及广告主的经济承受力。

1)产品特性

如果是技术性复杂的机械产品,宜用样本广告,它可以较详细的说明产品性能,或用实物表演,增加用户实感;一般消费品可用视听广告媒体。

2)消费者媒体习惯

作为企业的目标消费者,其接触媒体的习惯是什么,是决定企业进行媒体选择的重要因素之一。例如针对工程技术人员的广告,应选择专业杂志为媒体,推销日常消费用品则广泛采用电视广告。不同的消费者其接触媒体的习惯是不一样的,因此为了使广告信息及时传递给目标消费者,就必须采用与其习惯相近的媒体。

3)销售范围

企业商品的销售范围的大小,同样也是影响广告媒体选择的重要因素。一般而言电视广告传播的范围广,而地区性报纸一般只能在该地区范围内进行传播。

4)广告主的经济承受能力

不同的广告主,其经济承受能力不同。广告主对于广告费用支出的额度,也是影响其选择广告媒体的重要因素。通常,广播的广告费用相对较低,而电视广告的费用则较高。

5)广告媒体的知名度和影响力

广告媒体的知名度和影响力,主要取决于媒体的收视率或发行量,或在消费者心目中的信誉。一般而言收视率或发行量高的媒体,其接触到目标消费者的可能性就大些,因此其广告费用相对也较高。

6)各种媒体的优缺点

在选择广告媒体时,应着重考虑媒体的传播与影响范围、媒体的社会威望与特点、媒体发布广告的时间是否适宜、媒体费用、媒体组合形式等。世界各地的媒体的特点不同,广告管理法规不同。因此,广告主和广告代理商在进行广告媒体选择时,应该综合考虑,以便费用和广告效果之间达成一种平衡,使消费者和广告主尽可能满意。不同广告媒体的优缺点见表9.4。

表 9.4　不同广告媒体的优缺点比较

广告媒体	优　点	缺　点
电视	◇能集声音、图像、色彩、动作于一体,感染力强; ◇覆盖面广,传播及时,收视率高。	☆制作、播出成本较高; ☆消费者选择余地小,针对性差; ☆展示时间短,无法保存。
广告	◇传播及时、迅速,听众广泛; ◇地理和顾客选择性较强; ◇制作简单,成本较低。	☆有声无形,广告形式受限制; ☆时间短促,不便记忆、存查。
报纸	◇覆盖面广、可信度高; ◇信息量大,传播及时; ◇可重复阅读; ◇费用较低。	☆时效短; ☆受印刷质量限制,表现力差。
杂志	◇对象明确,针对性强; ◇保存时间较长,便于重复阅读; ◇印刷精美,能较好地展示产品形象。	☆出版周期长,时效性较差; ☆广告覆盖面较小。
网络	◇不受时空限制,传播速度快,成本低廉; ◇可传播图、文、声、像等多种信息; ◇观众的选择余地大,具有交互性。	☆受网络普及、接触度所限。
流动媒体	◇在人口集中的大城市非常有效。	☆接触区域有限。
邮寄媒体	◇目标对象明确; ◇信息量大,费用较低。	☆反馈的主动性差; ☆反馈周期较长。
户外媒体	◇展示时间长,费用相对较低; ◇有利于宣传产品、企业形象。	☆目标对象选择性差; ☆传播信息量较小。

9.3.5　国际广告宣传的标准化和差异化的选择

对于国际广告内容和表达形式的设计,不同国家和地区的消费者有可能有不同的反应,因此在国际广告的设计中有一个标准化和差异化的考虑。所谓标准化是指在不同目标国市场上,使用相同的广告宣传主题。而差异化,则是针对不同市场的差异化,采用不同的广告主题和广告信息。标准化的广告,如美国的万宝路和麦当劳则基本上在全球各个市场基本上采用相同的广告主题的宣传手法,而雀巢咖啡则是在全球选择了 150 多家广告代理商,为其在不同国家市场上宣传不同主题的咖啡广告。

标准化的广告可以降低企业的广告成本,充分利用企业的人财物等资源,同时给予全球市场的消费者同一的形象,但是却没能考虑到市场的差异性。差异性广告则可以适应不同文化背景的消费者,冲破市场障碍,针对性强,但成本往往高。

国际广告差异化策略的主要优点是适应了不同文化背景的消费者的需求;有利于克服当地市场的进入障碍;针对性较强。如莱威牌牛仔裤在 70 多个国家打开销路,就采用地区性或区域性的差异性广告策略,他们根据不同的市场特点,设计不同的广告主题,传递不同的信息,以迎合不同消费者的需求。

企业采用国际广告的标准化和差异化策略取决于消费者购买产品的动机,而不是广告的地理条件。当不同市场对相同的广告做出相同程度的反应时,即对同类产品的购买动机相似时,或企业采取全球营销战略时公司就可采用"标准化"的广告策略。标准化策略并不排斥就地区差异做一定程度的修改。当消费者对企业产品购买动机差异很大时,或企业实行差异化国际营销战略时,应采用差异化广告策略。

总之,无论是标准化广告还是差异化广告,总之就是要向消费者传递能够便于理解和记忆的信息。因此在信息的设计中,广告业内有一个 3B 原则:

①baby,孩子。

②beauty,美女。

③beast,动物。

即在设计广告时,信息的内容可以通过以上 baby、beauty、beast 来传达,其广告的效果较好。

[问题]

举例说明上面提到的"3B"原则,你是否认同该原则,为什么?

9.3.6　国际广告预算确定方法

企业在国际广告费用的预算的制订方法主要有4种:

1) 量力而行法

量力而行法即企业确定广告预算的依据是它们能够拿得出的资金数额,企业的促销费用往往有个额度,并且会在人员推销、广告、营业推广、公共关系等方面进行分配。因此,企业究竟能够在广告方面制订多少预算,也要考虑企业在其他方面的支出情况。

2) 销售百分比法

销售百分比法是企业按照销售额或单位产品的售价的一定百分比来计算和决定广告开支的方法。

3) 竞争对等法

竞争对等法是指企业比照竞争者的广告开支来决定企业广告开支的多少,以便能够保持竞争上优势的方法。在企业的营销实践中,不少企业都喜欢根据竞争者的广告预算来确定自己广告开支,造成与竞争者势均力敌的竞争态势。

4) 目标任务法

前面3种方法都是首先确定总的广告预算,然后将预算总额分配给不同地区和产品。

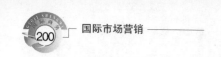
而比较科学的程序预算制订步骤是:首先确定广告目标;其次是为达到此目标必须执行的工作任务;最后是估算完成这些任务所需的各项费用。这样的方法就是目标任务法。

9.3.7 国际广告效果评估

广告的效果究竟如何,这是广告主非常关心的问题。但是广告效果的评估的确有一定难度,甚至有些效果非常难测定,但是并不能因为难,就不测定。

一般而言,广告的效果主要可以分为3个方面的效果:一是经济效果;二是心理效果;三是社会效果。经济效果就是指广告促进商品或服务销售的程度和企业的销售额、利税等经济指标增长的程度;心理效果,指消费者对所做广告的心理认同程度和购买意向,购买频率;广告的社会效果,指广告是否符合社会公德,是否寓教于销。

对于效果的测定有很多种方法。广告前可以通过直接评分、组合测试、实验室测试等方法来测试;广告后可以通过回忆测试和识别测试;而对于销售效果测试可以通过历史资料分析法和实验设计分析法来测量。

[讨论]

查阅相关百事可乐和可口可乐的中国广告,分析其各自特点和策略。

9.4 国际市场营业推广策略

9.4.1 营业推广的含义与特点

国际市场上,除广告外,还有其他两种大众推销工具——营业推广和公关。营业推广指短期的宣传行为,目的是鼓励购买的积极性,或宣传一件产品、提供一种服务。公关为购买商品或享受服务提出了理由,而营业推广则提出了现在就买的理由。国际营业推广,也就是在一个比较大的国际目标市场上,企业为了刺激需求,扩大销售,而采取的能迅速产生激励作用的促销措施。营业推广的目的通常有两个:诱发消费者尝试一种新产品或新牌子,尤其是刚进入国际市场的产品;刺激现有产品销量增加或库存减少。

早在1853年6月,美国一家帽子店曾进行了这样一种促销活动,凡在该店买帽子的顾客,均可享受免费拍摄一张戴帽子的照片,作为纪念。当时照相机还不普遍,顾客对出示戴帽子的照片给亲友欣赏感到自豪,因此四面八方的顾客云集该店,大有欲罢不能之势。这就是附带赠与的营业推广策略的效能。

经过100多年的发展,如今在国际市场上,营业推广一般可分为三类:一类是直接对消费者或用户的营业推广,主要有赠送样品、提供各种价格折扣、消费信用、赠券、印花、服务促销、演示促销等;第二类是直接针对出口商、进口商和国外中间商的营业推广,如销售员培训、推销员竞赛、红利提成、特别推销金等;第三类是鼓励国际市场推销人员的营销推广方式;第四类是对制造商的营业推广,基本方式是租赁促销、类别顾客折扣促销、订货台、服务促销,等等。

与其他促销手段比,营业推广具有明显特点:

1)方式灵活多样

企业为了在短期提高促销产品或服务的销售,或者为了应对竞争者,可以有多种手段和方式。例如针对消费者可以采用赠送样品、有奖销售、优惠券、减价、产品演示、附赠礼品、购物印花票、现金折款等方式;针对中间商可以采用价格折扣、折让、免费商品、经销竞赛、贸易协助等。

2)针对性强,实效性明显

企业根据需要,可以有针对性地开展针对消费者、中间商、推销员的营业推广活动,调动相关人员的积极性,并能很快地、明显的收到增销的效果,它不像广告和公共关系手段需要一个较长的时期才能见效。

3)临时性和非常规性

促销往往具有临时性和非常规的特点。市场竞争瞬息万变,消费者、经销商、竞争者都在不断地变化,销售额时刻都有可能突然下滑或者竞争对手采用了一些新的手段,因此企业必须及时跟进,而且营业推广手段要突破常规,出其不意。

4)营业推广攻势过猛,反而易引起顾客的反感

销售往往伴随着一些优惠措施、强大宣传攻势,因此易引发顾客的逆反心理,引起顾客的反感和对产品质量、价格等方面的怀疑,进而影响企业的形象和声誉。因此,企业在开展营业推广活动时,要注意把握促销时机、促销方式和促销力度。

今天,在许多出售消费品的公司里,营业推广在所有营销开支中占75%或更多的比例。每年营业推广开支都以12%的速度增长,而公关关系的增长率仅为7%。营业推广的迅猛增长,尤其是在消费品市场上的增长,是由几个方面的因素导致的。首先,在公司内部,营业推广是一种有效的短期销售手段;从外部看,公司面临着越来越激烈的竞争,产品的差异化越来越小,竞争对手也越来越多地使用营业推广以区分他们的产品;此外,由于花费增加、媒体的多样化和法律的限制,公关的效果降低了,而顾客越来越受销售部门的引导。总之,营业推广应该成为一种建立与消费者关系的手段,有助于巩固产品的地位,并建立与消费者的长期关系,而不能仅仅是创造短期销售量或是暂时改变品牌。

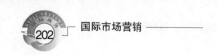

9.4.2 营业推广常见方式

营业推广方式根据针对的对象不同,往往分为三类:一是针对消费者;二是针对中间商;三是针对销售人员开展的营业推广。

1)针对最终消费者的方式

针对最终消费者的营销活动,可以鼓励老顾客继续使用,促进新顾客购买,引导顾客改变购买习惯,或培养顾客对本企业的偏爱行为等。其方式可以采用:①赠送样品或试用样品,赠送样品对新商品上市的介绍非常有效,但费用高。②赠送优惠购物券,是一种可以给持有人购买商品一定优惠额度的券。③有奖销售,企业在销售某种产品时,设立若干奖项,并印有奖券,规定购买数量或金额,当顾客达到购买的数量或金额后,可以获得相应的奖券。④特定时段的优惠促销。⑤产品演示。⑥附赠礼品等。

2)针对中间商的营业推广方式

这种方式就是刺激中间商多经销本企业产品,目的是鼓励批发商大量购买,吸引零售商扩大经营,动员有关中间商积极购存或推销某些产品。

其方式包括:①交易折扣。为了刺激、鼓励中间商购买或大批量地购买本企业的产品,对中间商第一次购买和购买数量较多的中间商给予一定的折扣优惠,购买数量越大,折扣越多。②推广津贴。这是生产企业为答谢中间商促销企业的产品而给予的一种报酬,具体有广告津贴、展销津贴、陈列津贴、宣传物津贴等,以此可以鼓励中间商积极推销企业的产品。③销售竞赛。为推动经销商努力推销产品,由生产商在所有经销本企业产品的经销商中发起销售本企业产品的竞赛,获胜者可以获得生产企业给予的现金或实物奖励。④工商联营。企业分担一定的市场营销费用,如广告费用,摊位费用,建立稳定的购销关系。⑤交易会或博览会、业务会议。

3)针对销售人员的方式

这是针对本企业的销售人员而采用的方式,其目的就是促使他们推销产品或处理某老产品,或促使他们积极开拓新市场。

其具体方式包括:①开展销售竞赛:鼓励销售人员之间的竞争,多劳多得,提成越多;②免费提供人员培训,技术指导。

9.4.3 营业推广的实施

为了保证营业推广开展的有效性,企业的营销部门必须通过合理组织、精心设计来推进实施。为此就包括对下面6个方面进行考虑和安排(见图9.4)。

1)制订营业推广目标

在前面谈到,对于不同的营业推广活动对象,企业营业推广活动的目标也就会有所不同,因此,企业究竟要达到何种目标,在开展营业推广活动之前应事先明确,以便使活动具有

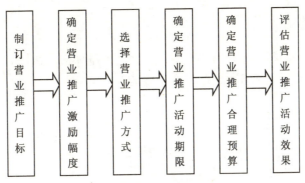

图9.4　营业推广实施步骤

针对性和指导性,同样也是开展营业推广活动的前提。确定营业推广目标,对于不同的受众应该有不同的选择(见表9.5)。

表9.5　不同受众比较

消费者	利用消费者促销来增加短期销售或帮助建立起长期市场份额。这个目标可以是鼓励消费者试用一种新产品,可以是把消费者从竞争对手的产品里吸引过来,可以是促使消费者购买一种开发已久的产品,也可以是保持并奖励那些忠实的顾客
中间商	目的包括向零售商购入新产品并且更多地存货,让他们为产品做公关并给予产品更多的货架空间
本企业推销人员	目的是从销售队伍里得到对当前新产品的更多支持,或是使销售人员签订新合同

2) 确定营业推广激励幅度

激励幅度的大小,是影响消费者、中间商或销售人员的行为的最重要因素。营业推广本身一般会给企业带来销售额上的上升,即收入的增加。如果激励幅度过大,企业有可能利润反而会减少,因为激励本身从财务角度看是一种成本;如果激励幅度过小,上述的动力就可能明显不足,不能保证企业营业推广目标的实现。

3) 选择营业推广方式

营业推广方式很多,企业可以根据促进对象的偏好、竞争对手的促进手段来抉择,以便保证促进的有效性。

4) 确定营业推广期限

营业推广期限,是指营业推广活动的持续时间,包括准备时间和活动的具体开展时间。

5) 制订营业推广预算

制订营业推广预算即该次营业推广活动所需要的经费额度的大小的制订,以及在营业推广各个方面的支出安排。

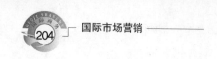
6)营业推广效果评估

营业推广活动的效果评估,一方面是对该此次营业推广活动执行情况的判断,以便从中判断活动的得失,为以后的营业推广活动积累经验。

 [相关知识链接]

关于新媒体营销

新媒体是相对于报刊、广播、电视等传统媒体而言的新的媒体形态,涵盖了所有数字化的媒体形式,如微信、微博、贴吧等社交平台,优酷、快手、秒拍等视频平台,豆瓣、天涯等社区以及今日头条、百家号、微信公众号、一点资讯等自媒体平台。

而所谓的新媒体营销是基于特定产品的概念诉求与问题分析,对消费者进行针对性心理引导的一种营销模式,从本质上来说,它是企业软性渗透的商业策略在新媒体形式上的实现,通常借助媒体表达与舆论传播使消费者认同某种概念、观点和分析思路,从而达到企业品牌宣传、产品销售的目的。

新媒体的主要方式有:

搜索引擎(SEO/SEM)。搜索引擎并没有失去价值,甚至永远不会失去价值。目前的科学技术还只能依靠文字来进行精准的搜索,在海量的信息源面前,人们获取信息必须基于搜索引擎,所以有需求搜索引擎就有价值,而搜索引擎也必不可少。搜索引擎并不是传统的方式,它同样是以互联网为基础,而且移动互联网的搜索引擎正在逐步发展,搜索引擎注定在新媒体环境下变得更加重要。

微信。微信是目前最流行的方式,是即时通讯工具又是天然的社交平台,微信所具备的开发潜能是非常大的,目前还没有一个更好的平台能够代替微信的功能。

微博。微博具有及时性、传播快,是一个天然的信息港,网友能各抒己见,灵活性大,这是微信所不具备的优势。很多新闻媒体将微博当作自己的第二平台,信息能够迅速地传播给大众,一日要闻只要通过微博皆可获悉。此外,微博信息流式的广告能够发挥不错的传播效果。

论坛。虽然各种老牌网络社区论坛已经回不去当年的辉煌,比如天涯、猫扑等社区的落寞,已是不争的事实。但论坛也是一种网络媒体形式,它的作用可以千变万化,有人的地方就有社区,只是现在的社区更加"小而美"。小米社区就是论坛价值最好的体现,论坛有很多劣势,但只要做好用户运营便带来更多的价值。魅族社区、花粉俱乐部、360社区等全都是一个模式,现在的社区已经变成企业用户运营平台,价值犹在。

其他社会化媒体平台:陌陌、美拍、人人等。这一类平台用户更加精准,影响力虽不如微信微博,但传播价值也是不错的,毕竟都是用户过亿的大平台。这类平台需要用户习惯符合产品特性,比如人人网主要用户群就是学生,那么企业产品消费的主力一定要定位在学生群体,不然没有任何意义。

9.5　国际市场公共关系策略

企业在跨国经营中,随时可能出现一些例外情况,和企业的目标或利益产生冲突,遇到这种时候,企业就要善用公共关系,加强与东道国政府官员的联系,了解他们的意图,懂得他们的法律,处理好突发的事件,协调好和东道国以及目标市场消费者的关系,以求得企业经营活动的长期发展。

9.5.1　公共关系含义与特点

1)公共关系含义

公共关系(Public Relations,简称公关或PR)是一个企业或组织为了搞好与公众的关系,增进公众对企业的信任和支持,树立企业良好的声誉和形象而采取的各种活动和策略。公共关系也被称为"塑造企业形象的艺术",其实质一种促销手段,其最终目的是促进和提高企业的产品销售。因为良好的公众关系,可以保证企业经营的稳定性和较强的凝聚力。同时也会受到消费者的青睐,提高企业的销售业绩。

2)公共关系特点

与其他促销方式相比,公共关系具有自身的特点:

(1)间接促销

公共关系不是直接宣传产品,而是通过提升企业和产品的形象,达到间接提高产品或服务销售的目的。

(2)具有长期效应

公共关系的目标就是树立企业良好的社会形象和声誉。而这一目标的实现不是急功近利的短期行为所能达到的,其效果也只有在一个很长的时期内才能得以显现。因此需要企业有计划地、持之以恒地去努力。一旦形成良好的企业形象和声誉后,对于企业的销售将会产生长期影响。

(3)降低促销成本

良好的企业形象和声誉,容易使消费者形成对企业品牌的依赖,这样可以起到削弱竞争的作用,保护消费者市场,同时也可以减少在营业推广其他方式的投入,因此降低了企业的促销成本。

9.5.2　国际市场公共关系的公众对象

公共关系就是保证企业与相关公众之间建立良好的融洽关系。对于企业而言,企业在国际市场上,与之相关的公众包括:

①企业内部员工;

②企业股东；

③企业顾客；

④企业供应商；

⑤企业中间商(国外进口商、国内出口商、经销商、代理商等)；

⑥竞争者；

⑦媒体公众,主要指新闻界；

⑧当地地方政府；

⑨其他市场参与者(金融界、保险公司、信息公司、咨询公司、消费者组织)。

对于上述的公众,则是企业应该精心维护关系的对象。例如针对企业内部职工展开的公共关系极为重要,企业应及时听取职工的意见和要求,改进企业经营管理,使职工产生在本企业工作的光荣感和自豪感,形成凝聚力,一方面在开心的环境下生产出质量高的产品或服务,另一方面也引导他们向社会公众宣传本企业的产品,制造良好的舆论。

9.5.3 国际市场公共关系任务

国际市场公共关系任务与目标市场所在的国家或地区,企业在国际市场所处的地位,产品性质,经营范围,进出口的复杂程度,市场供求和竞争状况,企业面对的外部宏观环境,以及本国的对外贸易政策等密切相关。其任务主要体现在以下几个方面：

1) 信息搜集

建立企业与公众间的联系制度,答复他们向本企业提出的各种询问,提供有关本企业情况的材料,迅速、准确、有礼、友好地进行接待和处理。同时积极搜集有关企业形象和企业产品形象等相关信息,以便为企业的决策者提供决策依据。

2) 宣传企业

企业可以向公众提供自己印制或正式出版的宣传品(书面资料或音像资料),向公众介绍企业、企业的产品以及企业所做的对公众有利的事情。还可以利用大众媒体为企业进行宣传,以建立企业良好的形象。如果能争取到新闻媒体的主动报道,则这种宣传的可信度会更高。

3) 加强企业与公众之间的沟通

企业通过与当地政府、经销商、社会团体、消费者等的沟通与联系,有助于增进相互了解,加深感情。沟通方式有：举办新产品、新技术发布会、展览会、招待会或纪念活动；企业设立开放日,接待各界的参观；企业捐助社会公益事业；企业赞助体育赛事等。

4) 企业形象维护

当企业外部环境出现重大变化,或自身的营销工作出现失误时,应利用公关措施及时予以调节和补救；当出现不利于企业发展的社会舆论或影响时,要运用应急公关措施进行反驳和纠正。对于任何企业来讲,恰到好处地应对突发事件,化解危机,往往是提升企业形象的良机。

9.5.4　国际市场公共关系实施的程序

企业要想在国际市场上建立良好的公共关系,必须以诚信为基础,以社会公众利益为出发点,以树立企业形象为目的。企业要树立高知名度和高美誉度的形象不可能一朝一夕完成,需要企业坚持不懈、持之以恒、有条不紊、稳扎稳打按计划地开展工作,并通过一定的程序给予保证。一般而言企业开展国际市场公共关系活动,一般应遵循以下4个程序(见图9.5):

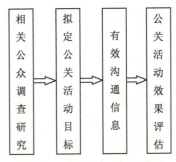

图9.5　国际市场公共关系实施的程序

1) 相关公众调查研究

企业公关部门应定期或根据实际需要,对企业相关公众展开调查研究,以便能够把公众对于企业的意见和建议及时传递给高层管理者,便于决策做到有的放矢。同时也应不断总结经验教训,便于提高企业公共关系活动水平和效果。目前,美国等西方发达国家都有专门的公共关系咨询公司和市场调研机构,帮助企业在国际市场上调查了解有关方面的问题。企业开展国际市场公共关系活动,可以与这些专业机构进行合作。

2) 拟定公关活动目标

公共关系活动的目标是活动的目的和导向。目标的制订可以结合公众调查研究得来的资料信息和企业当前的促销目标来制订。从时间角度看,包括近期、中期和远期目标。企业通过具体活动传播信息,转变公众态度,即唤起企业需求。当然,不同企业或企业在不同发展时期,其公关具体目标应有所不同。

3) 有效沟通信息

企业与公众之间信息的沟通有多种形式和途径,包括新闻发布会、新闻事件报道,参与社区公益活动,沟通是双向,甚至是多向的。沟通的目的就是要把企业所作所为告诉给社会公众,沟通企业与社会公众之间的关系,拉近企业与公众的距离,接受社会公众对企业的监督。

4) 公关活动效果评估

公共关系活动的效果可以通过定量的方法进行测量,在这里主要有以下几个主要指标:
①企业知名度的变化;
②企业美誉度的变化;
③销售额和利润的变化。

能够提高企业知名度、美誉度公共活动是有效果的,能够提升企业的销售额和利润的公共关系活动也是有效果的。通过对上述3个方面的主要指标的变化的测量,就能够对企业公共活动开展的有效性进行评定,以便为未来的公共关系活动打造一个良好的平台。

9.5.5　国际营销公共关系常见策略

在实际的营销工作中,企业需根据不同时期,具体的主客观条件,确定公共关系的具体目标和策略。

1)导入型公关策略

适用于企业初建时期或新产品投入期。这时公共关系的主要目的是尽快提高企业和产品的知名度,形成目标市场公众对企业和产品良好的第一印象。公关工作的重点在于宣传、沟通,向公众介绍企业及其产品或服务,使公众对企业、企业的新产品或服务有所认识、引起兴趣,争取有尽可能多的公众了解、信任、支持企业和产品。

导入型公关一般可借助开业庆典、开业广告、新产品展销、新服务介绍、免费试用、免费招待参观、赠送宣传品、折价酬宾、社区活动等形式来进行。

2)稳定型公共关系策略

稳定型公关策略的目的在于与公众保持长期的、稳定的、良好的关系。具体的实施策略有:

①通过优惠服务和感情联络来维系与公众的关系。就是通过提供各种优惠服务吸引目标公众的再合作。如企业对购买企业产品超过一定数量者免费赠送一定价值的礼品或服务等。这种做法适用于已经建立了业务往来的组织和个人。

②保持企业和产品一定的提及率。如定期广告、组织报道、提供新闻等,以使公众不致淡忘企业。这种做法不是直接宣传企业,促销产品,而是以低姿态的宣传为主,公众在不知不觉中了解了企业的情况,有利于加深其对企业及其产品的印象。

③参与或组织一些影响较大的公关宣传或活动。如捐资助学、资助文体活动和社会公益活动等,进一步强化企业的良好形象,更好地维系与公众的关系。

实际当中,企业可以单独采用一种方法,也可以将不同方法加以组合运用。如可通过某一公关活动,提高企业形象;通过宣传报道,向公众经常提示;通过优惠服务,使公众得到实惠,从自身利益需要出发去主动维持与企业的关系等。

3)冲突型公共关系策略

冲突型公共关系策略也称危机公关。当企业与公众、企业与环境之间发生摩擦或冲突事件,进而影响到企业经营或品牌声誉时,企业为挽回不利影响或提升自身形象,必须考虑采取一定的冲突型公关策略加以应对。国外最新研究表明,如果企业未预先制订完善的公关战略,并且未在危机的最初阶段对其态势加以控制的话,危机造成的连锁反应将是一个加速发展的过程——从初始的经济损失,直至苦心经营的品牌形象和企业信誉毁于一旦。

危机公关策略有4种:

①创新。即开拓新的领域,改变企业对环境的旧的依赖关系。如采取开发新产品,开拓新市场,组建新的合作关系等方式,吸引新的顾客群,从而摆脱不利因素的影响。

②合作。主动交朋友,加入同业协会或搞协作性的交流会议,减少与竞争者的冲突、摩擦。

③转移。为避免环境中的消极因素给企业带来的不利影响,企业可以采取迂回策略,转移公众的注意力。

④矫正。当冲突或危机的出现,对企业和产品形象造成损害时,应及时发现问题、纠正错误、改善不良形象。如可以用实际行动或通过自我批评或借助权威等来矫正形象。

 [讨论]

请阅读下列当前常见的营销方式,然后分别举实例说明你的理解。

1.病毒营销

病毒营销是一种常用的网络营销方法,常用于进行网站推广、品牌推广等。通过提供有价值的产品或服务,"让大家告诉大家",通过别人为你宣传,实现"营销杠杆"的作用。病毒式营销已经成为网络营销最为独特的手段,被越来越多的商家和网站成功利用。

2.事件营销

事件营销是指企业通过策划、组织和利用具有新闻价值、社会影响以及名人效应的人物或事件,吸引媒体、社会团体和消费者的兴趣与关注,以求提高企业或产品的知名度、美誉度,树立良好品牌形象,并最终促成产品或服务销售的手段和方式。由于这种营销方式受众面广、突发性强,在短时间内能使信息达到最大、最优传播的效果,并且为企业节约大量的宣传成本,近年来越来越成为国内外流行的一种公关传播与市场推广手段。

3.口碑营销

口碑营销是指企业在品牌建立过程中,通过客户间的相互交流将自己的产品或者品牌信息传播开来。

4.饥饿营销

"饥饿营销",运用于商品或服务的商业推广,是指商品提供者有意调低产量,以期达到调控供求关系,制造供不应求的"假象",以维护产品形象并维持商品较高售价和利润率的营销策略。

5.知识营销

知识营销指的是向大众传播新的科学技术以及它们对人们生活的影响,通过科普宣传,让消费者不仅知其然,而且知其所以然,帮助消费者重新建立新的产品概念,进而使消费者萌发对新产品的需要,达到拓宽市场的目的。随着知识经济时代的到来,知识成为发展经济的资本,知识的积累和创新,成为促进经济增长的主要动力源。因此,作为一个企业,在搞科研开发的同时,也要想到知识的推广,让新产品研制成功的市场风险降到最小,而要做到这一点,就必须进行知识营销。

6.互动营销

所谓的互动,就是双方互相的动起来。在互动营销中,互动的双方一方是消费者,一方是企业。只有抓住共同利益点,找到巧妙的沟通时机和方法才能将双方紧密地结合起来。互动营销尤其强调双方都采取一种共同的行为。

7.情感营销

情感营销就是把消费者个人情感差异和需求作为企业品牌营销战略的核心,通过借助情感包装、情感促销、情感广告、情感口碑、情感设计等策略来实现企业的经营目标。

8.会员营销

会员营销是一种基于会员管理的营销方法,商家通过将普通顾客变为会员,分析会员消费信息,挖掘顾客的后续消费力汲取终身消费价值,并通过客户转介绍等方式,将一个客户的价值实现最大化。与传统营销方式在操作思路和理念上有众多不同,会员营销是通过会员积分、等级制度等多种管理办法,增加用户的粘性和活跃度,从而延伸用户生命周期。

上面资料来源:https://zhidao.baidu.com/question/746450332432843372.html

国际市场促销策略是营销组合策略中最后一个策略。其策略主要目的在于通过多种方式,包括广告、人员推销、公共关系,以及营业推广等方式,向企业客户传递有关产品、服务相关信息,以便引起其购买欲望,产生购买行为。但是作为企业应该如何设计信息、传递信息、怎样与客户进行良好沟通、怎样树立其在业界良好的形象,这些都是促销策略设计应该考虑的问题。每种促销方式都有其特点,都有其适合的领域。因此企业应根据产品特点、市场特点、市场竞争情况进行选择和组合。

[本单元重点]

国际促销组合策略

人员推销

广告

应用推广

公共关系

危机公关

[实训项目]

当前的时代,产品非常丰富,产品同质化现象很严重,如何让企业通过促销手段脱颖而出,必须要有好的创意。下面是"方太抽油烟机"做的一个广告(可以网上查阅动态画面),请阅读后分析其成功之处在哪里,给你什么启发,然后小组选择一个自己感兴趣或者使用过的国际品牌的产品,撰写一篇产品促销的软文。

《油烟情书》

(丈夫)

两个人相遇,就像两种食材

从天南海北,来到了一口锅里

想你的时候,就做个你爱吃的菜

思念和油烟,也说不清哪个更浓

(妻子)

你再忙也会回家做饭

你说你爱吃青椒,把肉丝都留给了我

后来,我们俩变成了我们仨
(丈夫)
我就再也没有和你吵过架
一对二,我赢不了的

资料来源 http://www.sohu.com/a/210424451_174744

单元10
国际市场营销的计划、组织与控制

【学习目标】

本单元主要介绍了什么是国际营销的计划、组织与控制,简要说明如何进行国际营销的计划、组织与控制。学完本单元后,你应该具备以下能力:

①熟悉国际营销的计划、组织与控制的基本概念;

②能比较分析国际营销组织的各种形式及优缺点;

③了解国际市场营销计划、组织的基本程序。

【教学建议】

本单元内容仅供学生了解,老师可酌情选择是否讲解,建议可以让学生自学,在学时充裕的情况下可以安排学生任务带着问题去自学,回来交流、讨论。

【学习建议】

自己阅读,本身内容简单,建议阅读后有问题向老师提问。

在国际营销中,因为要处理各种复杂因素,使计划和管理控制很难得到充分执行。很多公司就是因为国际营销的计划没有做好,导致后面的失败。一个面向国际市场的企业必须根据自身发展目标的要求,确定相应的国际市场营销策略之后,就需要通过适当的组织编制适当的计划和对营销过程的控制来实施国际营销战略与4P策略。

10.1　国际营销计划

所谓计划,是指企业为了在既定时间内实现总体目标而对国际营销活动所进行的统筹与谋划,而国际市场营销计划是指国际市场营销行为之前的规划和安排。一般按时间划分,可细分为长期计划和短期计划;按层次划分,可细分为母公司计划和子公司计划。就一个企业而言,营销规划包括3个重要组成部分:一是外部环境分析,以期寻找机遇和避开威胁。企业既要重视外部宏观环境的分析,又要研究外部微观环境的变化,特别是企业产品的买方和竞争对手的变化。二是企业的自我诊断,以求确定自身的优势所在及薄弱环节。三是制订企业的营销目标和战略。营销计划是一个动态过程,是企业在复杂多变的环境中,不断地寻求和把握机遇,不断地调整自己,以求最大限度地发挥自身的优势并获得最佳经济效益的过程。

10.1.1　国际营销的计划流程

计划流程是一种企业管理的方法,计划中要回答3个问题——企业现在处于何处,企业打算进军哪些市场,将如何实现这些目标。这3个问题对大多数企业都是无法回避的,这些问题要求企业要为未来提前作好准备,计划就是预测变化和实施变化的过程,从而决定组织未来发展的方向,否则企业很容易迷失方向。

国际市场营销计划的制订,大致可分为几个步骤来完成:

1)信息的搜集和分析

信息的搜集和分析是编制国际市场营销计划的前提条件,只有了解现在,才能预测未来。因此,在编制国际市场营销计划之前,一定要广泛搜集各种信息,充分把握各种信息,使之成为有序的可用的信息。

2)进行SWOT分析

审核企业自身的优势、劣势及未来发展潜力,同时对外部环境可能发生的变化以及会带来的机遇与威胁要进行分析,最后利用优势、把握机会、降低劣势、避免威胁——这个过程就是市场营销战略的选择过程,有总成本领先战略、差别化战略、集中战略 3 种战略机会可以选择。(具体内容见后面相关知识链接)

3)设立企业国际营销目标

通过这 3 种基本战略方法的特征分析及企业所处行业的结构特点分析、竞争对手分析及企业具备的优势、存在的弱点、面临的机会与威胁分析,可以确定企业自身的基本战略模式,并可根据企业的现有条件如市场占有率、品牌、经销网络确定企业的营销战略目标。企业营销战略目标通常包括产品的市场占有率、企业在同行业中的地位、完成战略目标的时间。

4)围绕国际营销目标制订具体的营销策略

在国际市场营销中,战略制订了,目标有了,如何实施也是非常重要的。如果一个国际企业有一些好的目标,但其运作的方式方法错误,就会离目标越来越远,甚至根本达不到目标。每一个目标都要有至少一个策略或一系列策略组台,因此,各种策略内容是十分丰富的,在此步骤我们要把大的目标细化成具体的行动策略。

5)计划的编制和完成

各种目标和策略确定好以后,计划主要部分都已完成,接下来,只要再增加一些"绿叶"——实施中的细节和方法,一份计划就编制出来了。当然,一份计划的编制不可能一蹴而就,它需要无数次征求意见、集思广益、不断完善。

一份完整的计划中应该说明企业利益相关方面的期望;详细地 SWOT 分析;陈述企业的目标,围绕目标的战略决策;评价竞争对手对本企业战略决策可能做出的反应;选择正确的策略,并说明理由和细节……具体一个完整的国际市场营销计划牵涉的内容很多,诸如企业发展计划、产品线计划、产品计划、市场拓展计划、品牌创立计划、生产计划、财务计划、人事计划、研究和开发计划等,该计划应该预测了全球经济以及主要市场的发展趋势,准确把握了企业现状、优势劣势,确认了长远目标以及实现策略,并评估了竞争者的反应,以及纠正意外行动的控制程序。

 [相关知识链接]

关于 SWOT

SWOT 分析法又称为态势分析法,它是由旧金山大学的管理学教授于 20 世纪 80 年代初提出来的,SWOT 四个英文字母分别代表:优势(Strengths)、劣势(Weaknesses)、机会(Opportunities)、威胁(Threats)。所谓 SWOT 分析,即态势分析,就是将与研究对象密切相关的各种主要内部优势、劣势、机会和威胁等,通过调查列举出来,并依照矩阵形式排列,然后用系统分析的思想,把各种因素相互匹配起来加以分析,从中得出一系列相应的结论,而结论通常带有一定的决策性。按照企业竞争战略的完整概念,战略应是一个企业"能够做的"(即组织的强项和弱项)和"可能做的"(即环境的机会和威胁)之间的有机组合。

运用这种方法,可以对研究对象所处的情景进行全面、系统、准确的研究,从而根据研究结果制订相应的发展战略、计划以及对策等。

SWOT分析法常常被用于制订集团发展战略和分析竞争对手情况,在战略分析中,它是最常用的方法之一。

进行SWOT分析时,主要有以下几个方面的内容:

● 分析环境因素

运用各种调查研究方法,分析出公司所处的各种环境因素,即外部环境因素和内部能力因素。外部环境因素包括机会因素和威胁因素,它们是外部环境对公司的发展直接有影响的有利和不利因素,属于客观因素,一般归属为经济的、政治的、社会的、人口的、产品和服务的、技术的、市场的、竞争的等不同范畴;内部环境因素包括优势因素和弱点因素,它们是公司在其发展中自身存在的积极和消极因素,属主动因素,一般归类为管理的、组织的、经营的、财务的、销售的、人力资源的等不同范畴。在调查分析这些因素时,不久要考虑到公司的历史与现状,而且更要考虑公司的未来发展。

● 构造SWOT矩阵

将调查得出的各种因素根据轻重缓急或影响程度等排序方式,构造SWOT矩阵(见表10.1)。在此过程中,将那些对公司发展有直接的、重要的、大量的、迫切的、久远的影响因素优先排列出来,而将那些间接的、次要的、少许的、不急的、短暂的影响因素排列在后面。

在你的企业计划中,一定要把以下步骤都写出来:

①在某些领域内,你可能面临来自竞争者的威胁;或者在变化的环境中,有一种不利的趋势,在这些领域或趋势中,公司会有些劣势,那么要把这些劣势消除掉。

②利用那些机会,这是公司真正的优势。

③某些领域中可能有潜在的机会,把这些领域中的劣势加以改进。

④对目前有优势的领域进行监控,以便在潜在的威胁可能出现的时候不感到吃惊。

表10.1　SWOT分析

内部因素

	优势	劣势
机会（外部因素）	2 利用这些	3 改进这些
威胁	监视这些	1 消除这些

● 制订行动计划

在完成环境因素分析和SWOT矩阵的构造后,便可以制订出相应的行动计划。制订计划的基本思路是:发挥优势因素,克服弱点因素,利用机会因素,化解威胁因素;考虑过去,立足当前,着眼未来。运用系统分析的综合分析方法,将排列与考虑的各种环境因素相互匹配起来加以组合,得出一系列公司未来发展的可选择对策。

参考资料:http://www.chinamcn.com/zsk/glgj/;http://hi.baidu.com/shrwl/blog/item/

10.1.2 国际市场营销计划的方法

在国际营销的早期阶段,企业一般专注于开发新客户,由于对市场的活动还处于摸索阶段,处于这个阶段的企业,常常缺少规范的国际营销计划。随着不断开拓国际市场,企业开始进入有序的预算阶段,这个时候开始慢慢有了比较完整的业务计划,但这个阶段的计划,一般还是在一个相对短的时间,这个阶段主要是制订业务计划,目前主要有以下 3 种方法:

1) 自上而下的计划(Top Down Planning)

这是最为简单的年度计划,由高层管理当局为所有较低层的管理部门建立目标和计划。这种方法的优势是高层能全面把握计划,缺点是不利于调动地方管理者的积极性,而且对高层的要求也高,必须熟悉市场,能准确把握国际营销。

2) 自下而上的计划(Bottom Up Planning)

这种方法是由企业总部所属的各部门各自草拟本部门能够达到的最佳目标和计划,并递交企业高层管理当局批准。这种方法有助于增强地方管理者的创造性和责任感,但是由于各个地方有地区差异性,较难形成统一计划。各部门计划的内容一般包括:主要机会与威胁,主要目标,达到目标的策略、营业额、利润、市场占有率,所需资本以及人力资源配置等。

3) 综合法(Goals Down Plans Up)

综合上述两种方法的优点,高层管理者对企业进行了准确的 SWOT 分析后,设定企业目标和战略,然后根据各个地区不同的情况,为各个部门设立不同经济目标,然后向下级下达计划指导纲要,由各下级部门根据有充分弹性的计划指导纲要,具体制订部门计划,报上级管理部门批准。由于高层管理者给不同地区的部门给予了很大的灵活性,对于业务多样化的企业,这种方式比较适用。

上面介绍的这些方法适合于 1~2 年的短期计划,但对于一个国际企业,要想拓展国际业务,进入新的市场,必须要一个长期的计划才能实现,一般都要一个 5 年以上的战略规划。年度计划可以说是战略规划的详细版本,每年的内容都要根据实际情况进行更新。

  [相关知识链接]

如何撰写营销计划书

对于市场竞争强烈的行业领域(如普通生活消费品的生产销售项目)来说,除了商业计划书外,国际投资商一般都希望看到项目方提供的市场营销计划书。

一份优秀的营销计划书应包括下述内容:

● 执行概要和要领。这包括:商标、定价、重要促销手段、目标市场等。

● 目前营销状况。这包括:①市场状况:目前产品市场、规模、广告宣传、市场价格、利润空间等。②产品状况:目前市场上的品种、特点、价格、包装等。③竞争状况:目前市场上的主要竞争对手与基本情况。④分销状况:销售渠道等。⑤宏观环境状况:消费群体与需求状况。

> ● SWOT 问题分析。这包括：①优势：销售、经济、技术、管理、政策等方面的优势力。②劣势：销售、经济、技术、管理、政策（如行业管制等政策限制）等方面的劣势力。③几率：市场几率与把握情况。④威胁：市场竞争上的最大威胁力与风险因素。
> ● 财务目标。公司未来3年或5年的销售收入预测（融资成功情况下）。
> ● 营销战略。这包括：①目标市场。②定位。③产品线。④定价：产品销售成本的构成及销售价格制订的依据等。⑤分销：分销渠道（包括代理渠道等）。⑥销售队伍：组建与激励机制等情况。⑦服务：售后客户服务。⑧广告促销：宣传广告形式以及促销方式。⑨产品完善与新产品开发举措。⑩市场调研：主要市场调研手段与举措。
> ● 行动方案。这指的是具体的营销活动（时间）安排。
> ● 预计的损益表及其他重要财务规划表。
> ● 风险控制：风险来源与控制方法。

资料来源：http://www.51consulting.com/service/service_b_3.htm

10.2 国际营销组织

组织是指按照一定的目的和宗旨建立起来的集体，是指企业合理地利用企业的各项资源（主要是人力资源），以实现企业目标的过程。主要包括组成的形式、各组成部分之间的关系，以及组织的运行机制等。

10.2.1 国际营销组织的概念

国际市场营销组织是组织中的一种具体形式，是指按照一定的宗旨和系统建立起来的从事国际市场营销活动的集合体。它主要包括组织形式和组织内部关系，以及组织的运行机制等内容。企业组织工作的根本目的就是为了保证战略目标的实现，国际市场营销组织有一个不断发展、不断完善的过程，至今仍在不断优化和发展。

企业采用什么组织结构，是与它采取什么企业行为密切相关的。而决定企业行为的正是企业所制订的战略。企业组织结构的调整，并不是为调整而调整，而是要寻找、选择与经营战略相匹配的组织结构，切不可生搬硬套。企业是按产品设置组织结构还是按职能设置组织结构，是按地理区域设置分公司还是按用户设置分部，是建立战略事业部结构还是采用更为复杂的矩阵结构，一切必须以与战略相匹配为原则，以提高企业沟通效率、激励员工参与为目标。埃德森·斯潘赛说："在理想的企业结构中，思想既自上而下流动，又自下而上流动，思想在流动中变得更有价值，参与和对目标分担比经理的命令更为重要。"对特定战略或特定类型的企业来说，都应该有一种相对理想的组织结构。

10.2.2 国际营销组织的主要类型

国际企业在设计国际营销组织时，一般要考虑企业的目标、企业参与国际营销的程度、企业的性质、企业的产品等各种因素。由于各个企业的情况不同，每个企业的国际营销组织架构也不尽相同,不同的发展阶段有不同的组织架构。但总体来说,企业通用的国际营销组织形式主要有国际事业部型、区域型、产品型、职能型和矩阵型,各种类型都有其适用的条件和优缺点。企业应根据本行业的特点、目标市场国的特定环境以及企业的自身成长阶段的要求,选择最适合的组织结构。

1) 国际事业部制组织结构

事业部制组织结构(事业部型组织),亦称"M 型"组织。它以产生目标和结果为基准来进行部门的划分和组合,是在一个企业内对具有独立产品市场或地区市场并拥有独立利益和责任的部门实行分权化管理的一种组织结构形式(见图 10.1)。

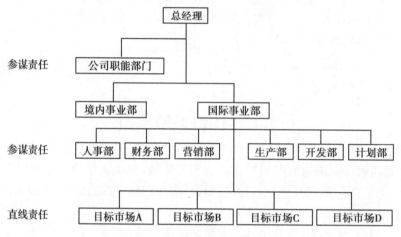

图 10.1　事业部制组织结构

这种组织结构形式最初由美国通用汽车公司的斯隆创立,又称"斯隆模型"。事业部制是西方经济从自由资本主义过渡到垄断资本主义以后,在企业规模大型化、企业经营多样化、市场竞争激烈化的条件下,出现的一种分权式的组织形式。它是在总公司领导下设立多个事业部,各事业部有各自独立的产品和市场,实行独立核算。事业部内部在经营管理上则拥有自主性和独立性。这种组织结构形式最突出的特点是"集中决策,分散经营",即总公司集中决策,事业部独立经营,总公司只保留方针政策的制定、重要人事任免等重大问题的决策权,其他权力尤其是供、产、销和产品开发方面的权力尽量下放。这样,总公司就成为投资决策中心,事业部是利润中心,而下属的生产单位则是成本中心。

这是在组织领导方式上由集权制向分权制转化的一种改革。这种组织结构多适用于规模较大的一些公司,这些公司一般都是跨越多个产品领域,从事多样化经营的组织。例如,宝洁公司按产品类别来划分事业部,麦当劳公司则将自身划分为几大地理区域,银行则通常以顾客类型为依据来进行部门划分。

从图 10.1 中,我们可以发现在企业内部组建了两个相互独立的利润中心:一个负责国内的生产经营活动;另一个负责国外的生产经营活动。在企业一层设立若干个职能部门协助总经理负责整个公司的全面工作;在每个事业部内,分别设置各种职能部门,作为事业部一层的参谋部门;在事业部下面,按区域分设经营机构来负责该区域的产品营销工作。国际事业部制的组织优点在于通过实行"集中政策下的分散经营",将政策控制集中化和业务运作分散化的思想有机地统一起来,使企业最高决策机构能集中力量制订公司总目标、总方针、总计划及各项政策,事业部在不违背公司总目标、总方针、总计划的前提下,充分发挥主观能动性,自主管理其日常的生产经营活动,而且国内事业部和国际事业部分别核算,便于评估。但是缺点也是显而易见的,层次多;各个部门的相互支援比较困难;容易导致各自为政。

 [讨论]

表 10.2 国际事业部制国际组织特征

关联背景
结构:事业部制 环境:中度到高度的不确定性,变化性 技术:非例行,部门间较高的相互依赖 战略、目标:外部效益、适应,顾客满意
内部系统
经营目标:强调产品线 计划和预算:基于成本和收益的利润中心 正式权力:产品经理
优　势
①适应不稳定环境下的高度变化 ②由于清晰的产品责任和联系环节从而实现顾客满意 ③跨职能的高度协调 ④使各分部适应不同的产品、地区和顾客 ⑤在产品较多的大公司效果最好 ⑥决策分析
劣　势
①失去了职能部门内部的规模经济 ②导致产品线之间缺乏协调 ③失去了深度竞争和技术专门化 ④产品线间的整合与标准化变得困难

资料来源:http://www.beidabiz.com/bbdd/kmsjk/kmsjk_zzgl/510/5101/51011/1510.htm

讨论表 10.2,举例说明这种组织结构为何有这样的优劣势。

2) 国际区域型组织结构

区域型组织结构是指企业从市场全球化和经营国际化角度出发,根据国际营销战略规划中的目标和重点,按地理区域设置组织机构;区域部门经理负责企业产品在该地区的全部经营活动并直接向企业总经理负责。在区域部门内部可根据实际需要设立若干个子部门,由区域部门经理直接领导。全球区域型组织结构比较适合于产品品种少、技术不太复杂,市场销售条件、技术基础、制造方法比较接近,而地区分布较广的国际企业。比如,商品、制药及石油等行业的国际企业较多采用这种结构,而高技术产品则不太适合采用这种结构。

区域型组织结构如图 10.2 所示。

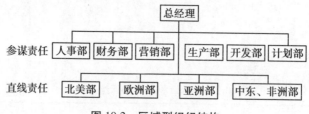

图 10.2　区域型组织结构

区域型组织结构的优点是把地区分部作为利润中心,有利于地区内部各国子公司间的协调;有利于提高管理效率;公司可以针对地区性经营环境的变化,改进产品的生产和销售方式。但是缺点也是明显的,各区域之间横向联系,不利于生产要素在区域间的流动,还有可能从本部门利益出发,影响企业整体目标的实现;同时,地区分部结构易造成企业内部在人员和机构上的重叠,增加企业管理成本。

3) 产品型组织结构

全球性产品型组织结构(Global Product Structure)以公司主要产品的种类及相关服务的特点为基础,设立若干产品部。每个产品部都是一个利润中心,拥有一套完整的职能组织机构和职员,由公司任命一名副总裁挂帅,负责该产品或产品线在全球范围内的生产、营销、开发和计划等全部职能活动,并直接向公司总经理报告。全球产品组织结构适合产品多样化、从事大量研发工作的国际企业,例如一类是既生产工业用品又生产消费品的大型企业,这类企业采用该组织形式,可以充分发挥专业化管理的优势;二是实行国外销售当地化生产的企业,产品型组织结构的优点是分权化领导,而当地化生产则要求给下属单位较大的自主权。

产品型组织结构如图 10.3 所示。

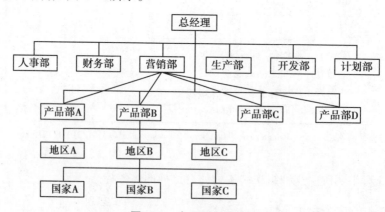

图 10.3　产品型组织结构

这种组织结构的优点是具有较大灵活性,当企业涉足新的产品领域时,只要在组织结构上增加一个新的产品系列部就行了;有助企业对各个产品系列给予足够的重视,由于每种产品都有相对应的产品经理负责,所以即使是名气再小的品牌也不会被忽略。而且体现了分权化的经营思路,有利于调动产品部经理的积极性,产品经理对于市场上出现的情况反应比专家委员会更快,可以为某一产品设计具有成本效益的营销组合。这种组织形式着重对国内和国际业务进行统筹安排,产品经理关心的是整个部门的总利润,而不论利润来自国内还是国外,使企业各部门的注意力集中于产品技术和产品市场上,促进了新产品的研发和国际市场的开拓。

但是该种模式也有缺点,若缺乏整体观念,各产品部之间会发生协调问题,会为保持各自产品的利益而发生摩擦;这种组织形式意味着企业随产品种类的不同而在任何一个特定的地区建立多个机构,导致机构设置重叠和管理人员的浪费,导致产品知识分散化;产品经理们需要协调和各个部门的关系,否则有碍他们有效地履行职责。

4) 职能型组织结构

职能型组织结构(Functional Structure)是指企业根据其主要管理职能设立有关部门,按营销、财务、人事、研究开发、生产职能等职能分部,各部由一名总经理负责该方面的全球业务,这是最常见的营销组织形式。这种职能型组织结构比较适合于规模较小、产品结构单一、市场相对集中、销售限制较少的国际企业。

职能型组织结构如图10.4所示。

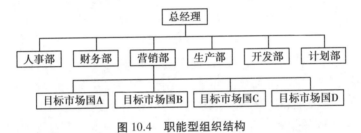

图 10.4　职能型组织结构

这种营销机构由各种营销职能专家组成,他们分别对应营销副总经理负责,营销副总经理负责协调他们的活动,任何职能部门的一切业务活动围绕企业主要职能展开。职能型组织结构的优点是有利于减少管理层次,避免机构和人员重叠,可以使企业把管理侧重点放在内部功能上,每个职能区域都能取得规模效益;有利于提高职能部门工作的专业化水平。有利于公司增强在世界范围内的竞争力;有利于加强公司的统一成本核算和利润考核。

这种组织结构的局限性是需要重复安排地区专家,容易导致资源重复浪费;不利于企业开展多种经营;不利于企业经营活动的地区扩张,而且各职能部门间缺乏横向联系和协调,容易决策失误。

5) 矩阵型组织结构

20世纪60年代,一种新型的企业组织结构形式——矩阵组织开始出现,区域分公司形成矩阵组织的横向结构,而产品事业部则形成矩阵组织的纵向结构,各产品/市场分部经理要向两个上级——产品管理部门和地区管理部门报告,而非传统直线职能下的一个。矩阵组织职能式组织更为灵活,这种灵活性与大型跨国公司所特有的规模优势结合了起来,很快取代地区型组织和产品型组织等形式而被大多数跨国公司所接受,尤其是产品部门化和区域部门化相融合的二维矩阵组织,是跨国企业经营的基本模式。

全球矩阵组织结构的运作程序是国内外各子公司受两个或多个矩阵部门控制,并分别向它们汇报;两个或多个矩阵部门共同分享对子公司的领导权,分头工作,制订本部门的战略;最后,由最高管理层统管上述多重系统,权衡利弊,裁决分歧。在这种组织结构中,总公司通过职能分部、产品分部和地区分部三方面机构相互协调,来实现对国外子公司的领导和控制。各部门是交叉管理,共同控制国内外子公司,属于多重指挥系统,其信息传递是多渠道进行的。

全球矩阵组织结构如图 10.5 所示。

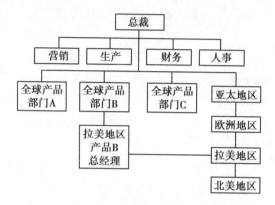

图 10.5   全球矩阵组织结构

全球矩阵式组织结构具有灵活、高效、便于资源共享和组织内部沟通等优势,能更好统筹安排与管理,能更好适应经济和政治环境的变化。然而,由于双重命令链的存在,员工往往无所适从,容易导致混乱和冲突,使组织内出现争权夺利的倾向。在矩阵组织中,区域分公司和产品事业部之间的权利争斗始终存在,而矩阵式组织也经常在横向与纵向间摇摆,时而偏重于以区域分公司为主的横向结构,时而又强调垂直化,使组织向以产品事业部为主的纵向结构转移。同时,机构庞大,管理目标的运行成本较高。

 [相关知识链接]

西方大企业组织结构模式的历史演变

● U 型和 M 型组织结构的形成

19 世纪末及 20 世纪初,西方大企业普遍采用的是一种按职能划分部门的纵向一体化的职能结构,即 U 型结构。这种结构的特点是,企业内部按职能(如生产、销售、开发等)划分成一系列部门,各部门独立性很小,企业实行集中控制和统一指挥。U 型结构可以使企业达到必要的规模和效率,适用于市场稳定、产品品种少、需求价格弹性较大的环境。但是,从 20 世纪初开始,西方企业的外部环境发生了很大的变化,如原有市场利润率出现下降、新的技术发明不断产生、人口向新地区迁移等。新变化要求企业把活动导向新的领域、产品和需求,并不断扩大自身规模。于是,一种新型的多分布或事业部的组织形式便应运而生,人们称其为 M 型结构。它的特点是,企业按产品、客户、地区等来设立事业部,每一个事业部都是一个有相当自主权的利润中心,独立地进行日常经营决策,各事业部相当于一个 U 型企业。

● N 型组织结构的形成

信息社会的到来使环境发生了翻天覆地的变化,规模经济的获得越来越难,市场已经从卖方市场转变为买方市场,市场交易成本大大降低,以时间为基础的竞争已成为信息社会企业竞争的一个突出特点,这些因素导致 M 型结构失效的原因之一,也促使企业选择 N 型结构。所谓 N 型结构又称为网络型结构,是一种由小型自主、创新的经营单位组成的网络化组织形态。从西方大企业近年的组织变革来看,这种新的组织模式日渐成型,形成了一种企业网络。网络经济条件下,以"双赢"为目的的企业合作已成为现代企业适应现代竞争环境的最好模式,企业网络就是企业的多种合作模式之一。

未来的网络化企业组织(即 N 型组织)呈现出如下特点:

第一,组织的扁平化。组织构建中一种可靠的结构原是具有最少的层次,即拥有一个尽可能"平面"的组织。原有组织内大量中间层面得以删除,管理层次的减少有助于增强组织的反应能力。企业的所有部门及人员更直接地面对市场,减少了决策与行动之间的延迟,加快对市场和竞争动态变化的反应,从而使组织能力变得柔性化,反应更加灵敏。

第二,组织的网络化。在管理组织中,既强调等级,更强调协调。充分利用互联网强大的整合资源能力,进行网络化的管理。通过互联网的开发,将企业所面临的众多分散的信息资源加以整合利用,通过一个界面观察到很多不同的系统,从而实现迅速而准确的决策。

第三,组织的无边界化。"无边界化"并不是说企业就不需要边界了,而是不需要僵硬的边界,是使企业具有可渗透性和灵活性的边界,以柔性组织结构模式替代刚性模式,以可持续变化的结构代替原先那种相对固定的组织结构。未来的内部市场组织,超越了传统的等级组织结构,不再将公司原有各个单位都视作自己的部门,在保留核心部门的情况下,将非核心部门均外化出去。如耐克公司只保留了其核心能力所在的设计部门,而将生产、营销等部门都外化出去。非核心部门可以是生产、管理、营销、R&D 部门或诸如此类中的任何一个。

第四,组织的多元化。企业不再被认为只有一种合适的组织结构,企业内部不同部门、不同地域的组织结构不再是统一的模式,而是根据具体环境及组织目标来构建不同的组织结构。

资料来源:http://www.51cxo.com/Article/strategy/design/200505/2015.html

10.2.3 国际营销组织的设计程序

没有哪一种组织结构可以被称为"最佳方案",一切都要取决于企业所从事的行业特点,以及所生产的产品所服务的市场。公司的战略可能随着时间的推移发生了变化,公司的竞争环境、产品和资源情况发生了变化;对于一种类型的产品适宜的组织机构设计,可能对另外一种产品则完全不适合;对某个国家或地区的市场适合的组织机构设计,可能对于另外一个市场则完全不同……这些时候,如果企业还想获取或保持竞争优势,就必须调整或改变组织结构,实际上,理想的组织结构应具备足够的灵活性,以便企业可以根据外界环境的变化迅速改变原来的结构。组织设计是一个动态的工作过程,包含了众多的工作内容。科学的进行组织设计,要根据组织设计的内在规律性有步骤的进行,才能取得良好效果。

一个国际企业的组织设计,是在企业使命和企业战略目标的指引下,为实现这一切,为适应一个动态的环境而做出的管理架构的设计(见图10.6)。一般都包括确定目标、分解目标、确定不同的工作岗位和部门、决定协调和沟通的方法和渠道4个步骤。

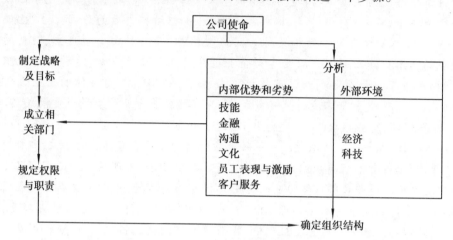

图 10.6　国际企业的组织设计

一个组织设计的程序一般包括以下几个步骤:

1)确定组织设计目标和设计原则

组织设计的第一步,就是要在综合分析组织外部环境和内部条件的基础上,合理确定组织的总目标及各种具体的派生目标,再根据企业的目标和特点,确定组织设计的方针、原则和主要参数。

2)进行职能分析,进行业务流程设计

根据组织目标的要求,确定为实现组织目标所必需的业务活动,并按其性质适当分类,进行管理业务的总设计,确定管理职能及其结构,层层分解到各项管理业务和工作中。

3)确定组织结构

根据组织规模、技术特点、业务工作量大小,参考同类组织结构设计的模式,确定应采取的组织结构的基本形式,进而确定需要设置哪些单位和部门,并把性质相同或相近的业务活动划归适当的单位和部门负责,形成层次化,部门化的组织结构体系。

4)设计管理规范

设计管理规范主要包括设计管理工作程序、管理工作标准和管理工作方法,控制、信息交流、综合、协调等方式和制度,管理人员的行为规范等。

5)配备人员,设计运行制度

根据结构设计,定质、定量地配备各级管理人员,并明确其职务、职责和绩效考核体系,同时根据完成业务活动的实际需要,授予各单位和部门及其负责人适当的权力。

6) 联成一体

通过明确规定各单位,各部门之间的相互关系,以及它们之间的信息沟通和相互协调方面的原则,将各组织实体上下左右联结起来,形成一个能够协调运作,有效地实现组织目标的管理系统。

7) 反馈和修正

将运行过程中的信息反馈回去,定期或不定期地对上述各项设计进行必要的修正。

[相关知识链接]

国际企业选择组织结构的四阶段论

美国的两位研究跨国公司经营管理的研究人员斯托福德(John M.Stopford)和韦尔斯(Louis T.Wells)在对跨国公司的组织机构进行了大量调查的基础上,提出了国际企业选择组织结构的四阶段论。

第一阶段:在企业进行国际营销的初级阶段,即当企业海外产品的多样化程度和企业海外营销业务比重都较低时,一般会采用国际部的组织结构。

第二阶段:当企业在海外的销售额大量增加,而在海外的产品多样化程度仍较低时,通常会采用地区型结构。

第三阶段:当企业的海外产品多样化程度提高时,理想的组织机构是世界性产品型结构。

第四阶段:当企业的海外产品多样化程度和企业海外营销业务的比重都较高时,企业应考虑采用矩阵型结构。

国际企业在组织结构设计方面的这一演变过程,如图 10.7 所示。

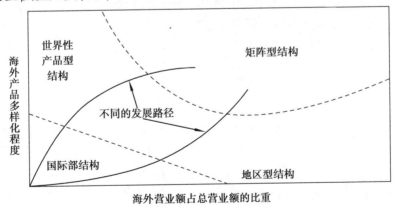

图 10.7 国际企业组织结构演变过程

资料来源:张景智.国际营销学教程[M].北京:对外经济贸易大学出版社,2003.

10.3　国际营销控制

计划过程的最后阶段就是建立一个有效机制,以获取反馈,同时控制运作。营销控制就是指对营销计划执行过程的监督和评估,纠正计划执行过程中的偏差,旨在保证既定营销目标的实现。营销控制是营销管理的一个重要组成部分,有效的控制使我们能够指导、规范和管理企业的国际营销。对国际企业进行营销控制尤为重要,因为从地理区域角度分析,国际企业的总部与子公司或分支机构之间的地理距离较远,各自所处的外部环境不一,需要及时沟通信息,协调营销策略;从市场角度分析,国际企业的目标市场分散在世界不同地区,在执行营销战略的过程中,各分支机构或子公司会出现各种偏差,只有及时了解和纠正这些偏差,才能形成整体营销的合力;从子公司角度分析,各分支机构或子公司之间,无论是在外部环境方面还是在内部实力方面都相差较大,公司总部要正确评价其业绩,必须十分熟悉其各方面的情况,加强对其的控制和管理。

10.3.1　国际营销控制的主要内容

在国际市场营销计划的执行过程中可能会出现许多意外情况,企业必须行使控制职能以确保营销目标的实现。即使没有意外情况,为了防患于未然,或为了改进现有的营销计划,企业也要在计划执行过程中加强控制。国际营销控制主要从以下几个方面对计划进行控制:

1)年度计划控制

年度计划控制,是指企业在本年度内采取控制步骤,检查实际绩效与计划之间是否有偏差,并采取改进措施,以确保市场计划的实现与完成。一般而言,企业的年度计划控制包括销售分析、市场占有率分析、市场营销费用对销售额的比率分析、财务分析和顾客态度追踪等内容。

2)赢利能力控制

赢利能力控制一般由企业内部负责监控营销支出和活动的营销会计人员负责,旨在测定企业不同产品、不同销售地区、不同顾客群、不同销售渠道以及不同规模订单的赢利情况的控制活动。赢利能力控制是通过分析不同产品、销售地区、顾客群、销售渠道、订单大小等分类的实际获利情况,从而使企业决定哪些营销活动应当适当扩大、哪些应缩减,以至放弃。

3)战略控制和市场营销审计

国际市场营销战略,是指企业根据自己的市场营销目标,在特定的环境中,按照总体的策划过程所拟定的可能采用的一连串行动方案。

战略控制是指由企业的高层管理人员专门负责的。营销管理者通过采取一系列行动,使市场营销的实际工作与原战略规划尽可能保持一致,在控制中通过不断的评估和信息反馈,连续地对战略进行修正。

营销审计是战略控制的主要工具。任何企业必须经常对其整体营销效益做出缜密的回顾评价,以保证它与外部环境协调的发展。因为,在营销这个领域里,各种目标、政策、战略和计划过时不适合市场状况是常有的事,因此,企业必须定期对整个营销活动进行审计。

市场营销环境审计主要由营销环境审计、营销战略审计、营销组织审计、营销系统审计、营销效率审计、营销职能审计 6 个方面组成。

10.3.2　国际营销控制的程序

国际营销控制的程序一般分为下面 4 个步骤:

1) 确认目标

在控制程序的开始,应明确公司目标,并将公司目标化解为具体指标,如对某个市场应占多大份额,应实现多少销售额,多少利润,也可包括一些软性指标,如提高产品知名度,开拓分销渠道,改进产品和公司形象等。只有明确公司目标,才能制订公司的规范和标准。

2) 确定控制标准

一般来说控制标准在做企业计划时就已经写进计划,包括评价或判断营销计划完成得好与坏的标准是什么,而且要事先让营销计划执行者明确了解这些标准,以便于执行者随时随地根据标准对执行过程加以控制。此外,控制标准也是上一级部门对下一级部门或人员检查监督其计划执行情况以及判断其是否完成了营销计划的标准。同时,企业还应选择在特定环境中最有效的协调和控制方法,对国际营销机构的控制有财务类控制方法和非财务类控制方法两类方法选择。

3) 绩效评估

绩效评估即将实际执行结果与营销计划中所规定的期望结果相比较。在国际营销中,公司总部对下属机构进行评估的形式主要有定期或不定期检查两种。有关评估人员在了解和掌握下属单位的经营业绩之后,需要对其进行全面的分析和研究,评估下属单位在哪些方面实现了既定营销目标,在哪些方面背离了目标。与此同时,还应进一步分析产生背离目标现象的主、客观原因并及时做成报告,并通报有关人员。

4) 纠正偏差

纠正偏差即针对产生问题的原因采取相应措施加以纠正,从而保证营销目标和营销计划的实现。这里包含两个方面:一是对于因营销规划订得过高或因外部环境突变,导致既定目标无法实现,应该重新修订营销规划;二是对于因下属单位执行不力,没能达到预期目标,应协助其寻找原因,及时调整经营策略,尽快实现预期目标。同时,还应运用奖惩制度的激励作用,促使其努力工作。

[**本单元重点**]

国际营销计划

国际营销组织

国际营销控制

[**实训项目**]

1.搜集有关诺基亚公司的国际营销资料,分析该企业是如何进行国际营销控制的。

2.搜集有关海尔集团资料,看其是如何设定国际营销组织架构的,并进一步分析其国际营销组织的优势和缺陷所在。

参考文献

［1］张卫东.市场营销［M］.3 版.重庆:重庆大学出版社,2014.

［2］菲利普·R.凯特奥拉,约翰·L.格雷厄姆.国际市场营销学［M］.10 版.周祖城,译.北京:机械工业出版社,2000.

［3］周洲.国际市场营销［M］.重庆:重庆大学出版社,2012.

［4］菲利普·科特勒.市场营销管理［M］.郭国庆,译.北京:中国人民大学出版社,1996.

［5］菲利普·科特勒.营销管理:分析、计划和控制［M］.梅汝和,译.上海:上海人民出版社,1996.

［6］薛求知,沈伟家.国际市场营销管理［M］.上海:复旦大学出版社,1994.

［7］吴健安.市场营销学［M］.合肥:安徽人民出版社,2001.

［8］Edward G Brierty.商务营销［M］.李雪峰,译.北京:清华大学出版社,2000.

［9］Roger A Kerin.战略营销教程与案例［M］.范秀成,译.大连:东北财经大学出版社,2000.

［10］张景智.国际营销学教程［M］.北京:对外经济贸易大学出版社,2003.

［11］杨晓燕,王卫红.国际市场营销教程［M］.北京:中国对外经济贸易出版社,2003.

［12］Isobel Doole,Robin Lowe.国际营销战略［M］.徐子健,译.北京:清华大学出版社,2003.

［13］刘红燕.国际市场营销新教程［M］.北京:中国劳动社会保障出版社,2003.

［14］杨文士,张雁.管理学原理［M］.北京:中国人民大学出版社,2003.

［15］吴晓云.全球营销管理［M］.天津:天津大学出版社,2003.

［16］闫国庆.国际市场营销学［M］.北京:清华大学出版社,2004.

［17］庞鸿藻.国际市场营销［M］.北京:对外经济贸易大学出版社,2006.

［18］李世嘉.国际市场营销理论与实务［M］.北京:高等教育出版社,2005.

［19］李永平.国际市场营销管理［M］.北京:中国人民大学出版社,2004.

［20］苏比哈什·C.贾殷.国际市场营销［M］.6 版.吕一林,雷丽华,译.北京:中国人民大学出版社,2004.

［21］吴晓云.国际市场营销学教程［M］.天津:天津大学出版社,2004.

［22］寇小萱,王永萍.国际市场营销学［M］.北京:首都经济贸易大学出版社,2002.

［23］甘碧群.国际市场营销学［M］.北京:高等教育出版社,2001.

［24］甘碧群,曾伏娥.国际市场营销学［M］.4 版.北京:高等教育出版社,2014.

［25］林建煌.国际营销管理［M］.上海:复旦大学出版社,2012.